交通运输行业高层次人才培养项目著作书系

郑 罡 王 鹏 唐光武 著

桥梁索结构

Bridge Cable Structures

人民交通出版社股份有限公司
China Communications Press Co.,Ltd.

内 容 提 要

本书主要包含了桥梁索结构的历史与现状，索结构静力学和动力学理论、线形计算、弯曲刚度、索力测试、振动控制、耐久性、换索工程及新型索结构等应用技术，为读者呈现一个相对完整的索结构力学理论及其在桥梁结构中的应用技术体系。

本书主要适用于桥梁设计和检测工程师，书中部分内容也适合桥梁业主、施工、管养单位，高等院校和科研院所等对索结构感兴趣的人员阅读参考。

图书在版编目(CIP)数据

桥梁索结构 / 郑罡，王鹏，唐光武著. — 北京：人民交通出版社股份有限公司，2015.6

交通运输行业高层次人才培养项目著作书系

ISBN 978-7-114-12196-8

Ⅰ. ①桥… Ⅱ. ①郑… ②王… ③唐… Ⅲ. ①桥梁结构—缆索 Ⅳ. ①U443.38

中国版本图书馆 CIP 数据核字(2015)第 079648 号

交通运输行业高层次人才培养项目著作书系

书　　名：桥梁索结构
著 作 者：郑　罡　王　鹏　唐光武
责任编辑：卢俊丽　周　宇
出版发行：人民交通出版社股份有限公司
地　　址：(100011)北京市朝阳区安定门外外馆斜街 3 号
网　　址：http://www.ccpress.com.cn
销售电话：(010)59757973
总 经 销：人民交通出版社股份有限公司发行部
经　　销：各地新华书店
印　　刷：北京鑫正大印刷有限公司
开　　本：787 × 1092　1/16
印　　张：12.75
字　　数：280 千
版　　次：2015 年 6 月　第 1 版
印　　次：2017 年 1 月　第 2 次印刷
书　　号：ISBN 978-7-114-12196-8
定　　价：43.00 元

书系前言

Preface of Series

进入21世纪以来，党中央、国务院高度重视人才工作，提出人才资源是第一资源的战略思想，先后两次召开全国人才工作会议，围绕人才强国战略实施做出一系列重大决策部署。党的十八大着眼于全面建成小康社会的奋斗目标，提出要进一步深入实践人才强国战略，加快推动我国由人才大国迈向人才强国，将人才工作作为"全面提高党的建设科学化水平"八项任务之一。十八届三中全会强调指出，全面深化改革，需要有力的组织保证和人才支撑。要建立集聚人才体制机制，择天下英才而用之。这些都充分体现了党中央、国务院对人才工作的高度重视，为人才成长发展进一步营造出良好的政策和舆论环境，极大地激发了人才干事创业的积极性。

国以才立，业以才兴。面对风云变幻的国际形势，综合国力竞争日趋激烈，我国在全面建成社会主义小康社会的历史进程中机遇和挑战并存，人才作为第一资源的特征和作用日益凸显。只有深入实施人才强国战略，确立国家人才竞争优势，充分发挥人才对国民经济和社会发展的重要支撑作用，才能在国际形势、国内条件深刻变化中赢得主动、赢得优势、赢得未来。

近年来，交通运输行业深入贯彻落实人才强交战略，围绕建设综合交通、智慧交通、绿色交通、平安交通的战略部署和中心任务，加大人才发展体制机制改革与政策创新力度，行业人才工作不断取得新进展，逐步形成了一支专业结构日趋合理、整体素质基本适应的人才队伍，为交通运输事业全面、协调、可持续发展提供了有力的人才保障与智力支持。

"交通青年科技英才"是交通运输行业优秀青年科技人才的代表群体，培养选拔"交通青年科技英才"是交通运输行业实施人才强交战略的"品牌工程"之一，1999年至今已培养选拔283人。他们活跃在科研、生产、教学一线，奋发有为、锐意进取，取得了突出业绩，创造了显著效益，形成了一系列较高水平的科研成果。为加大行业高层次人才培养力度，"十二五"期间，交通运输部设立人才培养专项经费，重点资助包含"交通青年科技英才"在内的高层次人才。

人民交通出版社以服务交通运输行业改革创新、促进交通科技成果推广应用、支持交通行业高端人才发展为目的，配合人才强交战略设立"交通运输行业高层次人才培养项目著作书系”（以下简称“著作书系”）。该书系面向包括“交通青年科技英才”在内的交通运输行业高层次人才，旨在为行业人才培养搭建一个学术交流、成果展示和技术积累的平台，是推动加强交通运输人才队伍建设的重要载体，在推动科技创新、技术交流、加强高层次人才培养力度等方面均将起到积极作用。凡在“交通青年科技英才培养项目”和“交通运输部新世纪十百千人才培养项目”申请中获得资助的出版项目，均可列入“著作书系”。对于虽然未列入培养项目，但同样能代表行业水平的著作，经申请、评审后，也可酌情纳入“著作书系”。

高层次人才是创新驱动的核心要素，创新驱动是推动科学发展的不懈动力。希望“著作书系”能够充分发挥服务行业、服务社会、服务国家的积极作用，助力科技创新步伐，促进行业高层次人才特别是中青年人才健康快速成长，为建设综合交通、智慧交通、绿色交通、平安交通做出不懈努力和突出贡献。

交通运输行业高层次人才培养项目
著作书系编审委员会
2014 年 3 月

作者简介

Author Introduction

郑罡，博士、研究员，重庆交通大学土木建筑学院桥梁工程系教师。长期致力于桥梁索结构理论与应用技术、桥梁设计、咨询、试验、检测、振动控制和抗震理论与应用技术等方面的研究和生产实践工作。主持国家自然科学基金3项，国家科技部国际合作计划项目1项、重庆市杰出青年科技基金1项，主持和联合主持10余项重大研究课题。2012年获国家交通运输部授予2010—2011年度“交通青年科技英才”荣誉称号，公开发表科技论文50余篇。

序

Foreword

近二十年来，我国建成了许多大跨径悬索桥、斜拉桥和系杆拱桥，未来还将建设更多、更有挑战性的缆索支撑桥梁。因此，在缆索支撑桥梁领域，迫切需要本书这类科技专著，以满足桥梁工程进一步发展的需要。

六年前，我曾指导本书作者之一的王鹏博士研究体外预应力桥梁索结构的相关理论，我也曾指导学生研究 CPRP 缆索斜拉桥、悬索桥的相关理论，对于桥梁索结构有一定的认识，同时，也感到该领域缺乏一部系统性较强的专著。本书作者郑罡、王鹏和唐光武三位同志长期从事桥梁工程的科学研究工作，特别是在桥梁索结构方面的研究尤为深入。在长期的工作中，三位作者带领研究团队不断探索和总结桥梁拉索的相关理论和工程技术。通过近十年来的筹备和努力，三位作者将他们长期的工作经验和研究成果结合相关领域的基础知识，在系统整理和汇集的基础上撰写成书，为关注桥梁索结构理论和工程技术的读者提供便利。我认为这是一件值得肯定和鼓励的好事情。

应作者邀请，考虑为这本书写几句话。毛泽东在《七律·长征》中感叹“金沙水拍云崖暖，大渡桥横铁索寒”，反映了历史名桥泸定桥的雄姿。如今，以西堠门大桥、苏通长江公路大桥、朝天门长江大桥等现代名桥为代表的众多缆索支撑桥梁已屹立于我国广袤的土地上。索结构是斜拉桥、悬索桥和系杆拱桥等大跨径桥梁最重要的承力和传力构件，值得予以重视和研究。本书涵盖了桥梁索结构的理论和工程技术两方面内容。在理论方面，本书对静力学和动力学两部分内容进行了介绍，阐明了相关的基本概念和基础理论，并为其后的工程技术内容做好了铺垫，可以帮助研究者、工程师系统且迅速地掌握桥梁索结构的基础理论知识；在工程技术方面，本书介绍了索结构振动控制、弯曲刚度、索力测试、耐久性和新型索结构等内容，其中，包括详细的试验测试、研究和工程案例数据，这些内容有利于研究者和工程师顺畅和具体地掌握桥梁索结构的若干应用技术。

书籍是人类进步的阶梯。在此，我也对倾注心血和年华来建设阶梯的作者们，表达一点鼓励。他们的书不仅是专业人士的需要，更是桥梁索结构科技进步的需要。不积跬步，无以至千里，不积小流，无以成江海。撰写科技专著是一项需要不断积累、探索和富有挑战性的工作，没有毅力与努力，难以持续地取得进步。希望三位作者及其团队和所有为此努力的同仁们，再接再厉，争取更大的进步。

中国工程院院士：吕忠涛

2014 年 5 月

自　　序

Author's Foreword

本书的目的是为读者提供桥梁索结构相关理论和工程技术的系统材料。尽管索结构在理论和技术上的许多问题已基本得到解决,但将它们汇集在一起进行分析,揭示其内在联系,系统阐释其在桥梁结构理论和应用技术体系中的位置和相互关系还是第一次。

书中有相当部分内容或其表达方式是全新的,其余内容则主要通过对相关图书、会议和期刊论文、研究报告及工程资料等进行收集、整理、归纳和精心撰写而成。只有在本书中,这些内容才作为桥梁索结构理论和技术体系的一个有机组成部分出现,而不是零散地分布于众多的文献中,服务于其他主题。总的说来,国内外关于桥梁索结构的专著还很少,而随着索结构在桥梁中的大量应用,相关领域迫切需要这方面的专著,本书试图满足这个需求。

本书主要包含了桥梁索结构的历史与现状,索结构静力学和动力学理论、线形计算、弯曲刚度、索力测试、振动控制、耐久性、换索工程及新型索结构等应用技术,为读者呈现一个相对完整的索结构力学理论及其在桥梁工程中的应用技术体系。静力学方面,首先阐述了经典的理想柔性索理论及其应用技术,之后介绍了考虑弯曲刚度的索梁结构理论和应用案例;动力学方面,首先讨论了最基础的弦振动理论,然后分析了垂度、倾角和弯曲刚度等因素对索振动的影响,随后简述了非线性振动的特点,最后着重分析了桥梁索结构的振动控制问题;耐久性方面,则主要介绍了防护和疲劳两个内容。本书系统阐述了相关理论,对悬索桥主缆线形、斜拉索减振、索力测试等应用技术进行案例式剖析,有助于读者对桥梁索结构理论和工程技术形成深入的认识和理解。

闻道有先后。过去的一些比较困难的桥索问题,现在已被大多数相关技术人员解决。一方面,是由于计算机和互联网提供了强大的工具,可以帮助许多科技人员高效率地自学,利用强大的软件工具“傻瓜”式地解决问题;另一方面,则是得益于工程师们更长的教育经历,使得他们在解决复杂问题方面比过去做得更为出色。例如,在过去,静力学方面确定斜拉索和悬索桥主缆长度就是比较困难的问题,但现在则受益于计算软件的强大支持而变得相对容易多了;动力学方面,通过振动频率来测定长索张力已成为比较普遍的做法。对于这些技术性较强的工作,其工作质量和效率有赖于工程师们的理论水平。

本书尽可能为一线的桥梁工程技术人员提供帮助,但限于作者的学识水平,书中难免有一些不足甚至错误,希望读者不吝指出,作者将在新版本中做出补充和更正。

作者

2015 年 1 月

目　　录

Contents

第1章　绪　　论

为跨越江河沟壑，人类在几千年前就发明了桥梁。在历史进程中，桥梁不断提升的跨越能力主要来源于材料、施工（制造）工艺和力学计算三方面的科技进步。其中，力学计算是设计师最关心的内容，同时，也在很大程度上反映桥梁的技术水平。在相同材料下，力学合理性意味着更大的跨度；在相同材料和跨径下，力学合理性意味着承受更大的荷载。从力学体系看，桥梁总体上可分为悬索桥、斜拉桥、拱桥和梁桥四大类。本章主要介绍以索结构作为主要承载构件的悬索桥、斜拉桥、系杆拱桥、和体外预应力梁桥的一些总体概念和部分实例。桥梁索结构就是指在这些类型的桥梁中利用索的受力特性以索作为主要承重或传力构件的结构部分。

在四大类桥梁中，悬索桥以缆索为主要承重结构，由于缆索在理论上只承受拉力，受力形式最为理想，因此，悬索桥的跨越能力最强；斜拉桥以拉索和主梁为主要承重结构，斜拉索对梁跨形成弹性支承，减小了梁的受力，其跨越能力仅次于悬索桥，但受力较为复杂；拱结构可看作上下颠倒过来的悬索结构，以拱为主要承重结构，由于拱结构主要承受压力，而受压结构往往受到稳定性的制约，因此，拱桥的力学合理性不如悬索桥；梁桥给人的感觉似乎最简单，但是从力学上看，其同时承受弯矩和剪力，有时还承受轴力，这就比单纯的受拉或受压都要复杂，其力学合理性不如其他三类桥梁，因此，梁桥的跨越能力在四大类桥梁中最低。当然，力学合理性还包括动力学（主要是抗风和抗震）内容，此处不作讨论。

由于梁桥受力比悬索桥和拱桥都要复杂得多，这导致其跨越能力发展极其缓慢，直到20世纪末期，其单孔跨径才突破300m；拱桥在历史上的出现可能远远晚于梁桥，这种桥型与索结构结合为组合体系（中下承式拱桥）后，其跨径才得到了长足的发展；斜拉桥是介于梁桥和悬索桥之间的一种桥型，在历史上出现得最晚，其跨越能力仅次于悬索桥；悬索桥的历史可能和梁式桥同样悠久，由于其天然的、并且几乎是压倒性的力学优势，使得这种桥型不断刷新桥梁跨径的世界纪录。目前，悬索桥、斜拉桥、拱桥和梁桥四大类桥梁跨径的世界纪录分别是明石海峡大桥（Akashi Kaikyo Bridge，1 991m，1998 年，日本）、海参崴俄罗斯岛跨海大桥（Russky Island Bridge，1 104m，2012 年，俄罗斯）、重庆朝天门长江大桥（552m，2009 年，中国）和重庆长江大桥复线桥（330m，2006 年，中国）。

1.1　索支撑桥梁的起源

悬索桥和斜拉桥是典型的索支撑桥梁（或者称为缆索承重桥，以下简称“索桥”）。最早的索桥可能由藤索、竹索制成，古书上称为絙桥、笮桥、绳桥，现代谓之悬索桥。作为术语，悬索桥对应的英文是 Suspension Bridge，当中没有“索（Cable）”这个词。因此，Suspension Bridge 的准确翻译应该是吊桥或者悬桥。“吊桥”正是民间对悬索桥的俗称，比其学术称谓更能与国际接轨。本节略述索支撑桥梁简史，但并不是考证翔实的技术史，只是展现作者尽力收集到的一些历史片段,以助于读者形成一点感性认识。为此,本书采用了一些历史名桥的资料,特别是一些照片或图片,以增加读者的兴趣。

我国可能是建造索桥最早的国家,这一点已得到国外同行认可,甚至最开始就是由国外同行提出的。《中国科学技术史》作者李约瑟(Joseph Terence Montgomery Needham,1900—1995 年)写到,南美的古索桥是由中国人在公元前 7 世纪的前哥伦布时代传播到那里的,而现存于世的中国四川都江堰的竹索桥——安澜桥最早建于公元前 3 世纪。剑桥大学伊尔文教授(H. M. Irvine)在其索结构专著 *Cable Structures* 中写道,目前还存世的最早铁索桥是由 15 世纪中国西藏僧人唐东杰布(Thangthong Gyalpo,1385—1464 年)建造。

根据传说,公元前 50 年,四川已建成长达百米的铁索桥。杨衒之在《洛阳伽蓝记》中记载的公元 519 年北魏时期新疆的铁索桥,则是世界上最早有文字记载的铁索桥。徐霞客(1587—1641 年)在《铁索桥记》中详细记载了 1629 年建于贵州的一座铁索桥。这篇游记曾被意大利传教士卫匡国(Maritin Martini,1614—1661 年)介绍到西方。1667 年,法国传教士基歇尔(Athanasius Kircher,1602—1680 年)在其《中国图说》著作中记有公元 65 年建成的云南兰津渡桥,该桥于 1675 年改建为铁索桥,即云南霁虹桥。由这些史实,基本可以确定我国是索桥的起源国。

1.1.1 溜索与竹索桥

最原始的索桥可能是溜索,用绳索系于河流两岸或峡谷两面的树木或岩石上即可形成溜索。溜索常以竹藤编织,下悬吊盛具或持座,靠惯性和人力牵引来达到“溜人”或“溜物”的目的。据资料介绍,秘鲁安第斯山的印第安人也用溜索作为渡河工具。如果说索桥起源于我国,那么,我国的溜索以及之后发展出来的索桥,则起源于羌族。明朝曹学佺(1574—1646 年)所著《蜀中名胜记 · 成都府》记载“李膺《笮桥赞》云:复引一索,飞絙(gēng)杙(yì)阁,其名曰笮(zuō),人悬半空,度彼绝壑”,这笮桥应该就是溜索。

竹笮是竹编的绳,《辞源》对其释义是“引舟的竹索”。我国西南众民族之一的羌族,在汉代有一个部落称为“莋都”,聚居于蜀郡西南大山,善造溜索,可能最先将溜索发展成竹索桥。由此看来,笮桥的称法或许来自其主要材料构件竹绳,即笮;或许来自于其创始人羌族莋都部落名号的首字,即莋(通“笮”)。

图 1.1.1 是中国电影先驱孙明经先生在 1939 年川康科考中拍摄的溜索照片。照片中将溜索渡河的人即是孙先生的助手。直到现在,溜索这种最原始的索桥在我国藏区仍然存在。《西藏日报》2010 年 3 月 20 日刊登题为“自治区溜索改桥协调工作领导小组第一次会议召开”的报道,报道称,西藏现存溜索 84 处,分布于昌都、林芝、那曲和日喀则四个地区。

图 1.1.1　四川康定郊外雅拉沟溜索(孙明经,摄于 1939 年)

溜索在历史长河中逐渐向两个方向发展:其一是桥梁,侧重于发展承载功能,便于人行和车行;其二是索道,侧重于发展滑行功能,即"溜",便于递送人或物品。本书主要关注溜索在桥梁方向的演进和发展。索道方向的发展则不是本书的重点,仅提供下面的资料(摘编自福建农林大学网站)供读者参考:现代客运索道最早于1894年出现在意大利。目前,全球有四万多条索道。我国自20世纪50年代引进客运索道以来,现已有各类索道近三千条。我国自主设计、制造的第一条大型双线往复式客运索道(重庆嘉陵江索道,图1.1.2)于1981年建成,标志着我国客运索道发展的开始。

图1.1.2 重庆嘉陵江索道

溜索向桥梁方面发展,首先出现的是竹索桥。与溜索晃晃悠悠的"溜"不同,竹索桥可以供人比较稳当地行走。为此,竹索桥不仅将几根溜索简单并排在一起,还在其上铺设桥面板,而且桥面之上两侧至少还各设有一根索,既帮助承重,又作为扶手,比较容易行走。

行走能够比较稳当的最简单的索桥应该是"V"形索桥。我国历史上比较有名的"V"形索桥应该是成都的笮桥。西汉王褒在《益州记》中记载,笮桥在司马相如宅院南一百步,建造时用三个大铁锥来系紧(锚固)竹索。新中国成立初期,在考察司马相如的抚琴台时,曾在今天成都南门大桥西面的锦江河上,发掘出古桥基下的两个大铁锥,虽然比历史记载少了一个大铁锥,但已足证该处是笮桥故址。用三个大铁锥锚固三根竹索的笮桥,其主缆(竹索)的最佳布置应该是V字形,也就是两根索在上,一根索在下,以使得三根索形成"V"形通道[图1.1.3a)]。

人行走于"V"形索桥时,脚踩一根索,手扶两根索,手脚并用,晃晃悠悠过桥,这实际上可能会比"溜"索还危险。因为"溜"索时,重心在索下,在力学上是稳定的;"V"形索桥则不同,人踩在下面一根索上,易向侧边倾斜。倘若上下索连接不够牢靠和密实,则容易失足。更危险的则是上下各一根索的双索桥[图1.1.3b)]。过桥时,脚踩一索,手扶一索,万分惊险。从文献记载可以推断,李冰建的索桥,即使有多根索,也只是改进的溜索,或双索,或三索,最初则可能是羌族建造的溜索。

最迟在秦汉时期,汉族就学会了羌族的笮桥技术。春秋战国时期,秦昭王三十年至秦孝文王年间(公元前277—公元前251年),李冰任蜀守时,率众大搞基础设施建设。这些基础设施除了都江堰这一卓绝古今的水利工程外,还有许多重要的交通基础设施工程,其中就有竹索桥。据《华阳国志·蜀志》记载,"西上曰夷里桥,亦曰笮桥",是李冰建造的七座桥梁之一。《晋书·桓温传》记载,东汉顺帝永和三年(公元347年),桓温伐蜀战于此桥。此时,距李冰建桥已近600年。三国时期,相传诸葛亮曾在这里为出师东吴的费祎饯行。

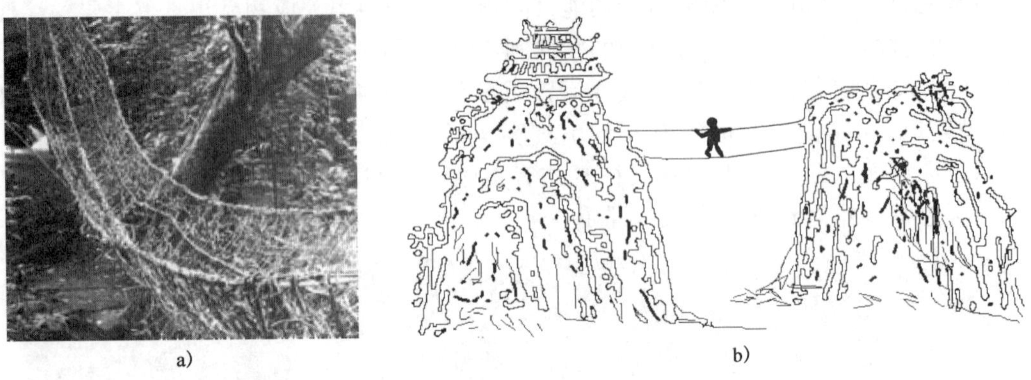

a)　　b)

图1.1.3　溜索向索桥的过渡形式

a)"V"形三索形式;b)双索形式

(1)都江堰安澜桥

安澜桥是我国最著名的五大古桥之一,横跨都江堰内外江。郦道元(470—527年)《水经注·江水》记载"涪江有笮桥"。由于郦道元注解的这部《水经》"大体应为汉魏之作不成问题"(百度百科"水经注"词条释义),表明最迟在公元3世纪的汉魏时期,涪江就有了笮桥。这座笮桥应该就是安澜桥。安澜桥原址在都江堰鱼嘴处,1974年改用钢索建造并下移了一百多米,之后多次翻新,最新重修后的安澜桥见图1.1.4。20世纪初期,德国建筑师伯施曼(Ernst Boerschmann,1873—1949年)及英国植物学家威尔逊(Ernest Henry Wilson,1876—1930年)可能拍摄到了该桥最早的照片(图1.1.5)。

图1.1.4　重修过的安澜桥(2013年,王鹏)

a)

b)

图1.1.5　1908年的安澜桥

a)伯施曼拍摄;b)威尔逊拍摄

(2)威州竹索桥

威州(现汶川)是羌族世代聚居之地,而索桥起源于羌族。要追溯竹索桥的历史风貌,威州是最好的选择。1911 年,美国人那爱德(Luther Knight,1879—1913 年)就在威州拍摄过竹索桥照片[图 1.1.6a)]。该桥桥面以下至少有 14 根索,桥面以上两侧既承重又兼扶手用的各有 4 根索(共 8 根),紧贴桥面木板顶面,用于固定木板兼承重的还有 2 根索,全桥共计至少 24 根索,且有两跨,这应该是规模相当大的竹索桥了。1934 年,我国摄影家庄学本(1909—1984 年)也拍摄了威州某竹索桥的照片[图 1.1.6b)]。

a)

b)

图 1.1.6 威州(汶川)竹索桥

a) Luther Knight,1911 年拍摄;b) 庄学本,1934 年拍摄

1.1.2 铁索桥

显然,竹索桥耐久性差且易毁于水火等各种灾害,而铁索桥当然比竹索桥更能抵抗这些灾害,也更为坚固和耐久。因此,随着铁的出现,索桥逐步向铁索桥发展。我国关于铁索桥的记载可追溯至西汉初期,据陕西褒城樊江桥桥头碑文(公元 1529 年)记载,西汉大将樊哙于公元前 206 年在寒溪上造此铁索桥。汉宣帝甘露四年(公元前 50 年)更建成了跨度达百米的铁索桥。但是,这些内容都未经过严格考证,目前仍然只能作为传说。

(1)唐东杰布和铁索桥

最初的铁索桥是铁链桥(Iron Chain Bridge)。剑桥大学伊尔文教授在其专著中提到:世界上尚存最早的铁索桥可能是 15 世纪智钦 · 唐东杰布(1385—1464 年)建造于中国西藏的铁索桥。据称,唐东杰布一共修建了 58 座铁索桥(包括 1430 年在雅鲁藏布江上首次建成的铁索桥),其被誉为“铁桥活佛”。张柏桢居士在《西藏大呼毕勒罕考》书中载明,铁桥活佛是清朝中央直接管理和认定的西藏三十六位大活佛中的一个。唐东杰布一生为藏区交通的开拓和藏戏的创立、发展建立了不朽的功绩,藏民把他看作是戏神和铁木工匠的“祖师”。在一些藏传佛教寺庙里,常可见手持铁索的唐东杰布画像或塑像[图 1.1.7a)]。

在许多藏戏演出场地,观众首先要在唐东杰布的像前敬献哈达,以示谢恩;在唐东杰布的故乡,每逢大家观看藏戏表演时,都要带一些青油和羊毛,将这些礼物送给戏班子用于擦在铁索上,以保存好唐东杰布所建的铁索桥,使其不锈,永存于世。从查到的文献看,直到 2010 年,唐东杰布建造的铁索桥在我国日喀则地区至少还有 3 座留世,包括南木林县的孜吾桥、波多桥和拉孜县的彭措林桥[图 1.1.7b)]。另外,昌都乌齐县的甲桑卡铁索桥是由唐东杰布弟子佐英喇嘛修建,也保存至今。唐东杰布建造的桥梁不限于现在我国西藏境内,在不丹还有他建造留下的桥(图 1.1.8)。

a)　　　　　　b)

图 1.1.7　唐东杰布画像和他建造于西藏的彭措林桥

a)

b)

图 1.1.8　唐东杰布建造于不丹的两座铁索桥

a)塔希冈 Gongri 河上的铁索桥;b)智钦・唐东杰布建造于不丹的另一座铁索桥

(2)霁虹桥(云南,1476 年)

除安澜桥外,云南保山的霁虹桥是我国五大古桥中另一座索桥,该桥在世界桥梁史上久负盛名。公元 1667 年,法国传教士基歇尔(Athanasius Kircher)在其《中国图说》中就有霁虹桥的绘图(图 1.1.9)。2004 年,瑞士洛桑联邦理工学院的一篇博士论文还采用了这幅图。

图 1.1.9　霁虹桥(Kircher,绘于 1667 年)

据资料记载,霁虹桥总长 113.4m,净跨径 57.3m,桥宽 3.7m。全桥共有 18 根铁索,底索 16 根,扶栏索每边各 1 根。底索上覆盖纵横木板。铁索锚固在两岸桥台的尾部,桥台长约 23m。铁链扣环直径 2.5 ~ 2.8cm,长 30 ~ 40cm,宽 8 ~ 12cm;扶栏索由长 8 ~ 9cm、宽 7cm 左右的短扣环组成。两岸桥墩用条石砌成半圆形。桥高出水面(旱季)12.5m,桥梁上部结构重约 15t。

2006 年,《大理日报》有一篇关于“霁虹桥的保护价值”的报道。报道称,据《永昌府志》

记载，早在公元前4世纪，大理已开辟兰津渡，用舟筏往来。两汉时用篾绳为桥，攀援而渡，也即“溜索”。《云南志·蛮书》记载“龙尾城(今大理)西第七驿有桥……横亘大竹索为梁，上布箦，箦上实板，仍通以竹屋盖桥。其穿索石孔，孔明所凿也。”据此推断，三国时期诸葛亮南征时，兰津渡就已改渡为桥了。明成化年间(1475—1487年)中，江顶寺僧人了然募资建铁索桥，以木为柱，用粗大的铁索横牵两岸，上钉木板。后将木柱改为铁桩，并在桥上建廊，以使行人安全。明崇祯十二年(1639年)，徐霞客过霁虹桥时，见桥两端设有石门和关卡，东崖建有武侯祠，两岸建有楼台并记创桥者，谓之“迤西咽喉”。

1922年，美国人盖洛(William Edgar Geil，1865—1925年)为霁虹桥拍摄的照片(图1.1.10)中，桥头建有中国传统式样的优美建筑。但在1980年的照片(图1.1.11)中，霁虹桥已显得破旧，桥头建筑大部消失，唯存门洞。2008年，随着小湾水电站正式蓄水，霁虹桥与其摩崖石刻一道，淹没于万顷波涛之中。

图1.1.10 霁虹桥(William Edgar Geil，摄于1922年)

图1.1.11 霁虹桥(摄于1980年)

1.1.3 斜拉桥的雏形

1617年，意大利威尼斯工程师弗兰第阿斯(Verantius)建造了一座用斜拉铁链支撑木桥板的桥梁，这可能是欧洲最早记载具有铁链斜拉索的桥梁。1784年，德国人勒舍尔建造了一座采用木拉杆的跨径为32m的木桥，其结构体系和外形与现代斜拉桥已非常接近，一般认为该桥是世界上第一座斜拉桥(图1.1.12)。

1821年，法国建筑师波耶特(Poyet)在世界上第一次系统地提出了斜拉桥的结构体系。在这个体系里，他构想用锻铁拉杆将梁吊到相当高的桥塔上，拉杆(索)扇形布置，所有拉杆(索)都锚固于桥塔顶部。1823年，法国数学家、工程师纳维叶(Navier)在其发表的关于悬索桥和斜拉桥两种结构体系研究的著名论文中指出：①当时的材料及技术达不到斜拉桥的力学要求，并举证了1818年倒塌的英国德赖伯桥(Dryburgh)；②两种体系在同样跨径和塔高时的造价相当，斜拉桥在经济上没有优势。1824年，德国尼恩堡(Nienburg)在萨勒河(Saale

River)上建造了一座主跨跨径为78m、木制桥面的斜拉桥,但挠度过大,并在第二年就由于斜拉索破坏而倒塌。由于缺乏可靠的理论分析方法和技术,加上已建成桥梁的垮塌,使得斜拉桥结构体系在相当长的一段时期都没有得到重视和发展。

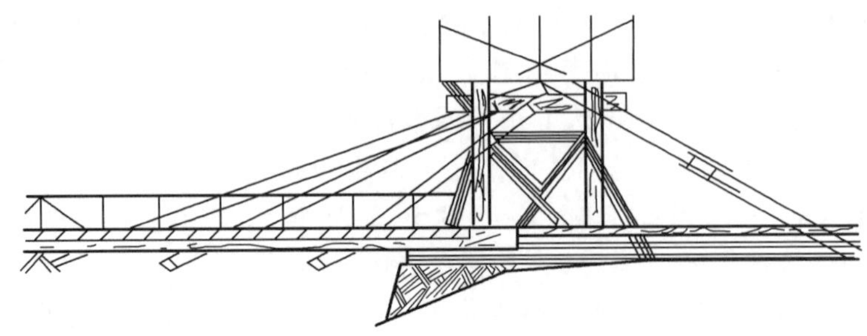

图1.1.12 勒舍尔桥半跨图(1784年)

到19世纪中叶,美国著名桥梁工程师约翰·A·罗勃林(John A. Roebling)在查核斜拉索的技术特征后发现:与加劲桁架和横撑相比,斜拉索显得更为有效。1855年,罗勃林在尼亚加拉河(Niagara River)上,用平行锻铁丝缆索作主缆,建成了主跨达250m的公铁两用吊拉组合(同时采用悬索主缆和斜拉索)桥梁。该桥悬索主缆与放射型拉索分担荷载,并为移动荷载(列车)及抗风稳定性提供刚度。采用这种组合体系,罗勃林和小罗勃林(W. A. Roebling)父子建成了多座名桥:1883年在美国建成的布鲁克林大桥(The Brooklyn Bridge);1873年在英国建成的主跨122m的阿尔伯特桥(Albert Bridge,图1.1.13);1904年在法国建成的主跨163m的伯诺姆桥(Bonho-mine Bridge)。罗勃林的设计理念和作品对吊拉组合体系桥型的发展起到了巨大的推动作用。他发明的这种吊拉组合体系桥梁也当之无愧地成为现代斜拉桥的雏形。

图1.1.13 阿尔伯特桥(Albert Bridge)

1.2 悬索桥及其索结构

悬索桥是以承受拉力的缆索作为主要承重构件的桥梁,由主缆、索鞍、索夹、吊索桥面系等部分组成。其中,主缆是主要承重构件,吊索是主要传力构件。

1.2.1 悬索桥索结构

悬索桥主缆除承受自身恒载外,还通过索夹和吊索的传力作用,承受活载和加劲梁(包括桥面系）的恒载，以及分担一部分横向风荷载，并将它传递到桥塔顶部。主缆不仅可通过自身弹性变形，而且可通过其几何形状的改变来影响体系平衡，表现出大位移非线性的力学特征，这是悬索桥区别于其他桥梁结构的重要特征之一。主缆在恒载作用下具有很大的初始张拉力，对桥跨结构提供了强大的"重力刚度"（即几何刚度，详见本书第 2.1 节），这是其具有跨越能力强、加劲梁高跨比小的根本原因。

吊索是联系加劲梁和主缆的纽带，是将活载和加劲梁的恒载传递到主缆的构件，理论上只承受轴向拉力。吊索内恒载轴力的大小，既决定了主缆在成桥状态的真实索形，也决定了加劲梁的恒载弯矩，是研究悬索桥成桥状态的关键因素之一。吊索布置形式常采用垂直或倾斜形式，上端通过索夹和主缆相连，下端锚固于加劲梁。

1.2.2 悬索桥计算理论简介

1）理论准备阶段：悬链线和抛物线

悬索桥结构体系的理论研究大致起于 18 世纪末 19 世纪初，其核心内容是自由悬索的线形计算理论，而后者的研究则最迟可追溯到 17 世纪初期。实际上，自由悬索线形理论在历史上一度是数学家的领地，伽利略（Galileo）可能是最早对其进行研究的学者之一。17 世纪初，伽利略虽然没有推导出现在广为人知的悬链线，但已认识到该曲线应接近于抛物线。

直至 17 世纪末的 1691 年，贝努利（James Bernoulli）等数学家首先建立了悬索曲线的悬链线理论；之后又过了一个世纪，悬索曲线的抛物线理论才发展成熟。18 世纪末 19 世纪初，俄国计划在圣彼得堡附近建造一座悬索桥，Fuss（数学家 Euler 的学生）负责研究缆索的形状，他得出结论：在沿跨均布荷载下，缆索的形状为抛物线，缆索的水平分力为恒定值。

到 19 世纪上半叶，悬索桥计算理论的研究仍局限于缆索线形方面，基本不涉及结构体系计算。但是，上述关于独立悬索的悬链线和抛物线线形的数学和力学理论，为悬索桥结构体系分析理论的发展打下了坚实的基础。自 19 世纪下半叶开始，关于悬索桥结构体系的计算理论就开始迅速发展，历经弹性、挠度和有限位移理论三个阶段后，趋于成熟。

2）弹性理论阶段

1858 年，美国人昂萨格（Rankine）针对具有双铰和三铰加劲梁的悬索桥结构体系的受力问题，建立了弹性理论的雏形，后经 Steinman 发展成为标准的弹性理论。该理论假定：①悬索完全柔性（不承受弯矩作用）且其荷载满跨均布，其线形在数学上为二次抛物线；②这一线形不因作用于桥上的活载变化而发生任何改变；③吊索排列紧密，分布均匀，其受拉时并不伸长；④加劲梁沿跨径悬挂于主索上，截面性质（及其对应的加劲梁刚度）不随跨长而变化；⑤加劲梁恒载由悬索承担，其自身处于无弯矩状态；⑥活载由索梁共同分担，按刚度分配。这种假定实质上是将悬索—吊索—加劲梁组合结构作为线弹性结构对待，未考虑活载对悬索刚度的有益影响，也未考虑缆索非线性大位移的影响，因此，其计算结果使得悬索桥结构设计偏于安全，但经济上不合理（加劲梁笨重、梁高过高，材料用量大）。只有当跨度小于 200m 时，由于加劲梁可提供足够的刚度，此时，按弹性理论才可设计出结构比较合理的悬索桥。

3）挠度理论阶段

弹性理论对加劲梁刚度的要求较高，造成其梁高过大且外形笨重，最终难以支持更大跨度悬索桥结构体系的设计。随着悬索桥建设的逐渐增多，人们开始认识到主缆的几何（重力)刚度作用不可忽视,因而促进了悬索桥结构体系理论的进一步发展。1888 年,维也纳的米兰提出了挠度理论,并首先应用于曼哈顿大桥的分析计算,使曼哈顿桥的加劲梁梁高仅是其跨度的 1/40。与弹性理论相比,挠度理论考虑了活载作用下的缆索形状改变增加的水平拉力对结构的二阶影响,这种非线性影响具有卸载作用,使缆索和加劲梁的内力变小,计算结果更加符合实际受力变形情况,是一种较精确的理论。

但是,由于挠度理论所依赖的微分方程是非线性的,受当时非线性微分方程求解技术的限制,该理论在应用中显得过于复杂繁琐。于是,出现了许多简化的方法、经验公式及图表法来近似满足挠度理论的要求。不过,无论如何,挠度理论对悬索桥的进一步发展仍然起到了强大的推动作用。基于挠度理论及其各种近似算法,悬索桥的跨度上限从之前的 200m 提高到了 600m 左右,提高幅度达 200% 。

不过,由于挠度理论假定中忽略了若干个非线性影响因素,而这些因素在 600m 以上跨度的悬索桥中已经变得非常重要。因此,更大跨度的悬索桥需要更为精确的理论,以计入导致挠度理论重要误差的如下非线性因素:①缆索节点水平位移;②加劲梁水平位移;③吊索弹性拉伸和温度变化的伸长量;④相容方程的二阶非线性及其隐含的缆索倾角和倾角变化为小量的假定;⑤缆索曲线与弦线的长度差异;⑥邻跨影响;⑦剪力对加劲梁位移的影响。

4)有限位移理论的第一阶段:离散吊索理论

随着计算技术的高速发展,为解决挠度理论的上述问题,有限位移理论得以广泛应用。有限位移理论包含两种思想:一是将结构自由度"有限化";二是纳入受力变形对结构的非线性影响,平衡方程建立于变形后状态。该理论历经离散吊索和非线性有限元两个阶段。

1957 年,离散吊索理论的创始人 Pugsley 在其专著 *The Theory of Suspension Birdge*(《悬索桥理论》)中,详述了以古典结构力学方法推导缆索、加劲梁的柔度矩阵,利用实际荷载作用下吊索上端缆索与下端加劲梁节点位移之差等于吊索伸长的相容条件,求解吊索力及节点位移的详细过程。之后,Janiszewski,Poskitt,Jenings 和前苏联彼得罗巴夫洛夫斯基等学者尝试利用古典结构力学方法、位移法和混合法,选取不同未知参量,建立非线性方程组,再利用 Newton-Raphson 迭代法求解方程组。

与挠度理论相比,离散吊索理论有了明显进步:①结构分析法从解析连续体过渡到离散点(自由度)分析;②纳入了加劲梁、缆索节点水平位移对结构内力的影响;③吊索不再假定为不发生变形的膜,在活载作用下可发生拉伸和倾斜变形。但由于该理论的结构柔度或刚度矩阵仍源于古典结构力学(解析)方法,因此,该方法必然依赖于解析法所必需的人为简化(例如缆索倾角及倾角变化为小量等)假定。为克服这些假定对离散吊索理论适用范围的制约,基于矩阵位移法的非线性有限元理论就应运而生了。

5)有限位移理论的第二阶段:非线性有限元理论

20 世纪 60 年代期间,随着计算机技术的高速发展和应用,非线性有限元理论最早由 Brotton 引入到悬索桥结构分析中,他把悬索桥视为平面构架,计入初始轴力和大位移的二次影响。此后,主要源自于 Tezcan、Saafall、Reming、Schrefler 和后藤茂夫等学者的贡献,该理论逐步完善,不仅计入初始轴力和大位移的二次效应,考虑各种因素的二次效应,以及节点位移与力之间的有限位移关系等因素,还建立了非线性方程的增量平衡刚度法和移动坐标迭代法等求解方法。这样,非线性有限元理论就逐渐突破了在其之前的各种理论中包含的不再必要的人为简化，成为数学和力学理论基础完备、实用高效的一种理论方法体系，可综合考虑节点位移影响、轴力效应和各种结构细节变化，并适应结构分析中的各种需求。因此，基于非线性有限元理论的计算方法和软件已成为现代悬索桥分析中不可或缺的强大工具。

1.2.3　现代悬索桥的发展及典型实例

从材料发展来看，索桥开始采用由钢制成的悬索后，索桥就发展到了现代悬索桥阶段；从理论发展来看，19世纪欧洲已经出现了悬索桥设计的基本理论，也成为悬索桥现代化开始的标志。现代悬索桥建设的第一次高峰出现在1930年前后。随后，悬索桥因其无可比拟的跨越能力被广泛采用，逐渐在四个地区出现发展高峰。

20世纪30~60年代，是以美国为主的发展时期。这个时期内的代表性悬索桥包括1931年建成的华盛顿大桥（主跨1 037m，人类历史上第一座跨径超过1 000m的大桥）、1937年建成的金门大桥（主跨1 280m）、1957年建成的麦基纳克大桥（主跨1 158m）和1964年建成的韦拉扎诺海峡大桥（主跨1 298.5m）等。美国式悬索桥桥跨一般采用三跨两铰式，主缆架设采用空中纺丝法（AS法），钢索塔则为铆接或栓接式，加劲梁采用空间钢桁架，桥面铺装一般采用混凝土。位于美国纽约州纽约市的韦拉札诺海峡大桥（Verrazano-Narrows Bridge，图1.2.1）自其1964年建成到1981年，保持桥梁跨径世界纪录达18年。

图1.2.1　韦拉扎诺海峡大桥

韦拉札诺海峡大桥主要设计参数为：主跨1 298.5m，两边跨均为370.3m，主缆矢跨比1/11；四根主缆，每根均由61股每股428根ϕ4.98mm的平行镀锌钢丝的索股组成；吊索材料采用钢绞线，间距15.1m，通过环形骑跨式成对布置，锚于主梁横向框架。

20世纪60年代~20世纪90年代，是以欧洲和日本为主的发展时期。欧洲最早的大跨度悬索桥是1959年法国建成的主跨为608m的坦卡维尔桥（法语：Pont de Tancarville）。其后，英国先后于1964年和1966年，分别在苏格兰和布里斯托尔建成主跨1 006m的福斯公路桥（Forth Road Bridge）和主跨988m的塞文桥（Severn Bridge），其后又建成了博斯普鲁斯一桥（Bosphorus Bridge，1973年，1 074m）、博斯普鲁斯二桥（1988年，1 090m）、滨海大桥（1997年，1 210m）和大贝尔特桥（1998年，1 624m）等大跨度悬索桥。

塞文桥是首座采用带翼扁平钢箱梁作为加劲梁的悬索桥（图1.2.2）。全桥2根主缆中距22.9m，主缆直径51.1cm，每根主缆由19根索股组成，每根索股则由439根ϕ4.97mm的钢丝组成；主缆矢跨比为1/12；为改进索结构体系的阻尼特性，采用了由螺旋钢丝绳构成的斜吊索，以利用螺旋钢丝绳的滞后效应形成减振作用。

20世纪70年代末~90年代，日本和欧洲一样处于悬索桥发展的高峰时期。日本一般采用预制平行钢丝索股法（PPWS法）架设主缆，加劲梁和桥面板分别为钢桁架和正交异性板,索塔内倾。为连通本洲和四国岛,日本先后修建了下津井獭户桥(1987 年,940m)、南备赞獭户桥(1988 年,1 100m)、北备赞獭户桥(1988 年,990m)、明石海峡大桥(1995 年,1 991m)、来岛二号桥(1999 年,1 020m)和来岛三号桥(1999 年,1 030m),1998 年建成的明石海峡悬索桥,其跨径达 1 991m,在本书付梓时仍雄踞世界最大跨径桥梁之位。

图 1.2.2　塞文桥

明石海峡大桥为三跨两铰加劲桁梁式悬索桥(图 1.2.3),矢跨比为 1/10;两主缆每根长 4 000m,直径 1.12m,由 290 根索股组成,每根索股由 127 根 ϕ5.22mm 的钢丝组成。该桥首次采用 1 800MPa 超高强钢丝,容许应力 820MPa,有效减小了主缆直径,简化了连接构造。

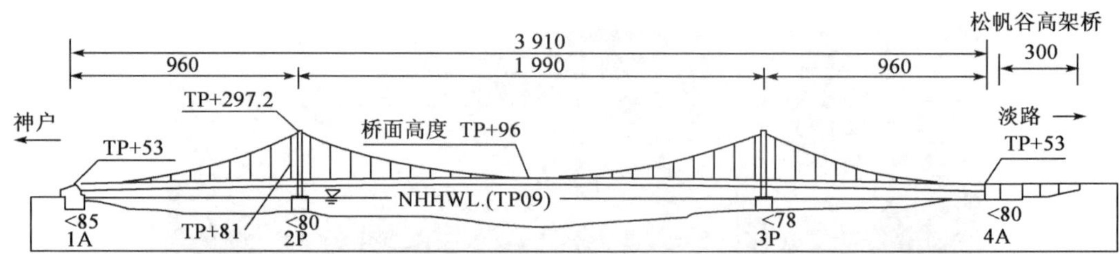

图 1.2.3　明石海峡大桥(尺寸单位:m;高程单位:m)

1990 年至今,是以中国为主的发展时期。此前几十年间,中国也建成一些悬索桥。1938 年建成的能滩吊桥是中国公路史上第一座现代意义上的悬索桥(图 1.2.4),造价 69 000 银洋,设计师为周凤九,施工负责人为欧阳缄。该桥跨能滩河,跨径 80m,桥面宽 4.5m,可通一辆 10t 汽车;桥台石砌,桥塔为空心圆柱式铸钢结构;链条式悬索总长 82.1m,由 65 节铸钢眼杆构成;吊索每边 32 根,桥面每侧以 4 根钢圆条为风缆,以防水平摆动。

1969 年建成通车的重庆朝阳大桥(图 1.2.5)将中国悬索桥技术推进了一步。该桥由原交通部重庆公路研究所(现招商局重庆交通科研设计院有限公司)设计,总长 233.2m,中间主跨为双链悬索桥，长186m；主缆共4根（一侧两根，形成双链），每根由19根ϕ42m钢丝绳组成；上吊索采用ϕ42mm无缝钢管，下吊索采用ϕ42mm钢丝绳；加劲梁梁高2.0m。索塔由混凝土和钢筋混凝土门架组成，高64.8m；锚碇采用隧道式锚。

图1.2.4 能滩吊桥

图1.2.5 重庆朝阳大桥

广东汕头海湾大桥是我国建成的第一座真正意义上的现代化悬索桥，1995年建成，主跨452m。随后，我国悬索桥进入了高速发展期，至今已建成数十座悬索桥，如润扬长江大桥、江阴长江大桥、阳逻长江公路大桥、宜昌长江大桥、西陵长江大桥、鹅公岩长江大桥、忠县长江大桥、丰都长江大桥、虎门大桥、厦门海沧大桥、汕头海湾大桥、青岛海湾大桥、香港青马大桥和西堠门大桥等。这些桥梁的建成，标志着我国悬索桥科研、设计、施工水平已进入世界先进行列。

舟山大陆连岛工程的西堠门大桥主跨1 650m，跨径世界第二，是全球首座分体式钢箱梁悬索桥（图1.2.6）。该桥全宽36m，净宽23m；2根主缆采用1 770MPa预制平行钢丝索股，横桥向中心间距为31.4m，每根长2 879.7m，矢跨比1/10；吊索顺桥向标准间距为18m。

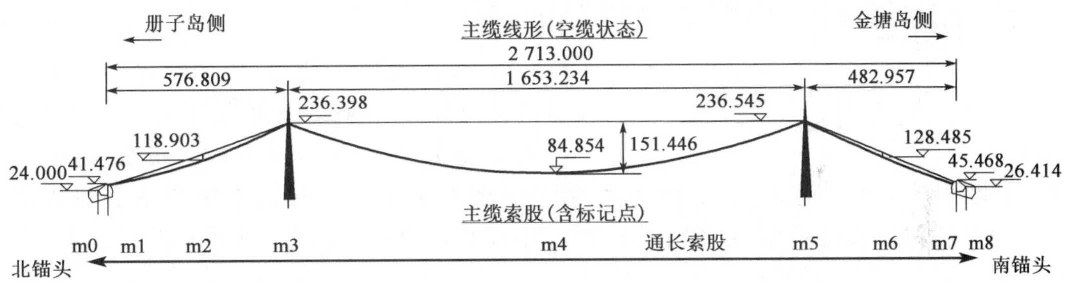

图1.2.6 西堠门大桥主缆示意图（尺寸单位：m；高程单位：m）

悬索桥中还包含有自锚式悬索桥，如奥克兰海湾新桥（New Oakland Bay Bridge，图1.2.7），主航道桥为自锚式悬索桥，单塔，跨径为385m+180m，两主缆直径0.78m，每根主缆由17 400根相互平行的5.4mm高强镀锌钢丝组成，其钢丝的标准强度为1 800MPa。

图1.2.7 奥克兰海湾新桥

1.3 斜拉桥及其索结构

斜拉桥是一种由塔、梁和拉索三种基本构件组成的组合结构体系，拉索通过设置在其两端的锚具传递拉力，主梁通过拉索直接拉在桥塔上，可看作是拉索代替支墩的多跨弹性支承连续梁。该体系可减小梁体内弯矩，减轻结构质量，节省材料。

1938 年，德国工程师 Dishinger 认识到斜拉桥的优越性，并对其展开研究。1952 年，德国 Leonhardt 教授设计出世界上第一座现代化斜拉桥——德国莱茵河上的西奥多豪斯桥（Theodore-Heuss Bridge），该桥于 1958 年建成。1955 年，Dishinger 与德国承包商 Demag 公司在瑞典建成世界上第一座现代化的钢结构斜拉桥——特罗姆松德桥（Stromsund Bridge），主跨 182 m。该桥的成功建造推动了斜拉桥在全世界（首先是德国）的迅速发展。1962 年，委内瑞拉建成的马拉开波湖桥为第一座现代化混凝土斜拉桥，主跨 235m。此后，斜拉桥由稀索体系逐步转向密索体系，其现代化序幕迅速拉开，在世界各地得到了大量的应用和发展。

1.3.1 斜拉桥索结构

1）斜拉索索体构造

斜拉索在构造上可分为刚性索和柔性索两大类。刚性索是钢索外包混凝土而形成的刚性材料，拉索少而集中，不仅能约束主梁的线位移，还能约束其转动，提高主梁刚度，减少高强度钢材用量（图 1.3.1），但因其受力复杂、设计施工难度大而较少使用；柔性索可大幅提高斜拉桥跨越能力，因此，逐渐发展成斜拉索的主流形式。早期的柔性索有平行钢筋索、卷制钢绞线索、卷制钢丝索和封闭式卷制钢索等多种形式（图 1.3.2）。经过数十年的不断创新和淘汰，目前柔性斜拉索已集中到平行钢丝索（图 1.3.3）和平行钢绞线索（图 1.3.4）两种形式。

a)

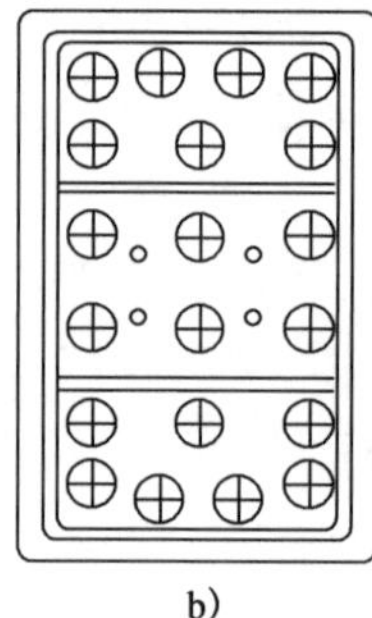
b)

图 1.3.1 斜拉桥刚性索

a）长拉索；b）短拉索

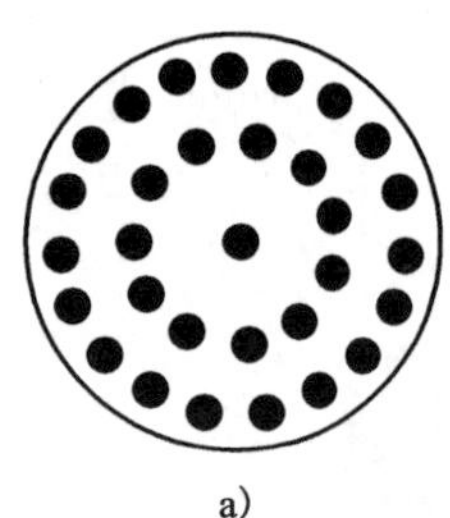
a)

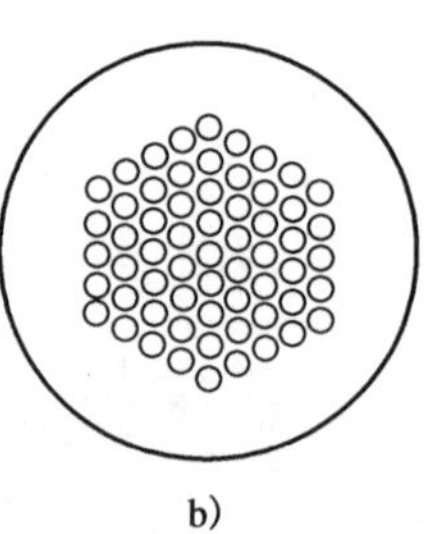
b)

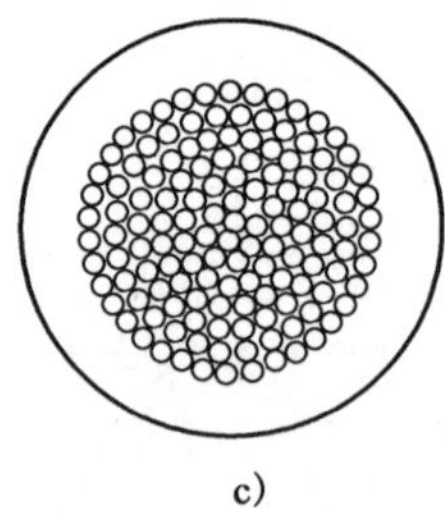
c)

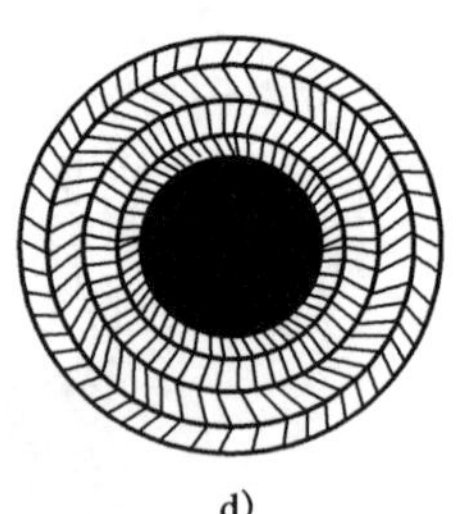
d)

图 1.3.2 斜拉桥柔性索

a）平行钢筋索；b）平行钢绞线索；c）平行钢丝索；d）封闭式钢索

热挤 PE 防腐的平行钢丝索首创于日本，1968 年 5 月在美国新港悬索桥上第一次应用平行钢丝索，从此大跨径桥梁建设所需的高强材料实现了一大飞跃。我国在修建山东东营黄河桥时，首次从日本进口了这种斜拉索；1986 年，我国广东九江大桥首次使用了国产的热挤 PE 防护扭绞型平行钢丝拉索。

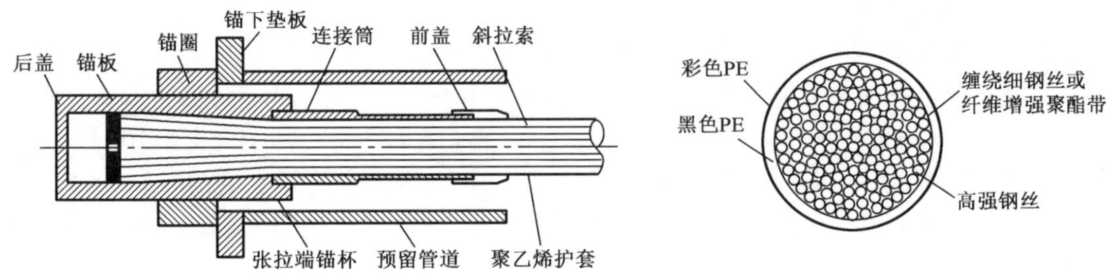

图1.3.3 平行钢丝拉索和冷铸锚

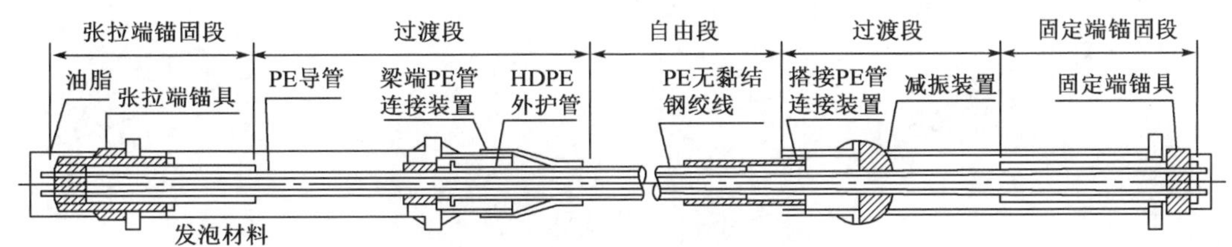

图1.3.4 钢绞线拉索和锚具

钢绞线拉索起源于后张预应力索，热挤防腐的平行钢绞线索首创于法国，其主要优点是可以方便地进行单根钢绞线安装，最后再用小型千斤顶进行调整。世界上首座钢绞线斜拉索桥是1978年在法国建造的布鲁东纳桥（法语：Pont de Brotonne，英语：The Brotonne Bridge），主跨为320m，拉索采用60ϕ15.2mm钢绞线，此后钢绞线斜拉索越来越多地应用在了斜拉桥上。美国自1978年开始修建的斜拉桥全采用钢绞线斜拉索。我国于1980年在广西红水河修建的主跨96m的铁路桥，首次采用10ϕ15.2mm钢绞线斜拉索。

两种斜拉索系统各有优缺点，拉索吨位小时，平行钢丝索较方便；当吨位较大时，采用平行钢绞线索较易施工。欧美等国家一般采用平行钢绞线斜拉索体系，我国和日本则较多采用平行钢丝斜拉索体系。近年来，钢绞线斜拉索以其可靠度高，受施工环境、安装时间限制小以及运输与安装便捷等优点，被越来越广泛地应用。

在大吨位钢绞线斜拉索应用方面，美国莫米河大桥（Maumee River Bridge）采用最大规格为156ϕ15.24mm钢绞线斜拉索，单索索力达4 000千磅（即1 814t）。目前，国内已安装的规格最大的钢绞线拉索桥为招商局重庆交通科研设计院有限公司主持设计和建设的重庆东水门长江大桥（图1.3.5），该桥采用139ϕ15.2mm钢绞线斜拉索，最大单索索力1 450t。

图1.3.5 东水门长江大桥

2)斜拉索布置形式

斜拉索布置是斜拉桥设计的重要内容,它不仅影响桥梁结构性能,还影响施工方法和经济性。常用的横桥布置方式包括单索面、双索面和三索面三种(图 1.3.6),其中双索面应用最广;常用的纵向布置包括辐射形、竖琴形和扇形三种(图 1.3.7),其中扇形应用最广。当主梁为钢或组合结构时,斜拉索纵向间距一般取 8 ~ 16m;主梁为混凝土结构时,一般取 4 ~ 10m。为了施工方便,斜拉索在纵桥向一般采用等间距布置,但在边跨梁端处常密集锚固数根拉索。

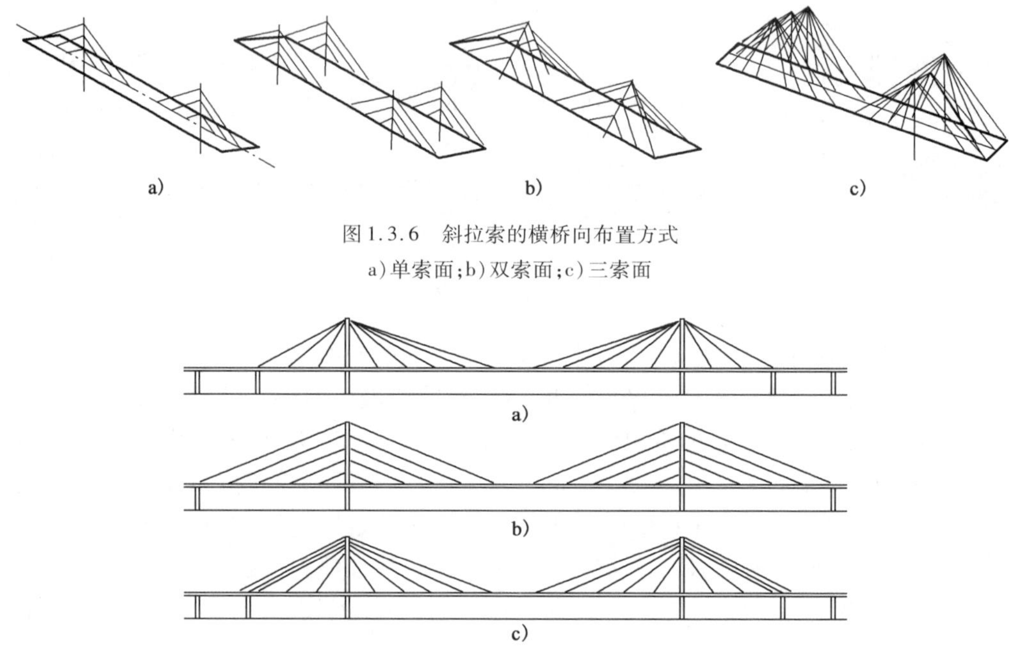

图 1.3.6 斜拉索的横桥向布置方式

a)单索面;b)双索面;c)三索面

图 1.3.7 斜拉索的纵桥向布置方式

a)辐射形;b)竖琴形;c)扇形

辐射形斜拉索与水平面的交角较大,故其竖向刚度对主梁的支撑作用较强,相比竖琴形索面可节省拉索材料 15% ~20%,但由于斜拉索在索塔上集中于一点锚固,该处构造过于复杂;竖琴形斜拉索平行排列,简化了斜拉索与索塔的连接构造,分散的上锚点有利于塔的受力,且外观简洁,但其缺点是斜拉索倾角小,所需总索力大,钢索用量多;扇形斜拉索介于辐射形和竖琴形之间,应用最为广泛。

1.3.2 斜拉桥计算理论简介

斜拉桥作为近年来最受青睐的桥型,有关设计理论与计算方法的研究,尤其是概念设计与体系、斜拉桥几何非线性分析理论、索力优化方法、斜拉桥的稳定分析方法、抗震抗风、构造设计分析与验证等理论分支均得到了普遍关注和发展。

1)斜拉桥几何非线性分析理论

斜拉桥静力计算理论以 Dishcinger 在 1949 年揭示的垂度效应为开端,其后首先由 Ernst 在 1965 年推导出等效割线模量(详见本书第 2.3 节);Gimsing, Podonly 等学者随后对 Dishcinger 和 Ernst 理论的适用性进行了验证。

1976 年,Podonly 首先将斜拉桥的非线性问题归结为塔、梁、索三类构件的非线性行为,并认为塔、梁刚度较柔时,不可忽略极限荷载下压、弯的相互影响。1979 年,Fleming 将斜拉桥几何非线性分为垂度效应、p-Δ 效应和结构大位移三类非线性,系统推导了相应的求解方法(等效模量、稳定函数、增量法与移动坐标)。1980 年,Hdajni 推导了考虑自重分布的斜拉索修正模量。1990 年,Nanzly 将稳定函数法推广到 3D 空间梁单元。至此,斜拉桥几何非线性分析的理论基础已经基本奠定。

2)斜拉桥设计分析方法

斜拉桥是高次超静定结构,其结构计算按照非线性程度的不同而采用了两种分析理论:中小跨径斜拉桥常采用基于小位移原理的直接刚度矩阵法,即等效线性的杆系有限元法;大跨径斜拉桥则须采用基于大位移小应变的有限位移理论,即非线性有限元法。

等效线性的杆系有限元模型在数学概念上仍然是线性模型,但由于采用了等效弹性模量,该模型可计入斜拉索的垂度影响(这是较低程度的非线性),适用于中小跨径斜拉桥的常规分析。对大跨径的斜拉桥,由于斜拉索较长,拉索自重产生的垂度较大,须采用大位移小应变的有限位移理论进行分析,并重点考虑三方面因素的几何非线性效应。

(1)结构初始内力对单元刚度矩阵的影响。

(2)拉索垂度的影响。

(3)大位移对结构平衡方程的影响。对于这个问题,有全局拉格朗日(T. L)和修正的拉格朗日(U. L)列式法两种方式,前者将参考坐标选在未变形的结构上,通过引入大位移刚度矩阵来考虑大位移问题;后者将参考坐标选在变形后的位置上,让节点坐标跟随结构变形而变化,以确保平衡方程建立于变形后的位置上。

1.3.3 现代斜拉桥索的发展及典型实例

现代斜拉桥经历了稀索体系期、稀密过渡期和密索体系期三个发展阶段。

1)第一阶段:稀索体系期

自 20 世纪 50 年代中至 60 年代中,斜拉桥体系处于稀索体系阶段,其特征是在桥塔单侧设置 1 ~4 根拉索、索距较大(在钢梁上取为 30 ~65m,混凝土梁上取为 15 ~30m)、梁体以受弯为主。稀索体系的采用一方面是受到所能求解的超静定结构赘余数的限制,一般不多于 4 次;另一方面则反映当时的设计理念是用少量的拉索来替代梁桥的中间墩,在承重上以梁为主,以索为辅。稀索体系的主梁刚度较大,且需要额外的施工架设辅助设备,因此,其跨越能力和经济优势也十分有限,并存在锚固区构造复杂及换索困难等问题。

1962 年建成的委内瑞拉马拉开波湖桥(Maracaibo Lake Bridge)是世界上第一座公路预应力混凝土斜拉桥(图 1.3.8),开创了预应力混凝土斜拉桥的先河,可看作具有代表性的稀索体系斜拉桥。该桥位跨越马拉开波湖,结构体系为预应力混凝土斜拉悬臂 T 构加挂梁的稀索体系,每塔每一索面仅有一对索;全桥长 8 700m,5 个通航孔(主跨)跨度均为 235m;桥宽 17.4m,塔高 86.6m,梁高 5.4m,最高处距水面 45m。

2)第二阶段:稀密过渡期

自 20 世纪 60 年代末至 80 年代中,斜拉桥体系处于稀密体系过渡时期,其特征是拉索逐步采用密索体系,主梁截面减小。密索体系充分发挥了材料潜在性能,使结构更纤细轻巧,具有梁高小、自重轻、锚固力小、应力分布均匀、易于施工和方便换索等诸多优点。

图 1.3.8　马拉开波湖桥

1967 年，H. Homberg 首先在工程上采用较小索距的概念，在波恩建成弗里德里希埃伯特桥（Friedrich Ebert Bridge），开创了密索体系的先河。该桥采用钢主梁、双塔单索面体系；主跨 280m、桥宽 36m；桥塔每侧各设置 20 根斜拉索。1975 年，原交通部重庆公路研究所（现招商局重庆交通科研设计院有限公司）设计的预应力钢筋混凝土公路斜拉桥（主跨 75.8 m）在四川云阳县建成，是我国第一座斜拉桥，拉开了中国现代化斜拉桥建造史的序幕。

1978 年，美国建成横跨哥伦比亚河的 P-K 桥（Pasco-Kennewick Bridge）是世界上第一座采用密索体系的特大跨径预应力混凝土斜拉桥（图 1.3.9），其跨径为布置为 123.9m + 299m + 123.9m，采用双索面密索体系，双塔为门形，拉索呈放射形，梁体材料采用预应力混凝土。

图 1.3.9　美国 Pasco-Kennewick 桥

3）第三阶段：密索体系期

自 20 世纪 80 年代中期至今，斜拉桥处于密索体系时期，梁体结构出现组合、混合等新形式，主梁向轻型化发展，梁高减小，梁面也出现了肋板式、板式等形式。2004 年，希腊建成雷奥—安蒂里奥桥（Rion-Antirion Bridge）（图 1.3.10），该桥跨越 Patrasw 湾，三主跨均为 560m，是一座四塔五跨的双索面组合梁斜拉桥。该桥斜拉索采用斜向双索面、半扇形布置，共设 184 对拉索，单根拉索由 43 ~ 73 根平行钢绞线制成。

自 20 世纪 80 年代末、90 年代初至今，斜拉桥在我国也得以迅速发展。1991 年，上海建成南浦大桥，开创了我国 400m 以上特大跨径斜拉桥的先河。2008 年建成的苏通长江公路大桥（图 1.3.11），主跨 1 088m，创下了当时斜拉桥跨径的世界纪录，也标志着斜拉桥主跨跨度首次突破1 000m。该桥共136对斜拉索，钢丝强度1 770MPa，最大规格为PES7-313，斜拉索最长581m。斜拉索的设计寿命为50年，并通过阻尼器与气动方式并用的减振措施，使得拉索的最大振幅控制在索长的1/1 700以内。

图1.3.10　希腊雷奥—安蒂里奥桥

2012年，俄罗斯在海参崴建成了主跨1 104m的俄罗斯岛跨海大桥（Russky Island Bridge，图1.3.12），以16m的优势超过苏通大桥的跨径，刷新了斜拉桥跨径的世界纪录。该桥主塔高度320.9m，桥面宽29.5m；该桥共设168根斜拉索，最长索长579.8m，每根斜拉索由13～85根ϕ15.7mm的平行钢绞线组成。

图1.3.11　苏通长江公路大桥（2008年）

图1.3.12　海参崴俄罗斯岛跨海大桥（2012年）

1.4　中下承式拱桥及其索结构

中下承式拱桥一般是无推力拱桥，是一种组合结构体系，由拱、系杆、吊索和桥面系梁板等构成，以系杆承受拱脚水平推力为主要特征，一般也称为系杆拱桥（为行文简洁，下文均称系杆拱桥，不再称为中下承式拱桥）。与其他类型拱桥相比，系杆拱结构相对轻巧，在特大跨桥梁中更具竞争力。

1.4.1　吊索和系杆构造

（1）吊索：系杆拱桥吊索与斜拉桥拉索的功能和构造类似，同样分为刚性吊索和柔性吊索，其构造及发展过程与斜拉索类似。刚性吊索一般称为吊杆，由于变形能力弱，现已较少使用。柔性吊索可在工厂制作，然后运到现场进行安装，具有施工简单、结构美观等众多优点，现已被广泛采用。吊索按布置方式可分为竖直吊索、倾斜吊索和网状吊索（图1.4.1）。竖直吊索最先出现于刚性梁柔性拱的系杆拱桥中；倾斜吊索拱桥以倾斜吊索代替竖直吊索，大幅提高了桥面系的支撑刚度；网状吊索拱桥相对于倾斜吊索拱桥，桥面系的支撑刚度进一步提高，并同时提高了拱的面内稳定性，但由于构造设计较为复杂，实际工程中应用不多。

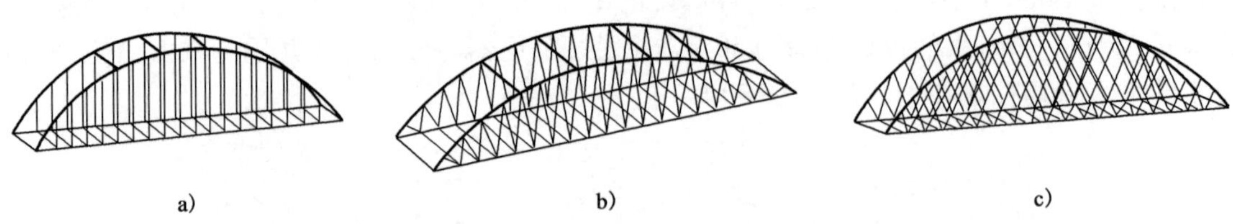

图 1.4.1　吊索布置形式

a) 竖吊索系杆拱结构;b) 无交叉斜吊索系杆拱结构;c) 网状斜吊索系杆拱结构

(2) 系杆:系杆拱桥中承受拱端水平推力的拉杆称为系杆,分为刚性系杆和柔性系杆。根据拱肋与系杆抗弯刚度的大小,系杆拱桥可分为刚性系杆柔性拱$\left(\frac{E_{肋}\ I_{肋}}{E_{系}\ I_{系}}<\frac{1}{80}\right)$、刚性系杆刚性拱$\left(\frac{1}{80}<\frac{E_{肋}\ I_{肋}}{E_{系}\ I_{系}}<80\right)$和柔性系杆刚性拱$\left(\frac{E_{肋}\ I_{肋}}{E_{系}\ I_{系}}>80\right)$。柔性系杆刚性拱桥的弯矩均由拱肋承受,系杆只承受拉力。目前已建成的大跨度系杆拱桥一般均采用这种结构体系。柔性系杆属于索结构,一般采用平行钢绞线拉索,其构造如图 1.4.2 所示。

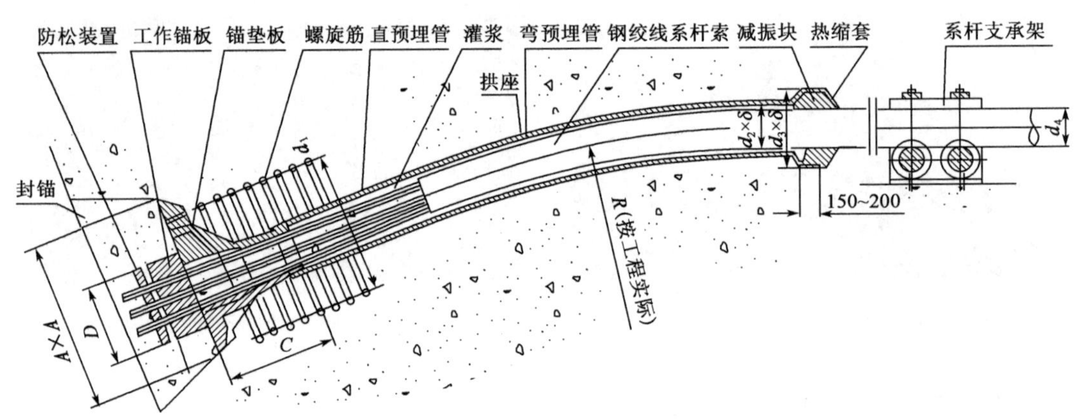

图 1.4.2　系杆拱桥的柔性系杆(尺寸单位:mm)

1.4.2　系杆拱桥计算理论简介

拱桥在力学上有其天然的优点,这和悬索桥是类似的。实际上,拱可以看作是上下颠倒过来的悬索;同时,作为颠倒过来的悬索,拱肋(拱圈)的受力特点随之与悬索相反,由悬索主缆的受拉变成了拱的受压。系杆拱桥由系杆、拱肋、吊索共同形成组合的承重体系,是典型的空间杆系结构,与传统的拱桥相比,其受力复杂得多。

系杆拱桥的重要力学问题是吊索对拱横向稳定性的影响。系杆拱桥出现初期,这一问题就得到了密切关注。1923 年,铁木辛柯在用解析法和能量法分析圆弧拱面外屈曲时,就讨论过类似的吊索非保向力作用问题,并指出非保向力作用有利于提高拱的面外稳定性。舒克拉·奥哈尔沃(Shukla-Ojalvo)则证明了密布吊索的非保向力对提高拱的横向稳定性的重要性。实际上,当拱肋有侧向位移时,吊索变为倾斜,其张力的水平分力就可加强拱肋的横向稳定性,这就是所谓吊索的非保向力效应。系杆拱桥的面外屈曲分析不同于裸拱之处就在于吊索的非保向力作用。

近20年来，由于计算机技术特别是有限元方法的成熟，推动了系杆拱桥的建设和发展；同时，在材料方面，高强钢丝拉索、钢绞线拉索应用到系杆拱桥中，不但推动了系杆拱桥跨度的发展，也使得系杆拱桥设计灵活变化的空间更大，以致出现了很多特殊的、复杂的空间结构桥梁形式。在这一背景下，人们更倾向于采用空间杆系有限元方法来解决其内力计算问题。从索结构角度而言，系杆拱桥的吊索长度较小，而系杆则由吊索或支承架多点弹性支承，因此，在系杆拱桥计算中，索结构非线性问题并不突出。

1.4.3　系杆拱桥的发展及典型实例

系杆拱桥起源于19世纪末。1858年，奥地利人兰格尔（Josef Langer）申报了刚性梁柔性拱的系杆拱桥专利，强调拱肋与吊索之间铰接构造，拱肋只受轴向力，不受弯矩。1929年，尼尔森（O. F. Nielson）提出用斜吊索代替兰格尔拱的竖吊索，以大幅提高结构刚度，并获得瑞典专利。1963年竣工的德国费马恩（Fehamarnsund）桥，主跨248.4m，矢高43m。之后近30年，系杆拱桥的跨径没有继续增长。1991年，日本建成大阪府新浜寺桥，主跨254.0m，矢高36m，桥面宽25m，是提篮式的尼尔森体系钢桥。其后，系杆拱桥开始快速发展。

目前，世界最大跨径的拱桥是2009年建成的重庆朝天门长江大桥（图1.4.3、图1.4.4），主跨552m，矢高128m。该桥由重庆交通科研设计院与中铁大桥勘测设计院设计，全桥吊索132根（ϕ7-151共16根、ϕ7-127共108根、ϕ7-139共8根），系杆采用钢结构系杆和预应力系杆两种方式。其中，预应力（柔性）系杆索每桁为4束55×ϕ15.24高强度低松弛可换式环氧涂层钢绞线；钢结构系杆同时作为钢桁梁的一部分，其平面与主桁平面重合。

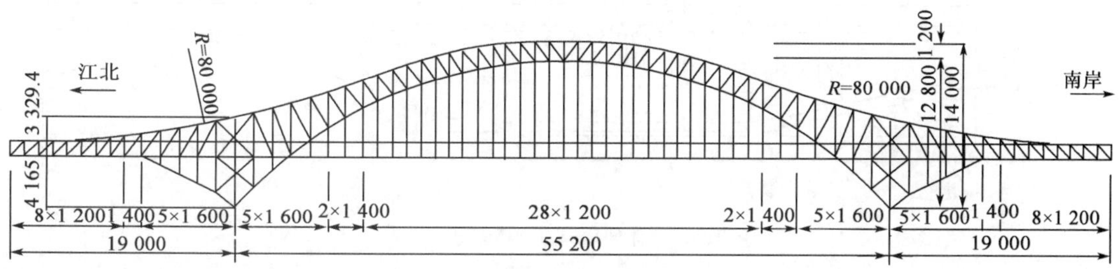

图1.4.3　朝天门长江大桥桥型布置图（尺寸单位：cm）

图1.4.4　朝天门长江大桥（重庆，2008年）

世界第二跨径的拱桥是上海卢浦大桥（图1.4.5、图1.4.6），主跨550m，矢高100m。该桥中跨吊索共28对，均为双吊索（共56根吊索）；系杆均为预应力（柔性）系杆。

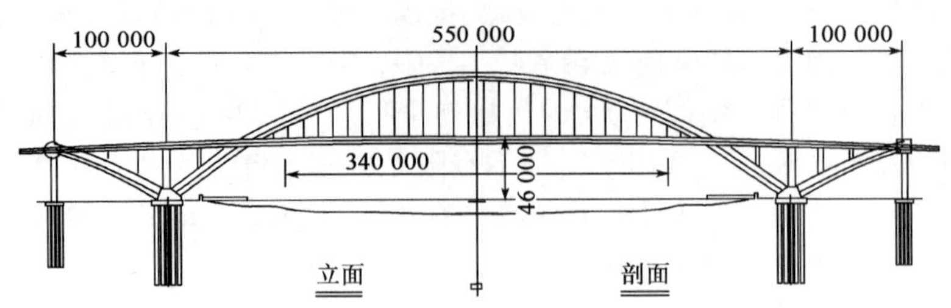

图 1.4.5 卢浦大桥桥型布置图(尺寸单位:mm)

图 1.4.6 卢浦大桥(2003 年)

1.5 体外预应力梁桥及其索结构

1.5.1 体外预应力桥索结构

体外预应力(External Prestressing)是后张预应力体系的重要分支之一,国际预应力协会1996 年定义为“预应力筋布置于承载结构截面之外,仅通过锚固区和转向块与结构主体连接和施加预应力”。这是它与传统的布置于混凝土截面内的有黏结或无黏结预应力的重要区别。体外预应力梁桥索结构体系(图 1.5.1)由体外预应力筋束、锚固体系和转向装置(图 1.5.2)等部件组成,它在预应力损失、承载力计算、耐久性设计等方面与传统的预应力梁桥不同。体外预应力桥梁索结构体系的特点见表 1.5.1。

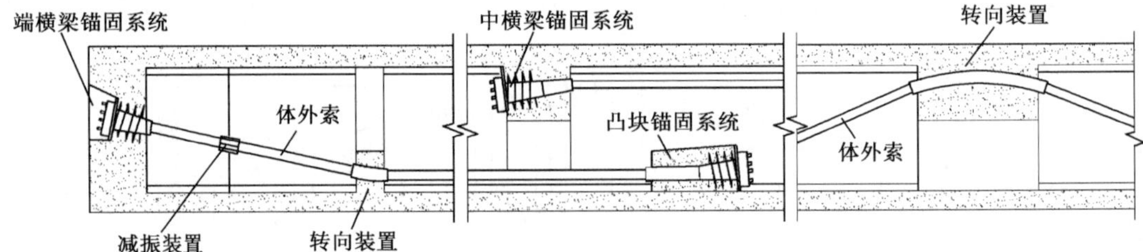

图 1.5.1 体外预应力梁桥索结构体系

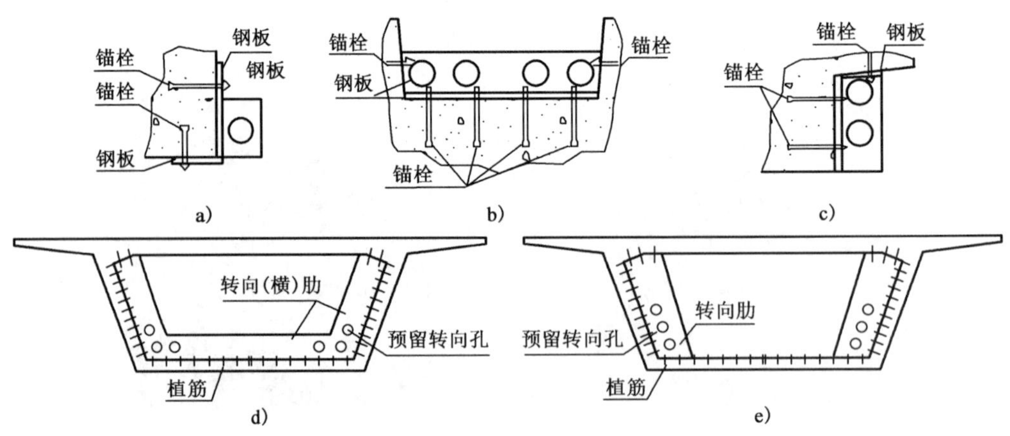

图 1.5.2 体外预应力梁桥索结构转向装置

在实际工程中,体外预应力结构可广泛应用于建筑、桥梁工程等混凝土结构工程的施工、维修和加固。体外预应力钢束的转向器有集束式转向器[图 1.5.3b)、c)]和散束式转向器[图1.5.3d)]两种类型。集束式转向器可用于成品和非成品体外索，采用集束式转向器的非成品体外索，钢束张拉后应在转向段内灌注水泥浆。按整束钢绞线可更换设计的非成品体外索，可采用集束式转向器[图1.5.3c)]。散束式转向器适用于非成品体外索。按单根钢绞线可更换设计的非成品体外索，应采用散束式转向器[图1.5.3d)]及无黏结钢绞线束。

体外预应力桥梁索结构体系的特点 表1.5.1

内 容		体外预应力索结构
设计	筋束保护套管	聚乙烯塑料管
	锚具	连接梁与筋束的关键，需做防腐处理
	筋束曲线形式及防护	折线布置；易遭受损害，需防火
	筋束与混凝土应变、变形关系	不协调，与梁的整体变形相关，筋束和梁体会产生相对位移
	疲劳问题	筋束应力较均匀，变化幅度小
	锚固构件	采用横梁或隔板锚固，尺寸较大，构造复杂；需要进行应力验算
	转向构件安装	需准确安装定位，防止筋束磨损
	筋束	体外设预应力钢绞线或钢丝束
	筋束与梁共振	要考虑，需限制索筋束的自由长度
	承载极限状态	体外束一般达不到屈服
施工	施工方便性	构件内不设套管，混凝土振捣容易，体外筋束容易配置
维护	张拉索的检验	容易进行检查
	张拉索的更换	容易更换

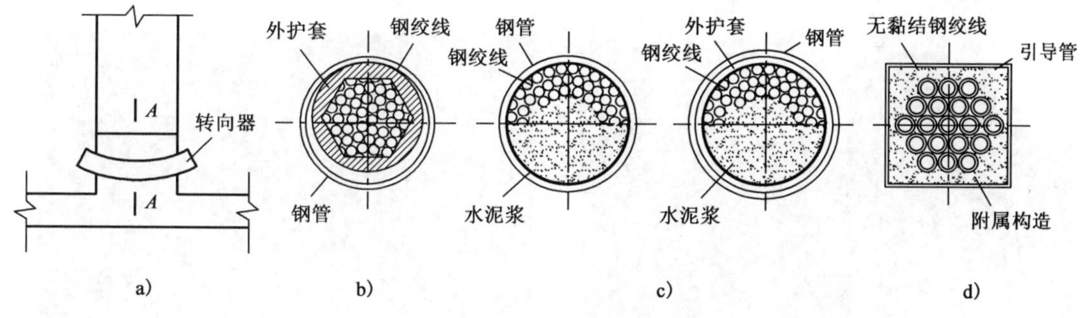

图1.5.3 体外预应力钢束转向装置截面

1.5.2 体外预应力桥梁计算理论

体外预应力结构体系不同于传统的体内无黏结预应力。体外预应力结构中仅在锚固点和转向块处的预应力束在构件截面上的相对位置不变，在其他位置预应力束对截面的偏心距随着构件的变形而发生变化，筋束自由段与转向块间的梁体将发生相对变位，造成筋束与梁中性轴的距离减小，即筋束的作用偏心距减小，通常称为“二次效应”，在极限状态下，这些影响往往起着决定性的作用。

体外预应力结构中预应力筋的极限应力与多种因素有关，如预应力筋的本身形状、转向块的个数和位置、预应力筋与非预应力筋的比例、高跨比、加载方式等。国内外的许多研究人员考虑了二次效应的影响，提出了许多计算体外预应力极限应力的方法，主要有塑性铰区长度法、弯矩—曲率法、能量法、利用试验结果对体内有黏结或者无黏结预应力的公式进行修正以及计算机非线性有限元的方法等。与悬索桥、斜拉桥、系杆拱桥的主缆、拉索、吊索等相比，体外预应力桥梁索结构计算有其独特性。

1.5.3 体外预应力桥梁发展及典型实例

体外预应力技术最早应用的领域就是桥梁结构。体外预应力桥梁的发展主要可分为两个阶段：第一阶段是体外预应力技术在桥梁工程中初步应用和探索阶段。1934 年德国人 Franz Dischinger 获得体外无黏结预应力的专利。自此到 1950 年的这段时间内，欧洲各国建造了不少体外力筋预应力混凝土桥，如 1936 年 Franz Dischinger 在德国设计建造了体外预应力混凝土悬臂梁桥 Aue 桥，但由于防腐技术及构造设计方法等方面的不足，阻碍了体外力筋预应力桥梁的发展。第二阶段是体外预应力桥梁的兴起阶段。20 世纪 60 年代末，随着无黏结预应力和斜拉桥施工两项技术的逐步成熟，在一定程度上解决了耐久性和构造设计等问题，为体外预应力的新发展创造了条件；同时由于桥梁加固工程中大量采用体外预应力技术，法国积累了丰富的实践经验。1979 年，美国在佛罗里达州建造了采用体外束节段施工的预应力混凝土桥梁——Long Key 桥，突破了体外预应力技术在桥梁中长期得不到采用的僵局。20 世纪 80 年代，美、法两国大量采用了体外预应力技术建桥。

我国体外预应力桥梁从 20 世纪 90 年代开始发展起来，1990 年通车的福州洪塘大桥引桥是我国第一座体外预应力桥梁。在此另举两例：其一，北京永定门南中轴广场桥（图 1.5.4），该桥为体外预应力三跨连续钢箱梁结构，总长 122m，采用多箱单室结构形式；其二，苏通长江大桥北引桥第一联（50m + 9 × 75m）和第二联（10 × 75m）均采用体外预应力等高连续箱梁结构。苏通长江大桥引桥体外预应力索结构如图 1.5.5 所示。

图 1.5.4　永定门南中轴广场桥工程

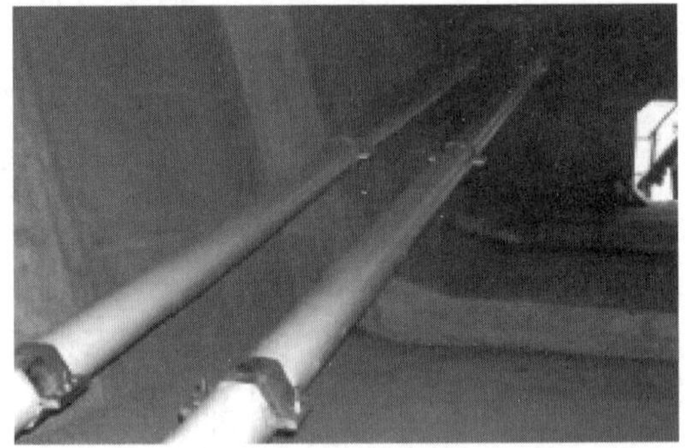

图 1.5.5　苏通长江公路大桥引桥体外预应力索

1.6 小结

本章属于全书的引言，希望能引起读者对桥梁索结构的兴趣。作为本书重点的索结构力学内容，包括静力学和动力学的理论推导、分析及其基本的工程应用内容，将分别在第 2 章和第 3 章中阐述；第 4、5 章分别阐述弯曲刚度和索力测试这两个与应用紧密相关的专题；对于索结构的耐久性及换索问题，详见第 6 章；第 7 章主要介绍桥梁索结构的未来发展趋势。

本章参考文献

[1] 王鹏. CFRP 筋束在体外预应力桥梁中的应用研究[D]. 南京:东南大学,2008.
[2] 熊学玉. 体外预应力混凝土梁设计[M]. 北京:中国建筑工业出版社,2005.
[3] 易胜涛,黄凡. 日本体外预应力索桥梁应用现状[J]. 公路交通科技,2000(1):62-66.

第 2 章 静力学基础理论与工程应用

本章介绍桥梁索结构的静力学基础理论及其基本应用的工程案例,这些理论和应用不仅是过去一些问题的答案,更重要的,它们还是解决新问题的新理论和应用技术的基础。本章介绍的这些基础内容有益于读者理解后续章节的相关内容。

本章第 1 ~3 节依次介绍了桥梁索结构静力学的三个基础理论:首先是索结构的几何刚度——张紧弦的静力学模型;然后是索的线形理论——抛物线理论、悬链线理论和分段悬链线理论;最后是索的无应力索长计算方法和轴向刚度理论。第 4 节和第 5 节则是关于上述理论如何在工程中具体应用的内容:第 4 节介绍了云南普立悬索桥成桥与空缆线形及索鞍预偏量的计算结果,其中,成桥线形计算采用了分段悬链线理论,空缆线形及索鞍预偏量计算则综合应用了分段悬链线和无应力索长理论。第 5 节介绍了将无应力索长和线形理论应用于福建厦漳大桥北汊主桥斜拉索下料长度计算的结果,并对抛物线和悬链线两种理论的结果进行了对比。

2.1 索的几何刚度——张紧弦的静力学模型

索结构受到的竖向力可能是集中力,也可能是分布力,或者是两者的结合。本节仅讨论集中力。对于索结构受分布力或同时受集中力和分布力的情形,则在本章 2.2 节关于索的线形问题中论述。

2.1.1 线性的几何刚度

1)有量纲的线性几何刚度

张紧的弦是一根最理想的索,具有像直线一样的静态外形,如图 2.1.1 所示。张紧弦受水平力 T 作用,在 C 点(距 A 端 x 处)施加竖向集中力 F 时,C 产生竖向位移 y 到达 C',弦线 AC 和 CB 分别伸长并转动为 AC' 和 $C'B$。假定 1(塑性伸长假定,也称为不可弹性伸长假定,或简称不可伸长假定):弦线的伸长为塑性伸长,不产生弹性恢复力,即认为拉力 T 的大小保持不变,但集中力两侧的张力 T 的方向发生变化,在 A 点和 B 点从水平向分别变为沿弦线 AC' 和 $C'B$ 方向;假定 2(小变形假定):当 y 远远小于 x 和 $L-x$ 时,张紧弦在两端的转角很小,变形后的弦线 AC' 和 $C'B$ 与水平线夹角的余弦均近似等于 1。在这两个假定下,根据变形后的几何关系和节点平衡条件,可得张紧弦在 C' 处的力平衡方程为:

$$\frac{Ty}{x} + \frac{Ty}{L-x} = F \tag{2.1.1}$$

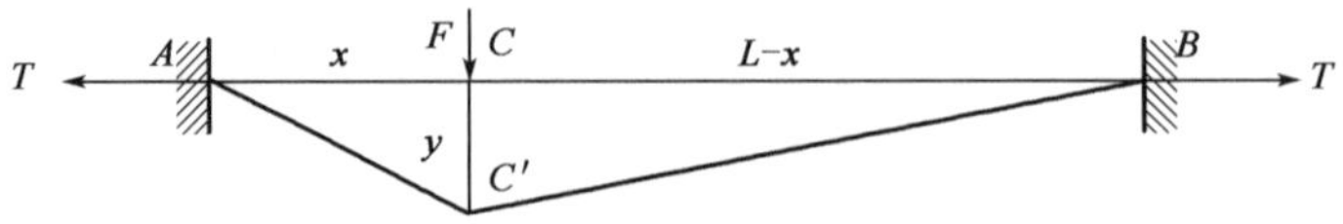

图 2.1.1 横向力 F 作用下的张紧弦

解出位移 y 为：

$$y = \frac{Fx(L-x)}{TL} \tag{2.1.2}$$

由式(2.1.2)可知，F 作用于跨中$\left(x=\frac{L}{2}\right)$时，弦的位移为$\frac{FL}{4T}$，当 F 沿弦的轴向不同位置作用时，位移 y 随着作用点 x 的变化曲线为抛物线，该抛物线的顶点在跨中，如图 2.1.2 所示。

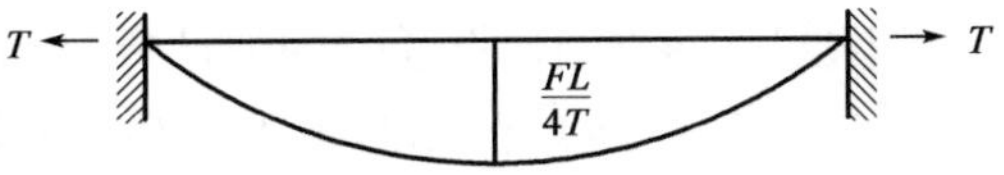

图 2.1.2　横向力 F 沿弦轴向不同位置作用时受力点的位移

由式(2.1.2)可得，张紧弦在任意一点的横向刚度为：

$$k = \frac{F}{y} = \frac{TL}{x(L-x)} \tag{2.1.3}$$

式(2.1.3)中，刚度 k 与张力 T 的大小有关，且导出 k 的力平衡方程式(2.1.1)建立于变形后的几何条件下，因此，称 k 为张力 T 的几何刚度。同时，由于在前述近似条件下，k 不依赖于外力 F 的大小而仅由张力 T 和外力 F 的几何位置决定。因此，k 是一个线性刚度，即线性的几何刚度。将 $x=0.5L$ 代入式(2.1.3)，得：

$$k_c = \frac{4T}{L} \tag{2.1.4}$$

由上式可知，张紧弦跨中的线性几何刚度与弦的张力 T 成正比，与弦长 L 成反比。如果称弦张力与弦长之比为力弦比，则跨中几何刚度为力弦比的 4 倍。

2)无量纲的线性几何刚度

定义轴向无量纲坐标 $\alpha=\frac{x}{L}$，并记弦的无量纲线性几何刚度为 $k(\alpha)$。将张紧弦在任意一点的几何刚度的解析式(2.1.3)两边同除以该弦跨中的刚度 k_c，并将$\frac{x}{L}=\alpha$ 代入，得：

$$k(\alpha) = \frac{k}{k_c} = \frac{1}{4}\left(\frac{1}{\alpha}+\frac{1}{1-\alpha}\right) \tag{2.1.5}$$

显然，张紧弦跨中 $\alpha=0.5$，$k(\alpha)=1$，表明张紧弦跨中的无量纲刚度为 1。根据式(2.1.5)，绘出张紧弦无量纲刚度沿其轴向的变化曲线如图 2.1.3 所示。张紧弦无量纲刚度式(2.1.5)表明：

(1)弦的几何刚度由两部分组成，分别等于受力点两侧弦张力提供的几何刚度。

(2)组成弦的两部分几何刚度中的每一部分均反比于该部分对应的弦长。

(3)弦的几何刚度在跨中最小，在两端点处最大(趋于无穷大)。

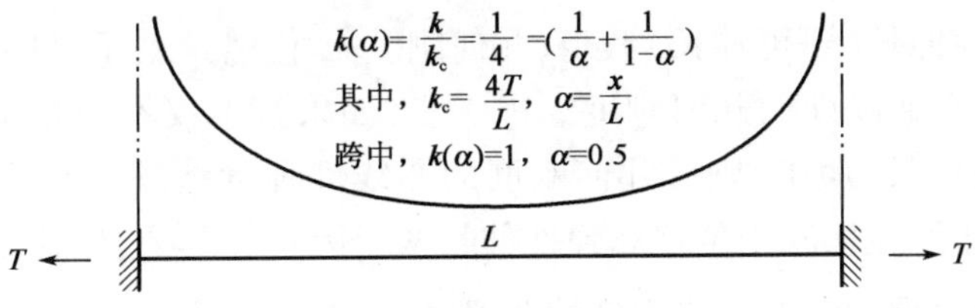

图 2.1.3　几何刚度 k 沿轴向的变化规律

2.1.2　非线性的几何刚度

由 2.1.1 小节知，当受集中力的张紧弦满足塑性伸长假定(假定 1)和小变形假定(假定

2)时，弦的几何刚度 k 是线性的。反过来，当上述两个假定中任意一个不能满足时，则将引起几何刚度 k 的非线性。下面以张紧弦跨中受集中力的案例来说明几何刚度的非线性特点。

如图 2.1.4 所示，张紧弦的弹性模量为 E，横截面面积为 A，作用于张紧弦跨中的外力 F 使得跨中产生位移 y，弦在两个固定端点的转角均为 θ，外力两侧的弦分别伸长 Δ。如果该伸长量是线弹性的，则其对应的线弹性张力（增量）$\Delta T = EA\Delta/l$（其中，$l = L/2$）。由于初始张力为 T，则在变形后的几何位置上，跨中点左右两侧的 T 与增量张力 ΔT 之和的竖向分力为 $2(T + EA\Delta/l)\sin\theta$。变形后几何位置上，跨中点的竖向力平衡方程为：

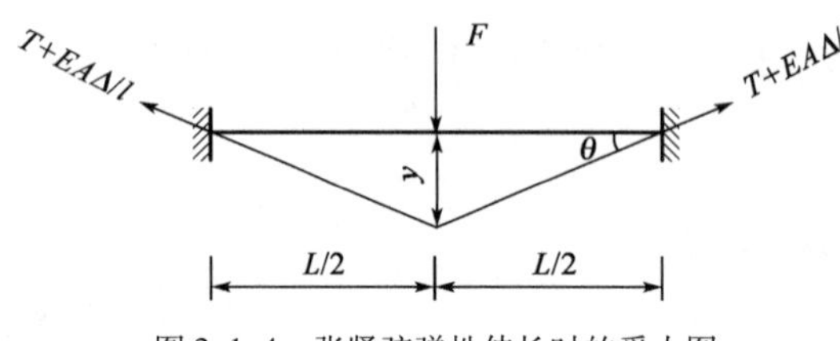

图 2.1.4　张紧弦弹性伸长时的受力图

$$F - 2(T + EA\Delta/l)\sin\theta = 0 \tag{2.1.6}$$

由于

$$\Delta = \sqrt{l^2 + y^2} - l \qquad \sin\theta = \frac{y}{l^2 + y^2}$$

将以上两式代入式(2.1.6)可得跨中竖向力 F 与对应位移 y 的关系为：

$$F = \frac{y}{l} \cdot \frac{2\{T + EA[\sqrt{1 + (y/l)^2} - 1]\}}{\sqrt{1 + (y/l)^2}} \tag{2.1.7}$$

由式(2.1.7)可知，弦在跨中的非线性几何刚度：

$$k_c = \frac{F}{y} = \frac{2\{T + EA[\sqrt{1 + (y/l)^2} - 1]\}}{l\sqrt{1 + (y/l)^2}} \tag{2.1.8}$$

式(2.1.8)是张紧弦跨中非线性几何刚度的解析表达式。由此可知，几何刚度由初始张力 T、弦长 $2l$、抗拉刚度 EA 和相对横向变形量 y/l 四个参数决定。塑性伸长假定下(图 2.1.5)，该式简化为：

$$k_c = \frac{F}{y} = \frac{2T}{l\sqrt{1 + (y/l)^2}} \tag{2.1.9}$$

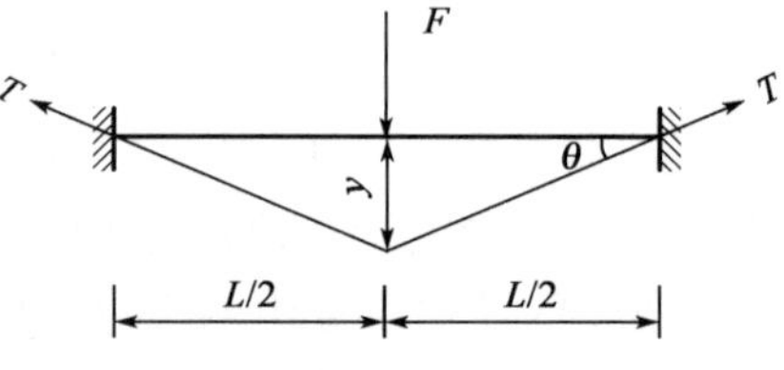

图 2.1.5　张紧弦塑性伸长时的受力图

此时，几何刚度与抗拉刚度 EA 无关。式(2.1.9)表明，如果弦不满足小变形假定，即使假定其仍然满足塑性伸长（不可伸长）假定，几何刚度 k_c 仍然是关于竖向位移 y 的非线性函数，即弦在此时仍具有非线性的几何刚度。进一步，如果弦不仅不满足小变形假定，而且不满足塑性伸长（不可伸长）假定，则其几何刚度的非线性程度将进一步增加。由式(2.1.8)可看出几何刚度的非线性来源于位移和弹性伸长两个因素。其中，位移是主要因素。

2.1.3　什么时候需要考虑几何刚度的非线性

由式(2.1.6)可知，当张紧弦上外力产生的位移远小于其弦长 L 时，外力 F 与其产生的位移之间的关系可简化为线性关系，此时只需要考虑线性的几何刚度。

对于实际桥梁的索结构，拉索材料一般会采用高强钢丝或钢绞线，其弹性模量约为

200GPa,而索结构的应力约为550MPa,此时:①对于跨中位置,如果 $y/l<0.01$,非线性几何刚度简化为线性的几何刚度时,引起的刚度或位移误差也小于2%;②对于其他位置,如果 $y/l_s<0.01$,其中 l_s 为外力作用点两侧弦长中较短一侧的弦长,非线性几何刚度简化为线性的几何刚度时,引起的刚度或位移误差也小于2%。

事实上,平衡方程建立在结构变形后的位置上才是严格的平衡。式(2.1.6)就建立在张紧弦变形后的位置上,因此,由其推导得出的非线性几何刚度式(2.1.8)是严格意义上的几何刚度。对式(2.1.8)引入塑性伸长假定,该式可简化为式(2.1.9),但几何刚度仍然表现出非线性。此时,引入小变形(小转角)假定,进一步简化式(2.1.9)就得到式(2.1.4),使得弦的几何刚度退化为线性的几何刚度。但是,当外力使得张紧弦产生大应变时,其几何刚度除了与初始应力有关外,还与受载后的应力和几何形状有关。此时,基于小应变假设的线性几何刚度就满足不了计算的准确度要求,必须考虑几何刚度的非线性,即大应变理论。

随着计算机的发展,出现了可以处理非线性几何刚度的方法,其中广为应用的是拉格朗日法。该方法又分为全局拉格朗日法(T. L. 法)和修正的拉格朗日法(U. L. 法,也称拖动坐标法)。这两种拉格朗日法均能较好地解决几何刚度的非线性问题。不过,由于在桥梁索结构分析中很少涉及几何刚度的非线性问题,因此,后续章节不再讨论几何刚度的非线性内容。

2.2 索的线形

自由索的线形计算在历史上曾经是全世界顶尖的数学家关注的问题。理想柔性索在自重平衡状态下的线形是一条悬链线,这一结论早在17世纪末就得到证明。伽利略(Galileo)可能是最早研究两端固定的索(链)在自重作用下曲线形状的人。17世纪早期,伽利略认识到这种曲线类似于抛物线,但他并没有推导出现在广为人知的悬链线。两端固定的索(链)在自重作用下自然呈现的曲线形状为悬链线,这一结论最早在1691年由贝努利(James Bernoulli)等人证明。

到了18世纪末19世纪初,俄国计划在圣彼得堡附近建造一座悬索桥,数学家Euler的学生Fuss负责研究缆索的形状,他得出了一个重要的结论:**在沿跨均布荷载下,缆索的形状为抛物线,其水平分力为恒定值。**由于索可能承受不同的分布荷载,因此,在不同分布荷载下,索具有不同的精确线形:分布荷载沿索曲线长度均布时,索的线形为悬链线(双曲线);分布荷载沿索水平投影长度均布时,则其线形为二次抛物线。对于自重作用下的均匀索结构,由于索自重沿其索曲线长度均匀分布,因此,其精确线形为悬链线(下文中对"精确"的说法有进一步讨论,见2.2.2小节);如果索的垂跨比(垂度与跨度的比值)很小,此时,可以将其悬链线线形近似为二次抛物线;如果垂度较大,又不愿意使用悬链线线形,则需要用四次、八次等更高次的抛物线来近似表示悬链线。例如,抛物线的八次式是悬链线(双曲函数)级数展开的前4项,适用范围比较大,并且也方便计算及运用。

从索的线形理论来看,抛物线理论表达式为代数函数,手算较简便。悬链线理论为双曲函数表达式,尽管是精确线形,但手算不方便。因此,在历史上,采用抛物线来近似表示悬链线是长期流行的做法。但随着计算技术的发展,用数值方法求解悬链曲线已比较容易,将逐渐取代各种采用抛物线来计算悬链线的近似做法。目前,在悬索桥分析中,工程师们已普遍采用悬链线进行主缆成桥线形和空缆线形的计算；而在斜拉桥分析中，由于其垂跨比小，工程师们还普遍沿用抛物线算法，这对于绝大多数斜拉桥仍然是实用的。不过，作者建议工程师们可尝试用悬链线理论进行计算，以减小尽管很小，但却完全不必要的理论误差。

2.2.1 自由索的近似线形：抛物线

在索结构“分布荷载沿其跨度均布”的假定下，抛物线是索结构曲线的精确解。但由于该假定本身是对桥梁索结构“自重沿索曲线长度均布”的近似，因此，该精确解对实际桥梁索结构其实只是近似解。如图 2.2.1 所示，索结构所受分布荷载沿跨度（水平投影 L_x 长度）均布，大小为 q_p，跨中垂度为 f，设索结构两端高差为 h。两端点坐标为：$x=0$ 处 $y=0$，$x=L_x$ 处 $y=h$。根据水平方向的平衡条件，易知张力 $T(x)$ 的水平分量在索任意一点均为常数 H，竖直分量为 $H\dfrac{dy}{dx}$。

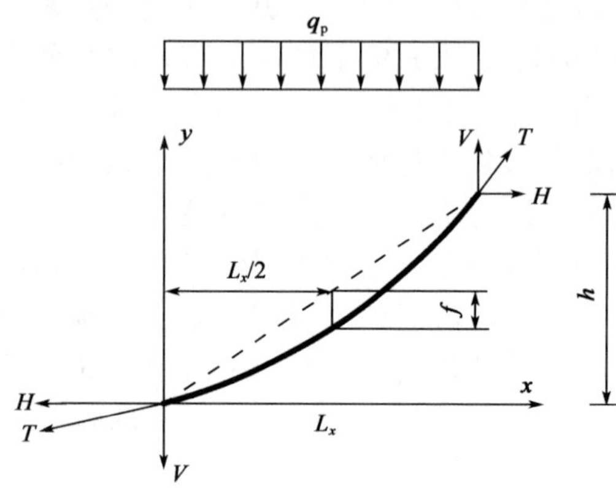

图 2.2.1 抛物线索段计算图

索结构在微元段 dx 上受到的竖向力包括：分布荷载对应的竖向力 $q_p dx$、张力 $T(x)$ 在左、右两端点的竖向分量的作用。微元段在竖向的力平衡条件为：

$$-H\frac{d^2y}{dx^2}=q_p \tag{2.2.1}$$

对式(2.2.1)积分两次并代入前述两端点的坐标可得：

$$y=\frac{q_p x}{2H}(L_x-x)+\frac{h}{L_x}x \tag{2.2.2}$$

索曲线的斜率为：

$$y'=-\frac{q_p x}{H}+\frac{q_p L_x}{2H}+\frac{h}{L_x} \tag{2.2.3}$$

将 $x=L_x/2$ 代入式(2.2.2)，可得跨中竖向坐标：

$$y_c=\frac{q_p L_x^2}{8H}+\frac{h}{2} \tag{2.2.4}$$

显然，跨中挠度：

$$f=y_c-\frac{h}{2}=\frac{q_p L_x^2}{8H} \tag{2.2.5}$$

由式(2.2.5)得到：

$$H=\frac{q_p L_x^2}{8f} \tag{2.2.6}$$

将式(2.2.6)代入式(2.2.2)得：

$$y=\frac{4fx}{L_x^2}(L_x-x)+\frac{h}{L_x}x \tag{2.2.7}$$

式(2.2.7)即为索结构抛物线理论的曲线方程。当高差 $h=0$ 时：

$$y = \frac{4fx}{L_x^2}(L_x - x) \tag{2.2.8}$$

2.2.2 自由索的精确线形:悬链线

前文已经提到,理想柔性索在自重平衡状态下的线形是一条悬链线(但严格意义上,由于张力差异导致索的伸长不均匀,因此,拉索线形就不是精确的悬链线,但本书中均假定伸长对其线密度的影响可忽略,在此假定条件下,拉索的"精确"线形确为悬链线)。本小节对悬链线的微分方程进行推导和求解,分析两点式、点斜式两种特解的求解条件和性质。着重分析用于数值求解的迭代算法和双重迭代算法,为讨论"分段悬链线"算法做准备。

1)自由索的静力学微分方程和通解

自由索微元段 ds 在自重平衡状态下的一般线形如图2.2.2所示。其中,笛卡尔坐标系的水平和竖直坐标 x、y 分别以向右和向下为正方向;T_i、T_j 分别为索结构左右两端的切向力,相应的水平和竖直分力分别用 H_i、V_i 和 H_j、V_j 表示;q 为沿着索曲线长度均匀分布的分布力(重力集度);ds、dx 和 dy 分别为索微元段长度及其水平和竖直投影长度。

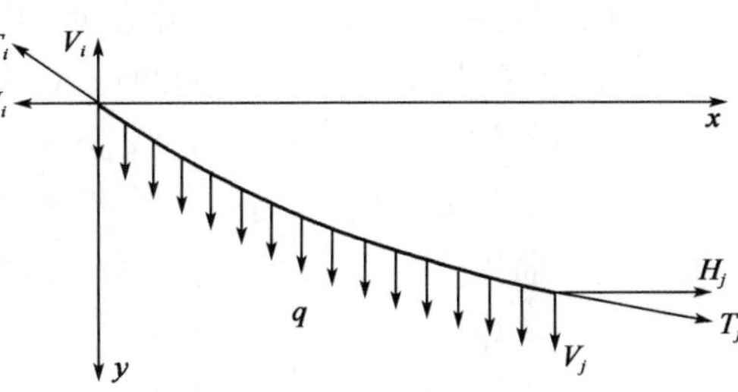

图2.2.2　悬索桥缆索线形坐标系及受力示意图

索微元段水平和竖直方向的力平衡条件为:

$$H_i = H_j = H \tag{2.2.9}$$

$$\mathrm{d}V = V_j - V_i = -q\mathrm{d}s \tag{2.2.10}$$

对式(2.2.10)取微分得:

$$\frac{\mathrm{d}V}{\mathrm{d}x} = -q\frac{\mathrm{d}s}{\mathrm{d}x} \tag{2.2.11}$$

考虑到竖向和水平分力关系为 $V = H\dfrac{\mathrm{d}y}{\mathrm{d}x}$,将其代入式(2.2.11)得:

$$Hy'' + q\sqrt{1 + y'^2} = 0 \tag{2.2.12}$$

上述微分方程的通解为:

$$y = -\frac{H}{q}\mathrm{ch}\left(\frac{qx}{H} + C_1\right) + C_2 \tag{2.2.13}$$

式(2.2.13)为双曲余弦函数,其函数曲线也称为"悬链线"。对式(2.2.13)两端求导,可得其斜率通解:

$$y' = -\mathrm{sh}\left(\frac{qx}{H} + C_1\right) \tag{2.2.14}$$

在通解式(2.2.13)的基础上,可采用不同形式的定解条件来确定相应的特解。反过来,对于同一个特解,其不同形式的各种定解条件必然互为充要条件,在数学上完全等价,并且具有相同数量的定解参数。实际上,下文的分析表明,具体确定单独的一段悬链线线形,需要6个独立参数。注意到,通解式(2.2.13)中含有 C_1 和 C_2 两个独立的积分常数,需要由两个独立的边界条件确定。一般情况下,边界条件常用如下两种方式之一给出:①坐标式,例如"在 $x=0$ 处,$y=0$"这个边界条件,实际上是给出了某点的水平和竖直坐标这一对参数;

②点斜式,例如“在 $x=x_i$ 处,斜率为 y_i'”这个边界条件,实际上是给出了某点的水平位置和曲线斜率这一对参数。由此可知,C_1 和 C_2 两个积分常数需要由两个边界条件对应的4个参数来确定。因此,包括 H、q 两个已知参数在内,要具体确定悬链线线形,需要6个独立参数,称这6个已知参数为定解参数。

应该进一步说明的一个情况是:由于 H 和 q 在式(2.2.13)中总是以 H/q 或 q/H 的形式出现,可用一个新的常数来表示,因此,H 和 q 在数学意义上并不独立。所以,从数学意义上看,确定上述具体悬链线线形,仅需5个独立参数。但是,本书的重点是讨论索结构的力学问题,必然涉及其水平力 H 和重力集度 q。因此,在此约定:除特别指出以外,本书所述的“悬链线”是包括其水平力 H 和重力集度 q 等力学参数在内的“力学悬链线”。

2)两点式定解条件及其特解

定义:当定解条件为索水平分力 H,单位索长重力 q,左右两端点 i、j 的给定坐标值(x_i,y_i)和(x_j,y_j)时,称对应的特解为两点式特解。

在上述条件下,索的水平和竖直投影长度分别为 $L_x=x_j-x_i$ 和 $L_y=y_j-y_i$,由 L_x 和 L_y 可计算得索的弦长 L。此时,右端点水平和竖直坐标分别为 $x_j=L_x+x_i$ 和 $y_j=L_y+y_i$。将上述参数值代入通解式(2.2.13),得到两点式特解为:

$$y=\frac{H}{q}\left\{\mathrm{ch}\alpha-\mathrm{ch}\left[\frac{2\beta(x-x_i)}{L_x}-\alpha\right]\right\}+y_i \tag{2.2.15}$$

$$y'=-\mathrm{sh}\left[\frac{2\beta(x-x_i)}{L_x}-\alpha\right] \tag{2.2.16}$$

式中:$\beta=\frac{qL_x}{2H}$,$\alpha=\mathrm{sh}^{-1}\left(\frac{\beta L_y/L_x}{\mathrm{sh}\beta}\right)+\beta$。

注意到,两点式特解中,正好包含 H、q、x_i、y_i、L_x 和 L_y 共6个定解参数。

3)点斜式定解条件及其特解

定义:当定解条件为索水平分力 H,单位索长重力 q,一端点(如左端点)的给定坐标(x_i,y_i),且索曲线在水平坐标 x_{k} 处的斜率为 y_{k}',称对应的特解为点斜式特解。由 $y_{\mathrm{k}}'=V_{\mathrm{k}}/H$ 可知,索曲线在任意一点的斜率等于该点处张力竖直分量与其水平分量之比。将上述参数值代入通解式(2.2.13),得到点斜式特解为:

$$y=-\frac{H}{q}\mathrm{ch}\left[\frac{q}{H}(x-x_i)+\mu\right]+\nu+y_i \tag{2.2.17}$$

其中:

$$\mu=-\left[\mathrm{ash}y_{\mathrm{k}}'+\frac{q}{H}(x_{\mathrm{k}}-x_i)\right]\qquad \nu=\frac{H}{q}\mathrm{ch}\mu$$

式中:ash(·)——反双曲正弦函数。

注意到,以上各式中,正好包含 H、q、x_i、y_i、x_{k} 和 y_{k}' 共6个定解参数。为简化数学表达,不妨设(x_i,y_i)=(0,0),且 $x_{\mathrm{k}}=x_i$,则以上各式简化为:

$$y=-\frac{H}{q}\mathrm{ch}\left(\frac{qx}{H}+\mu\right)+\nu \tag{2.2.18}$$

$$\mu=-\mathrm{ash}y_{\mathrm{k}}'\qquad \nu=\frac{H}{q}\mathrm{ch}\mu \tag{2.2.19}$$

4) 迭代算法:利用点斜式特解计算两点式特解

在介绍迭代算法之前,先回顾上文中对两点式和点斜式特解的定义。注意到,两者的定解参数中,H、q、x_i、y_i 共 4 个参数是完全一致的;两者的区别只是在于,两点式条件中右端点坐标(x_j,y_j)在点斜式中被去除了,取而代之的是某点的水平坐标 x_k 和斜率y'_k。显然,如果这两种定解条件对应着同一个特解,则采用其中任何一种条件获得的特解也一定完全满足另外一种条件。因此,可采用迭代法来取得两点式特解的数值解,其计算思路如下:

(1)将两点式条件中的右端点坐标(x_j,y_j)作为"事后验证条件",而不作为"事前预知条件",这相当于临时放松(舍去)该条件,这样,两点式就只剩下 4 个定解条件。

(2)人为设定左端点斜率 y'_i,且限定 y'_i在经验区间$[y'_a,y'_b]$中取值,相当于"猜测"左端点的斜率,作为一个临时的经验条件。

(3)显然,该经验条件与两点式条件剩下的 4 个条件一道,形成了点斜式定解条件的临时版本。

(4)利用该临时版本的点斜式定解条件和对应的特解式(2.2.18),并进一步代入右端点水平坐标 x_j,可计算得右端点的临时竖直坐标 y_{jp}。

(5)对临时竖直坐标 y_{jp}进行"事后验证",检验其是否等于 y_j,如果检验结果为"否",则重复(1)~(5),如果检验结果为"是",则表明将 y_j 为"事后验证条件"的两点式特解已经获得。

5) 双重迭代算法:由点斜式条件计算三点式定解条件的特解

注意到,上文提到的两点式定解条件中,含有索水平分力 H;如果 H 未知,则需要增加一个新的定解条件,例如,假定这个新的定解条件为一个新的坐标点(x_N,y_N),这时,该定解条件中包含 3 个坐标点,因此,可称之为三点式定解条件。此时,可采用双重迭代算法,基于点斜式特解来迭代求解三点式特解,其思路如下:

(1)将三点式条件中的已知点(x_N,y_N)作为"事后验证条件",而不作为"事前预知条件",此时,三点式的剩余条件为单位索长重力 q 及左右两端点 i、j 的给定坐标值(x_i,y_i)和(x_j,y_j),其中包含 5 个参数。

(2)人为设定索的临时水平分力 H,且限定 H 在经验区间$[H_a,H_b]$中取值,相当于"猜测"出索的水平分力,作为一个临时的经验条件。

(3)该临时条件参数 H 与三点式剩余的 5 个参数一道,构成了两点式定解参数。

(4)利用前述从点斜式到两点式的迭代法,可获得两点式特解,在该两点式特解中代入 x_N,可计算得临时竖直坐标 y_{Np}。

(5)对临时竖直坐标 y_{Np}进行"事后验证",检验其是否等于 y_N,如果检验结果为"否",则重复第二至第四步和本步,如果检验结果为"是",则表明将已知点(x_N,y_N)为"事后验证条件"的三点式特解已经获得。

2.2.3 具有若干分段点的缆索线形:分段悬链线理论

桥梁工程中,斜拉索和未设置吊索的悬索桥边跨主缆可以看作是一段单独的"自由索",其计算理论在前 2 小节中已作了详细分析。但是,当缆索上设置若干吊点或其他分段点时,前述计算理论就不能直接应用了。此时,需要根据分段点的约束条件,推导相应的计算理论,即分段悬链线理论。

1)关于分段悬链线的若干术语约定

为便于陈述,先作如下术语约定:

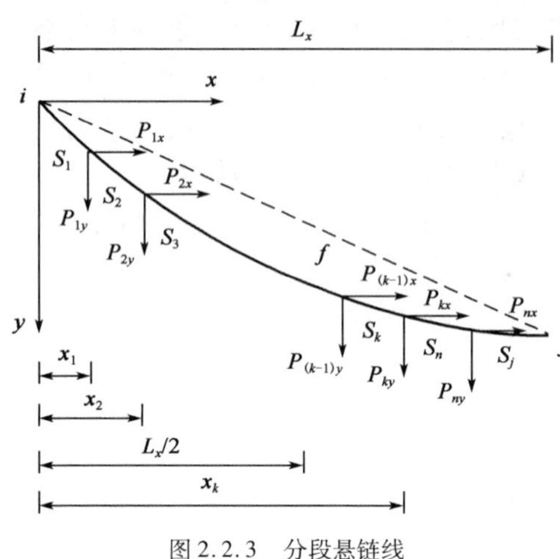

图 2.2.3 分段悬链线

(1)分段悬链线:如图 2.2.3 所示,缆索 S_c 由 $n+1$ 段悬链线(从左到右依次编号为 $S_k,k=1,2,n,\cdots,j$)首尾连接而成,称为分段悬链线。其中,S_i 和 S_j 分别称为首段和尾段,其余各段称为中间段,左、右两个固定悬挂点 i 和 j 分别称为左、右顶点,其坐标分别为(x_i,y_i)和(x_j,y_j)。S_c 在点 $k(k=1,2,\cdots,n)$受到外部集中力 P_k 作用,若以 i 点为原点,各集中力作用点的水平坐标为 x_k,称这些受力点为分段点;以两个顶点为端点的直线段(弦线段)的中点到该分段悬链线的竖直距离为 f,称为跨中矢高;跨中矢高 f 与索缆水平跨度 L_x 之比为 f/L_x,称为矢跨比 η;各段悬链线自重均沿曲线长度均匀分布。

(2)设计参数集:已知上述首尾相连的分段悬链线中,其两个顶点的坐标参数为(x_i,y_i)和(x_j,y_j),跨中矢高为 f,各分段点的水平坐标为 $x_k(k=1,2,\cdots,n)$,外力的水平和竖直分力分别为 P_{kx} 和 P_{ky},各段悬链线自重集度均为 q。称这些已知参数的集合为分段悬链线的设计参数集。显然,设计参数集共有 $3n+6$ 个参数。

(3)计算参数集:上述设计参数集中,自重参数 q 适用于所有的 $n+1$ 段悬链线,因此在计算上可将 q 看作是 $n+1$ 个自重参数 $q_k(k=1,2,\cdots,n+1)$。进一步,任意一个分段点 k 的坐标 x_k 既是其左段(S_k 段)右端点的水平坐标 $x_{Sk,\mathrm{R}}$,又是其右段(S_{k+1}段)左端点的水平坐标 $x_{S(k+1),\mathrm{L}}$,因此,在计算上可将 x_k 看作是 2 个参数。更进一步,对于任意一个分段点 k,尽管其竖直坐标是未知的,但根据设计参数集的定义,各段悬链线在分段点具有“首尾相连”的连接条件。根据该条件可知,在任意分段点 k 处,左右两段悬链线 $S_{k,\mathrm{L}}$ 和 $S_{k,\mathrm{R}}$ 的竖向坐标之差 $\delta_{yk}=0$。称上述(x_i,y_i)、(x_j,y_j)、f、$x_{Sk,\mathrm{R}}(k=1,2,\cdots,n)$、$x_{S(k+1),\mathrm{L}}$、$P_{kx}$、$P_{ky}$,$q_k(k=1,2,\cdots,n,n+1)$和 δ_{yk} 等已知参数的集合为计算参数集,该参数集共有 $6n+6$ 个参数。

(4)数学参数集:2.2.1 小节已经指出,从数学(力学)意义上要完全确定一条悬链线,需要 6 个独立参数。以此类推,要完全确定 $n+1$ 条独立的悬链线曲线段,则需要 $6n+6$ 个独立参数。因此,称这 $6n+6$ 个参数的集合为相互独立的 $n+1$ 段悬链线的数学参数集。

显然,上述三个参数集对于同一条悬链线必然完全等价,三者的顺序关系体现了从应用技术上溯到基础理论的关系。但是,各自的侧重点有所不同:设计参数集侧重于从整体(设计师)角度描述;数学参数集侧重于从单纯的基础理论角度描述;计算参数集则介于两者之间,对设计参数集中的隐含条件和参数均进行了显式的参数化描述,以利于采用相关的基础理论,进行具体工程应用中的分段悬链线计算。

因此,计算参数集实际上是理论联系实际的关键点,这也正是分段悬链线理论的核心内容,下文将对此进行深入分析。为便于理解,先讨论分段悬链线只有一个分段点的情况,然后分析一般情况。

2）具有 1 个分段点的悬链线：从计算参数集到数学参数集基本计算流程

当具有一个分段点 k 时，缆索曲线由左右两段悬链线在分段点 k 连接而成（图 2.2.4），其分段点受力如图 2.2.5 所示。该分段悬链线的计算参数集包含如下 12 个参数：(x_i, y_i)、(x_j, y_j)、f、$x_{Sk,R}$、$x_{Sj,L}$、P_{kx}、P_{ky}、q_1、q_2 和 δ_{yk}，其中 $\delta_{yk}=0$。为确定该悬链线形，可首先将两段曲线视为相互独立的两条悬链线，考察其是否具备各自的独立定解条件，即两者各自的数学参数集是否完全已知。

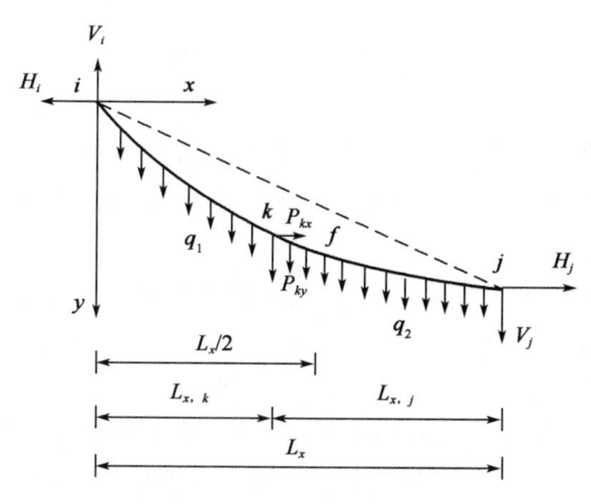

图 2.2.4　1 个分段点的分段悬链线

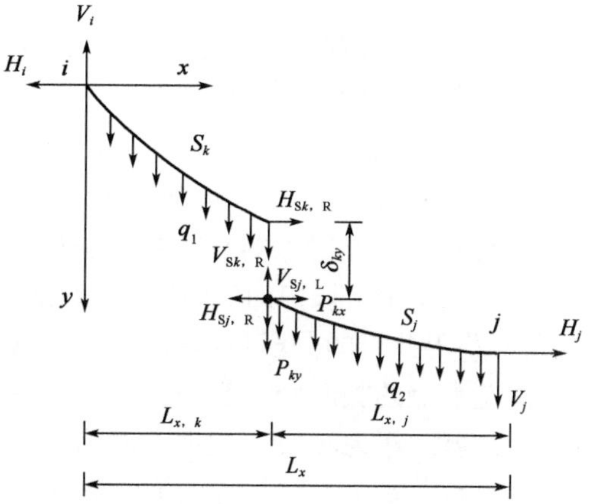

图 2.2.5　分段点受力分析图

计算参数集中，与左段悬链线 S_k 直接相关的 4 个参数包括其左端点坐标 (x_i, y_i)、右端点水平坐标 $x_{Sk,R}$ 和均布自重 q_1；与右段悬链线 S_2 直接相关的 5 个参数包括其右端点坐标 (x_j, y_j)，左端点水平坐标 $x_{Sj,L}$、跨中矢高 f 和均布自重 q_2；与两段悬链线均不直接相关，但与两者连接关系直接相关的 3 个参数包括分段点外力的水平分量 P_{kx} 和竖直分量 P_{ky}，以及两段悬链线在分段点处的竖直坐标高差 δ_{yk}。

由上述分析可知，由于左右两段悬链线各自直接的已知参数数目均小于 6，不满足独立悬链线的定解条件（数学参数集）要求，因此，均不能单独直接求解。这时，要求解该分段悬链线，一般可采用理论推导（解析解）和迭代计算（数值解）等两种方式。其中，理论推导的要点是：①将各自数学参数集中的未知参数作为未知数，联立两条悬链线的数学方程；②将两者的连接关系（约束条件）作为补充方程；③通过求解列入了补充方程的联立方程组，获得分段悬链线的线形。由于悬链线的数学方程为非线性方程，上述方程组的列式和求解均极为复杂，因此，理论推导式的求解方法很少采用，此处也不作展开。此处主要讨论基于迭代方式的数值算法。回顾本节第 1 小节的双重迭代算法，可确定如下迭代计算思路：

（1）将已知跨中矢高作为“事后验证条件”，而不作为“事前预知条件”。

（2）假设左段索的临时水平分力 $H_i = H_{Sk,L}$，且限定 H_i 在经验区间 $[H_a, H_b]$ 中取值。

（3）假设左段索的临时竖直分力 $V_i = V_{Sk,L}$，且限定 V_i 在经验区间 $[V_a, V_b]$ 中取值。

（4）将临时水平分力 H_i、临时竖直分力 V_i 和左段左端点坐标 (x_i, y_i)、右端点水平坐标 $x_{Sk,R}$、均布自重 q_1 这 4 个已知参数一道，形成左段悬链线的点斜式数学（定解）参数集，代入 $x_{Sk,R}$ 可获得左段索右端点的临时竖直坐标 $y_{Sk,R}$，同时，将右端点 j 的竖直坐标 y_j 作为“事后验证条件”，而不作为“事前预知条件”。

(5)将 $y_{Sk,R}$ 作为右段索左端点的临时竖直坐标 $y_{Sj,L}$；左段右端点临时水平分力 $H_{Sk,R}$ 与分段点外力的水平分量 P_{kx} 之和，作为右段索左端点的临时水平索力 $H_{Sj,L}$；左段右端点临时竖直分力 $V_{Sk,R}$ 与外力的竖直分量 P_{ky} 之和，作为右段索左端点的临时竖直索力 $V_{sj,L}$；该 3 个参数与右段左端点水平坐标 $x_{Sj,L}$、右端点水平坐标 x_j 和均布自重 q_2 这 3 个已知参数一道，形成右段悬链线的点斜式数学(定解)参数集，代入 x_j 可获得右段索右端点的临时竖直坐标 $y_{Sj,R}$。

(6)对临时竖直坐标 $y_{Sj,R}$ 进行"事后验证"，检验其是否等于 y_j，如果检验结果为"否"，则重复(1)~(6)。

(7)在对应悬链线段(图 2.2.5 中假设为右段)的点斜特解中代入跨中水平坐标 $(x_i+x_j)/2$，可计算得跨中临时矢高 f_p。

(8)对跨中临时矢高 f_p 进行"事后验证"，检验其是否等于 f，如果检验结果为"否"，则重复(2)~(7)步和本步，如果检验结果为"是"，则表明满足计算参数集的分段悬链线已经获得。

3)具有多个分段点的悬链线：完整的计算流程

当具有多个分段点时，只需将上一部分中双重迭代算法的第五条作如下修改，并进行 n 次，即可获得此时的分段悬链线。第(5)步的修改结果为：将左段右端点临时坐标 $y_{Sk,R}$ 作为右段索左端点的临时竖直坐标 $y_{S(k+1),L}$；左段右端点临时水平分力 $H_{Sk,R}$ 与分段点外力的水平分量 P_{kx} 之和，作为右段索左端点的临时水平索力 $H_{S(k+1),L}$；左段右端点临时竖直分力 $V_{Sk,R}$ 与外力的竖直分量 P_{ky} 之和，作为右段索左端点的临时竖直索力 $V_{S(k+1),L}$；该 3 个参数与右段左端点水平坐标 $x_{S(k+1),L}$、右端点水平坐标 $x_{S(k+1),R}$ 和均布自重 $q_{S(k+1)}$ 这 3 个已知参数一道，形成右段悬链线的点斜式数学(定解)参数集，代入 $x_{S(k+1),R}$ 可获得右段索右端点的临时竖直坐标 $y_{S(k+1),R}$。

2.3 索的无应力长度和轴向刚度

无应力索长是悬索桥与斜拉桥在施工和设计中的关键参数之一；索轴向刚度则是建立索拉杆模型的需要，特别是在全桥有限元分析模型中正确建立索结构拉杆模型的需要。本节对无应力索长和轴向刚度的概念和计算方法进行介绍。

2.3.1 无应力索长

1)无应力索长的概念

无应力索长是指不承受任何荷载时的缆索长度，即零应力状态下的缆索长度。

2)无应力索长不变原理

对于在零应力状态下总长为 S_0 的一条缆索，如果其两端受张力 T 后伸长量为 ΔS，则其总长 $S=S_0+\Delta S$，平均应变 $\varepsilon=\Delta S/S_0$，显然有：$S_0=S/(1+\varepsilon)$。不论缆索张力 T 或变形有多大，这一等式均成立。这就表明，不论缆索的张力或变形有多大，其无应力索长总是常数 S_0。换句话说，同一条缆索的无应力索长总是保持为常数，这就是所谓的无应力索长不变原理。

对于上述缆索，如果其在零应力和在张力 T 作用两种状态下的平均线密度分别为 m_0 和 m，则该缆索的总质量在两种状态下可分别表示 m_0S_0 和 mS。那么，根据质量守恒原理，缆索的总质量应保持不变，即 $m_0S_0=mS$。由于 $S_0=S/(1+\varepsilon)$，因此可得：$m_0=m(1+\varepsilon)$。

3)不同张力水平下缆索长度的相互关系

假设该缆索初始张力为 T_1，初始平均应变为 ε_1，初始总长度为 S_1。在假设缆索张力从

T_1 变为 T_2 时，其平均应变从 ε_1 变为 ε_2，总长度为从 S_1 变为 S_2。那么，如何建立 S_1 和 S_2 的关系呢？这就需要用到上述的无应力索长不变原理。

显然，根据无应力索长不变原理知：$S_1/(1+\varepsilon_1)=S_0$，$S_2/(1+\varepsilon_2)=S_0$。因此有：$S_1/(1+\varepsilon_1)=S_2/(1+\varepsilon_2)$，即 $S_2=S_1(1+\varepsilon_2)/(1+\varepsilon_1)$。对于实际桥梁缆索，$\varepsilon$ 与 1 相比是小量，故 $1/(1+\varepsilon)\approx 1-\varepsilon$。此时，如果忽略高阶小量，可近似认为 $S_2=S_1(1-\varepsilon_1+\varepsilon_2)$。

4）无应力索长的基本计算式

无应力索长 S_0 等于有应力索长 S 减去伸长量 ΔS，即：

$$S_0 = S - \Delta S \tag{2.3.1}$$

由式(2.3.1)可知，计算无应力索长 S_0 的主要工作，就是确定 S 与 ΔS。现讨论在已知缆索曲线线形（如第 2.2 节给出的抛物线、悬链线或分段悬链线）函数的情况下，如何计算有应力索长 S。显然，缆索的微元段长度为：

$$\mathrm{d}S = \sqrt{1+y'^2}\,\mathrm{d}x \tag{2.3.2}$$

如果该微元段张力为 T，弹性模量为 E，横截面面积为 A，那么，该微元段的伸长量为：

$$\Delta \mathrm{d}S = \frac{T\mathrm{d}S}{EA} \tag{2.3.3}$$

分别对微元段长度 $\mathrm{d}S$ 和其伸长量 $\Delta\mathrm{d}S$ 沿整个索曲线（或其水平投影）积分，可分别得到缆索有应力索长和总伸长量。现依次对式(2.3.2)和式(2.3.3)积分，得：

$$S = \int_0^{L_x} \sqrt{1+y'^2}\,\mathrm{d}x \tag{2.3.4}$$

$$\Delta S = \int_0^{L_x} \frac{T}{EA}\sqrt{1+y'^2}\,\mathrm{d}x \tag{2.3.5}$$

实际工程中，通常 T 未知而 H 已知，且 $T^2=H^2+V^2$，则：

$$T = H\sqrt{1+y'^2} \tag{2.3.6}$$

将式(2.3.6)代入式(2.3.5)可以得到伸长量：

$$\Delta S = \frac{H}{EA}\int_0^{L_x}(1+y'^2)\,\mathrm{d}x \tag{2.3.7}$$

5）悬链线的有应力索长和伸长量

对于悬链线形，将式(2.2.16)代入式(2.3.4)，并根据双曲余弦恒等式，可得索长：

$$S = \frac{H}{q}[\mathrm{sh}(2\beta-\alpha)+\mathrm{sh}\alpha] \tag{2.3.8}$$

式中：α、β——意义同式(2.2.16)。

当两端无高差时，即 $L_y=0$，$\alpha=\beta=\dfrac{qL_x}{2H}$时：

$$S = \frac{2H\mathrm{sh}\alpha}{q} \tag{2.3.9}$$

根据式(2.3.5)得伸长量：

$$\Delta S = \frac{HL_x}{2EA} + \frac{H^2}{4EAq}[\mathrm{sh}(4\beta-2\alpha)+\mathrm{sh}2\alpha] \tag{2.3.10}$$

当两端无高差时，即 $L_y=0$，$\alpha=\beta=\dfrac{qL_x}{2H}$时，得：

$$\Delta S = \frac{HL_x}{2EA} + \frac{H^2}{2EAq}\text{sh}2\alpha \tag{2.3.11}$$

6)抛物线的有应力索长和伸长量

对于抛物线形,将式(2.2.3)代入式(2.3.4)可得索有应力长度:

$$S = \int_0^s \mathrm{d}s = \int_0^{L_x} \sqrt{1 + y'^2}\mathrm{d}x = \frac{L_x^2}{16f}\left(C_1\sqrt{1 + C_1^2} - C_2\sqrt{1 + C_2^2} + \ln\frac{C_1 + \sqrt{1 + C_1^2}}{C_2 + \sqrt{1 + C_2^2}}\right) \tag{2.3.12}$$

$$C_1 = \frac{h + 4f}{L_x} \qquad C_2 = \frac{h - 4f}{L_x}$$

式中:h——索两端点的高差;

f——索的跨中挠度,由式(2.2.5)确定。

当两端无高差,即 $h=0$ 时,得:

$$S = \frac{L_x}{2}\left(1 + \frac{16f^2}{L_x^2}\right)^{1/2} + \frac{L_x^2}{8f}\ln\left[\frac{4f}{L_x} + \left(1 + \frac{16f^2}{L_x^2}\right)^{1/2}\right] \tag{2.3.13}$$

对于伸长量,可根据式(2.3.5)得:

$$\Delta S = \frac{H}{EA}\left(L_x + \frac{16f^2}{3L_x} + \frac{h^2}{L_x}\right) \tag{2.3.14}$$

当两端无高差,即 $h=0$ 时,得:

$$\Delta S = \frac{H}{EA}\left(L_x + \frac{16f^2}{3L_x}\right) \tag{2.3.15}$$

2.3.2 索轴向刚度的等效弹性模量:Ernst 公式

大跨径斜拉桥是高次超静定的柔性结构,其索结构的非线性影响较大。因此,在斜拉桥的设计、施工过程以及结构分析中,应根据需要来考虑不同程度(垂度效应、梁柱效应、大位移效应)的几何非线性。此处主要介绍考虑垂度效应的等效弹性模量法。垂度引起拉索整体轴向刚度减小,表观上可用弹性模量折减来等效(修正),称为表观弹性模量,又称修正弹性模量、等效或换算弹性模量。对同一根拉索,拉力变化,则修正模量亦随之变化。

1)索轴向刚度的基本定义

如前所述,由于拉索轴向刚度随其张力(或垂度)而变化,因此,拉索轴向刚度是关于拉索张力 T 的函数。只有在给定拉索张力 T,且拉索的张力增量 $\mathrm{d}T$(可正可负)相对于 T 为小量时,由于 $\mathrm{d}T$ 引起的拉索弦长增量 $\mathrm{d}L$,才近似与 $\mathrm{d}T$ 成正比,这就使得非线性的轴向刚度近似地线形化了。对于线形化后的轴向刚度,在计算中就可以将拉索等效为一根直线杆件,并以索的弦长作为杆长,来形成拉索的轴向刚度。因此,将拉索的轴向刚度定义为:索弦长方向上的张力增量 $\mathrm{d}T$ 与弦长增量 $\mathrm{d}L$ 的比值,即:

$$K = \frac{\mathrm{d}T}{\mathrm{d}L} \tag{2.3.16}$$

2)考虑垂度时索轴向刚度等效弹性模量的定义

材料力学中,对于弹性模量为 E、截面面积为 A、长为 L 的直索(无垂度的拉索),其轴向刚度为 $K_b = EA/L$。受此启发,Enrst 提出用等效模量来考虑垂度对索轴向刚度的影响。为考虑由于轴力引起垂度变化而导致的轴向刚度损失，将弹性模量 E 用等效弹性模量 E_{eq} 来代替，此时可将考虑索垂度效应的索轴向刚度（简称等效刚度）表示为：

$$K = E_{eq}A/L \tag{2.3.17}$$

式(2.3.17)中，索轴向刚度的等效弹性模量(或修正弹性模量)E_{eq} 在物理意义上应为等效应力 σ_{eq} 与等效应变 ε_{eq} 之比，即 $E_{eq}=\sigma_{eq}/\varepsilon_{eq}$。如果拉索弦长 L 在张力增量 $\mathrm{d}T$ 作用下的总变形为 $\mathrm{d}L$，那么显然有 $\sigma_{eq}=\mathrm{d}T/A$，$\varepsilon_{eq}=\mathrm{d}L/L$。现将 $\mathrm{d}L$ 分为两个部分，即弹性应变 ε_E 引起的变形量 $\mathrm{d}L_E$ 和索的垂度变化而引起变形量 $\mathrm{d}L_f$，并用 ε_f 表示 $\mathrm{d}L_f$ 对应的垂度等效应变，显然 $\varepsilon_E=\mathrm{d}L_E/L$，$\varepsilon_f=\mathrm{d}L_f/L$，且 $\sigma_{eq}=E_{eq}\varepsilon_E+E_{eq}\varepsilon_f$。此时，修正弹性模量：

$$E_{eq}=\frac{\sigma_{eq}}{\varepsilon_{eq}}=\frac{1}{(\varepsilon_E+\varepsilon_f)/\sigma_{eq}}=\frac{1}{1/E+1/E_f}=\frac{E}{1+E/E_f} \tag{2.3.18}$$

式中：E_f——张力增量 $\mathrm{d}T$ 作用下，由于垂度 f 变化 $\mathrm{d}f$ 引起的等效应变 ε_f 所对应的垂度等效弹性模量（简称垂度弹模）。

3）垂度弹模 E_f 的基本计算式

由于垂度弹模 $E_f=\sigma_{eq}/\varepsilon_f$，而 $\varepsilon_f=\mathrm{d}L_f/L$，因此，要计算垂度弹模必须先计算张力增量 $\mathrm{d}T$ 作用下由于垂度 f 变化 $\mathrm{d}f$ 引起的弦长增量 $\mathrm{d}L_f$。为计算 $\mathrm{d}L_f$，需首先厘清索在 $\mathrm{d}T$ 作用前后两个状态（用 1 和 2 分别表示），弦长增量 $\mathrm{d}L_f$ 与 $\mathrm{d}T$ 作用前弦长 L_1、曲线长度 S_1 和 $\mathrm{d}T$ 作用后弦长 L_2、曲线长度 S_2 的相互关系。由于垂度弹模中考虑垂度效应，不考虑索的弹性伸长及其对垂度造成的二阶效应，因此，拉索状态 1 的有应力索长 S_1 必然等于状态 2 的有应力索长 S_2。或者说，$\mathrm{d}T$ 只引起索曲线形状及其弦长的变化，但不引起索曲线总长度的变化。现用 Γ 表示索曲线总长度与其弦长之差（即 2.6 节中的拉索垂度修正值 ΔL_f），即 $\Gamma=S-L$，显然有 $S_1=L_1+\Gamma_1=S=S_2=L_2+\Gamma_2$，于是有：

$$\mathrm{d}L_f=L_2-L_1=\Gamma_2-\Gamma_1=\mathrm{d}\Gamma$$

故有 $\varepsilon_f=\mathrm{d}L_f/L=\mathrm{d}\Gamma/L$，将其代入本构关系式 $\sigma=E_f\varepsilon_f$，并考虑到 $\sigma=\mathrm{d}T/A$，可得垂度模量：

$$E_f=\frac{\sigma}{\varepsilon_f}=\frac{\mathrm{d}T/A}{\mathrm{d}\Gamma/L}=\frac{L\mathrm{d}T}{A\mathrm{d}\Gamma} \tag{2.3.19}$$

将式(2.3.19)代入式(2.3.18)得：

$$E_{eq}=\frac{E}{1+\dfrac{EA\mathrm{d}\Gamma}{L\mathrm{d}T}} \tag{2.3.20}$$

4）垂度弹模 E_f 的近似计算：Ernst 公式

式(2.3.20)中，涉及曲线长度与弦长之差 Γ 在 $\mathrm{d}T$ 作用前后两个状态下的变化量 $\mathrm{d}\Gamma$，因此，需首先通过曲线长(弧长)S 和弦长 L 计算 Γ。索线形的准确解应为悬链线，但在跨中矢高 f_c 很小时，悬链线较为平坦，可近似用抛物线表示。将该抛物线的曲线长度计算式(2.3.13)按麦克劳林级数展开并忽略高阶小量，保留前两项，可得：

$$S=L+\frac{8f_c^2}{3L} \tag{2.3.21}$$

式(2.3.21)中，f_c 由式(2.2.5)计算。考虑到 $H=T\cos\alpha$，其中，$\cos\alpha=L_x/L$，代入式(2.2.5)得：

$$f_c=\frac{q_pL_x^2}{8T\cos\alpha} \tag{2.3.22}$$

将f_c代入式(2.3.21),并由$\Gamma = S - L$得:

$$\Gamma = S - L = \frac{8f_c^2}{3L} = \frac{q_p^2 L^3 \cos^2\alpha}{24T^2} \tag{2.3.23}$$

则Γ随斜拉索张力的变化率为:

$$\frac{d\Gamma}{dT} = \frac{q_p^2 L^3 \cos^2\alpha}{12T^3} \tag{2.3.24}$$

将式(2.3.24)代入式(2.3.20)得:

$$E_{eq} = \frac{E}{1 + Eq_p^2 L^2 A\cos^2\alpha/(12T^3)} \tag{2.3.25}$$

注意到索单位体积重量$\gamma = q_p/A$,且$L\cos\alpha = L_x$,则式(2.3.25)简写为:

$$E_{eq} = \frac{E}{1 + E(\gamma L_x)^2/(12\sigma^3)} \tag{2.3.26}$$

式(2.3.26)就是著名的Ernst(恩斯特)公式。这样一来,在考虑斜拉索因自重垂度引起的非线性效应时,就可用等效弹性模量E_{eq}代替弹性模量E,从而使非线性计算大为简化。

由于Ernst公式推导时采用了三个假定:①索线形近似为平坦的抛物线,这表明索的初应力较高,且索承受沿索曲线的均匀分布荷载(自重)可近似认为沿索的水平投影长度均匀分布;②索抛物线曲线长度与弦长之差以矢高为自变量,用麦克劳林级数展开时,高阶量为小量,可以忽略;③索力变化量dT与索力T之比为小量。这三个假定中,由于第2个假定一般在第1个假定满足时都能得到满足。因此,实际上只有1和3这两个独立假定。既然有假定,那么这些假定必然限制Ernst公式的适用范围,因此,Ernst公式仅用于初应力较大、应力变化幅较小的拉索。对于应力变化幅较大的拉索,则需考虑更准确的等效弹性模量算法。

2.3.3 等效弹性模量公式的进一步发展

如果要考虑索力变化量dT对修正弹性模量的影响,就需要对上述Ernst公式进行修正。当索力从T_1增大到T_2时,E_{eq}由T_1算得;反之,当索力从T_2减小到T_1,E_{eq}由T_2算得。显然,在两种情况下均按照Ernst,则所得的等效弹性模量不同,这就造成索力与索拉伸量之间的不闭合(例如在斜拉桥倒拆分析过程中的结果不闭合或发散)。其原因在于索力变化量较大,不再满足Ernst公式的"索力变化量dT为小量"假定。因此,在dT较大时,据美国土木工程师学会(ASCE)和Ernst本人的建议,当索力从T_1变至T_2时,等效弹性模量可以采用下式:

$$E_{me} = \frac{E}{1 + (qL_x)^2 EA(T_1 + T_2)/(24T_1^2 T_2^2)} \tag{2.3.27}$$

式(2.3.27)为割线弹性模量,是Ernst公式的进一步发展。使用该公式在使用时,必须知道索变形前后的索力T_1和T_2,但由于索的变形是非线性变形,故分析时需要采用迭代解法。

2.4 悬索桥主缆的成桥线形和空缆线形

悬索桥设计的主要工作之一是确定成桥几何线形,因为线形决定了主缆的矢跨比。矢跨比的大小一方面直接影响主缆的拉力,在很大程度上决定了主缆的用钢量(当$f/L_x = 0.35$时,用钢量较小);另一方面,矢跨比对悬索桥的整体刚度有明显影响,矢跨比越小,刚度越大。考虑到用钢量和刚度均是评价桥梁性能的重要因素，是故主缆线形在悬索桥设计中举足轻重。主缆线形设计工作中的两项主要内容分别是确定成桥线形和空缆线形。在此基础上，才能进一步获得主缆设计文件需要的各种重要参数，包括各跨主缆的无应力索长、伸长量、内力和切线角、索鞍预偏量等。

由于悬索桥跨度和主缆拉力均较大，再考虑到索自重荷载、吊索荷载分布的特点，悬索桥主缆计算一般采用第 2.2 节中的分段悬链线理论，下文重点介绍该理论的应用方法。

2.4.1　成桥线形算法

1）成桥线形的要求：设计要点

首先，要根据水文、地质和线路等条件决定悬索桥的总体布置。在此基础上，由设计工程师设定主缆的理论顶点、主缆跨中位置（其坐标值由矢跨比确定）、边跨的主缆锚固位置、主缆的线密度和各吊杆自重及其设计拉力。主缆设计一般包括如下六个步骤：①确定悬索桥的总体布置参数；②确定边跨和主跨的跨度比（一般为 0.25 ~ 0.50），该值塔顶左右主缆水平分力尽量相等（即塔顶两侧主缆夹角尽量相等）这一条件确定；③选取适合的矢跨比（一般为 1/9 ~ 1/12）；④由通航净空和邻近线路确定加劲梁的线形和尺寸；⑤根据加劲梁的跨中高程和最短吊索长度（或中央扣长度）确定主跨主缆的跨中高程，进而确定塔高；⑥吊索间距 X_k 和吊索轴力 p_k 均由加劲梁的受力状态（要求）确定。

2）成桥线形计算依据：设计参数集

成桥状态的计算，就是根据悬索桥的纵断面线形布置和由此确定的主缆几何线形基本控制点位置，来分析成桥时的主缆线形和受力状态，进而求出主缆的无应力索长。根据上述六个步骤，可确定主缆的所有设计参数，即：两塔顶坐标（x_i, y_i）和（x_j, y_j）、跨中矢高 f、各分段点的水平坐标 x_k（$k=1,2,\cdots,n$）、吊索的水平和竖直分力（P_{kx} 和 P_{ky}，一般不采用斜吊索，此时 $P_{kx}=0$）以及主缆自重集度 q，共 $3n+6$ 个设计参数。根据所有这些设计参数和 2.3.3 小节介绍的双重迭代法，先计算主跨主缆的成桥线形，然后根据计算所得塔顶处主跨悬索水平分力，计算边跨主缆的成桥线形。最后，即可求得整条主缆的成桥线形和各索段的无应力索长，为采用倒拆分析法计算空缆线形做好准备。以下介绍成桥线形的具体算法。

3）成桥线形计算流程：从设计参数到计算参数集

成桥状态下，悬索桥主缆所受荷载为沿其曲线长度均布的主缆自重和通过吊索传递的集中荷载，后者包括索夹、吊索、锚头自重及通过吊索传递的加劲梁恒载。因此，主缆受力可简化为均匀分布荷载 q 与吊点处的集中荷载，如图 2.4.1 所示。

所有吊点处的 n 个集中力将索分成 $n+1$ 段，设节点从左到右为 $i,1,2,\cdots,k-1,k,n,j$。在索上建立坐标系坐标原点设于左塔塔顶处，如图 2.4.1 所示。主缆承受沿其曲线长度均布的分布荷载 q 和 n 个集中荷载，线形必为分段悬链线。根据前文所述双重迭代法计算主缆的成桥线形。由式（2.2.17）可得到满足边界条件

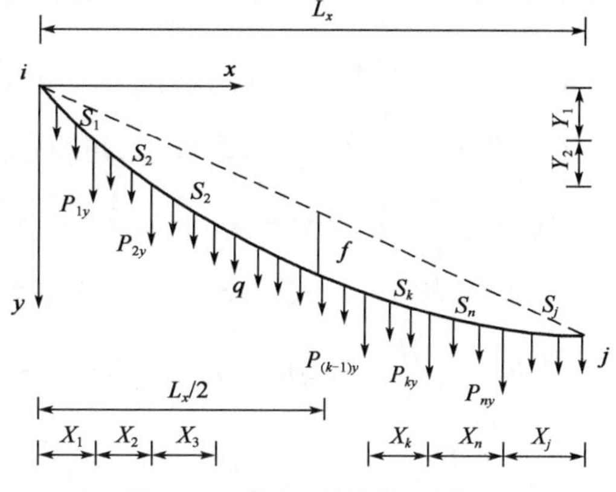

图 2.4.1　分段悬链线索的计算图

的索曲线方程为：

$$y_k = -\frac{H}{q}\mathrm{ch}\left[\frac{q}{H}(x_k - x_{k-1}) + \mu_k\right] + \nu_k + y_{k-1} \tag{2.4.1}$$

其中：

$$\mu_k = -a\mathrm{sh}y'_{k-1} \qquad \nu_k = \frac{H}{q}\mathrm{ch}\mu_k \quad (k = 1,2,\cdots,n+1) \tag{2.4.2}$$

式(2.4.1)表示的 $n+1$ 段索曲线应满足如下的力平衡及变形相容条件：

(1)各分段点“首尾相连”的连接条件，即$(x_{\mathrm{S}k,\mathrm{L}},y_{\mathrm{S}k,\mathrm{L}}) = (x_{\mathrm{S}(k-1),\mathrm{R}},y_{\mathrm{S}(k-1),\mathrm{R}})$。

(2)对于主跨悬索，跨中点(或另外某一点)应通过给定点(一般预设跨中矢高，以确保跨中点满足主跨矢高对应的条件)。

(3)本案例只讨论竖直吊索的情况，因此，所有吊索的水平分力均为0($p_{kx}=0$)，各吊索竖向力预先给定($p_{ky}=p_k$)；对于边跨，主塔塔顶无偏位时，边跨水平力等于主跨水平力，故在成桥状态下，索任意位置的水平力均为 H，即：$H_{k-1}=H_k=H$。

(4)第 k 段悬链线左右两端点竖向力平衡条件依次为：

$$V_{\mathrm{S}k,\mathrm{L}} = V_{\mathrm{S}(k-1),\mathrm{R}} - P_k \qquad V_{\mathrm{S}(k-1),\mathrm{R}} = V_{\mathrm{S}(k-1),L} - qS_{0,k-1} \tag{2.4.3}$$

式中：$S_{0,k-1}$——该索段的无应力索长，由式(2.3.8)和式(2.3.10)，有：

$$S_{0,k-1} = \frac{H}{q}[\mathrm{sh}(2\beta_{k-1} - \alpha_{k-1}) + \mathrm{sh}\alpha_{k-1}] - \left\{\frac{HX_{k-1}}{2EA} + \frac{H^2}{4EAq}[\mathrm{sh}(4\beta_{k-1} - 2\alpha_{k-1}) + \mathrm{sh}2\alpha_{k-1}]\right\}$$

式中：$\beta_{k-1} = \frac{qX_{k-1}}{2H}$，$\alpha_{k-1} = \mathrm{sh}^{-1}\left(\frac{\beta_{k-1}Y_{k-1}/X_{k-1}}{\mathrm{sh}\beta_{k-1}}\right) + \beta_{k-1}$，$X_{k-1} = x_{k-1} - x_{k-2}$，$Y_{k-1} = y_{k-1} - y_{k-2}$。

根据式(2.4.1)及以上四个条件，即可建立如下迭代过程，由于上述非线性方程的解是唯一的，所以可通过二分法进行迭代求解。具体步骤如下：

(1)计算主缆水平分力 H 的迭代区间$(H_{\mathrm{a}},H_{\mathrm{b}})$，在初始的第一次迭代时，$H=(H_{\mathrm{a}}+H_{\mathrm{b}})/2$，迭代区间由抛物线理论加一个正负步长确定。

(2)在塔顶处，由于悬索桥跨度等参素对索斜率的影响小于对竖向分力的影响，所以，在采用二分法时，迭代参数应选择主缆斜率，而不选择竖向力，以提高算法效率。设左塔理论顶点处索的斜率为 y'_0，迭代区间为$(y'_{\mathrm{a}},y'_{\mathrm{b}})$，初值为 $y'_0=\frac{y'_{\mathrm{a}}+y'_{\mathrm{b}}}{2}$，且 $V_{\mathrm{S0}}=Hy'_0$。

(3)将 y'_0代入式(2.4.2)有：$\mu_1 = -a\mathrm{sh}y'_0$，$\nu_1 = \frac{H}{q}\mathrm{ch}\mu_1$。

(4)将 μ_1 和 ν_1 代入式(2.4.1)，可得起点斜率为 y'_0条件下的1号节点竖向坐标：

$$y_1 = -\frac{H}{q}\mathrm{ch}\left[\frac{q}{H}(x_1 - x_0) + \mu_1\right] + \nu_1 + y_0 \qquad (\text{一般情况下，可取 } x_0 = 0, y_0 = 0)$$

同时，由有应力索长算式(2.3.8)减去索长量算式(2.3.10)，得首段悬链线的无应力索长：

$$S_{0,1} = \frac{H}{q}[\mathrm{sh}(2\beta_1 - \alpha_1) + \mathrm{sh}\alpha_1] - \left\{\frac{HX_1}{2EA} + \frac{H^2}{4EAq}[\mathrm{sh}(4\beta_1 - 2\alpha_1) + \mathrm{sh}2\alpha_1]\right\}$$

式中：$\beta_1 = \frac{qX_1}{2H}$，$\alpha_1 = \mathrm{sh}^{-1}\left(\frac{\beta Y_1/X_1}{\mathrm{sh}\beta}\right) + \beta_1$。

由式(2.4.3)得 $V_{S_{2,L}} = V_{S_0} + qS_1 + P_1$，并由 $V_{S_{2,L}}$ 和 H 得 $y_1' = V_{S_{2,L}}/H$，将 y_1' 代入式(2.4.2)得 μ_2、ν_2，再由式(2.4.1)得 y_{2p}。同理，可依次循环建立后续分段索的 μ_k、ν_k，进而求得 y_k 和 $S_{0,k}$。

(5)最后，得到斜率为 y_0' 条件下第 j 号节点的竖向坐标 y_{jp}，若 $|y_{jp} - y_j| \leqslant \varepsilon$（$\varepsilon$ 为预先给定的误差限制值，y_j 是事前给定的右塔理论顶点竖向坐标），则进入下一步；否则，应根据二分法原理，确定新的索斜率 y_0'，重新执行(2)～(5)的循环。

(6)上一步已满足 $|y_{jp} - y_j| \leqslant \varepsilon$，本步对索是否通过指定点（如矢高设计值与试算值之差是否小于误差限制值，即 $|\mathrm{abs}(y_c) - f| \leqslant \varepsilon$）进行检验，若满足，则进入下一步；若不满足，则应根据二分法原理确定新的水平分力 H，重新执行(1)～(6)的循环，直到索通过指定点。

(7)上一步已满足 $|\mathrm{abs}(y_c) - f| \leqslant \varepsilon$，本步则计算主缆的无应力索长。对主缆所有各段悬链线的无应力索长 $S_{0,k}(k = 1,2,\cdots,n+1)$ 求和，即得主跨主缆的无应力索长为 $S_0 = \sum S_{0,k}$。

根据以上流程，可制定计算流程图（图 2.4.2）。对于悬索桥的边跨主缆，由于其水平力 H 已知，上述流程需要略作改动，即跳过步骤(1)和(6)。其原因在于：当 H 已知时，一方面是在步骤(1)中对 H 进行估算已经不必要了；另一方面，也是更本质的方面在于，此时已经不能再进入步骤(7)对线形是否通过给定点进行检验。实际上，已知 H 就是强制索水平力为给定值，这相当于增加了一个定解条件，因此，必须在流程中去掉一个条件；否则，必将造成定解条件之间的冲突。一般情况下，去掉的这个条件就是矢高检验条件，即步骤(6)。否则，如果保留该步骤的检验条件，如果检验结果为否，则流程将回到步骤(1)，以图调整 H 来通过检验。然而，此时 H 已经不再是可以调整的参数，而是预设的给定值，这就会造成完全不必要的冲突。

根据上述流程可编制悬索桥主缆线形计算子程序(Ⅰ)。在计算获得各跨成桥线形后，即可进一步计算空缆线形和索鞍预偏量等参数。这正是下一小节讨论的内容。

2.4.2　空缆线形算法

上一小节介绍的悬索桥主缆成桥线形算法流程，实际上是一个“倒推”过程：从悬索桥总体的设计结果要求（其中包含了成桥线形的设计要点）来“倒推”主缆在成桥状态所有各分段悬链线的线形。进一步，如何从成桥线形的设计要求来“倒推”主缆在安装索夹前（自由状态下）的线形，即空缆线形呢？这是本小节讨论的内容。

1)主缆顶点是联系成桥和空缆线形的关键

如何从成桥线形“倒推”空缆线形？这个问题涉及主缆线形确定时采用的一个重要概念，即理论顶点。不论主缆处于成桥还是空缆状态，尽管不同状态下理论顶点的位置可能不同，在数学上要描述悬索桥主缆线形，必须明确该线形在塔顶处的最高点，该最高点称为理论顶点（例如，对于三跨悬索桥，就存在两个理论顶点），也可称为数学顶点。对于成桥状态，正如上一小节所述，顶点坐标是其线形求解的前提；但对于空缆状态，顶点坐标却只能是线形求解的结果，这是本小节将要重点分析的内容。

2)索鞍与主缆的连接构造与标记点

目前，悬索桥索鞍有滑板式和摇轴式两种形式。但不论采用哪种索鞍，其与主缆之间的连接都是固定连接。这一固定连接自然形成于空缆架设完成之时：主缆对索鞍的竖向作用力等于其两侧的主缆竖向分力之和，也就是主跨主缆自重之和，该竖向力使得索鞍与主缆紧紧压贴在一起而不能相互滑动。因此，空缆架设完成后，不论是吊梁、桥面铺装，还是施加其他的恒载或活载，主缆与索鞍间都不能相互滑动，相当于主缆与索鞍之间形成了固定连接。并且，该固定连接在物理实体上将主缆分成了不同的部分（索段）。由质量守恒定律可知，主缆各索段在施工过程中将保持各自的总质量和无应力长度均不变。

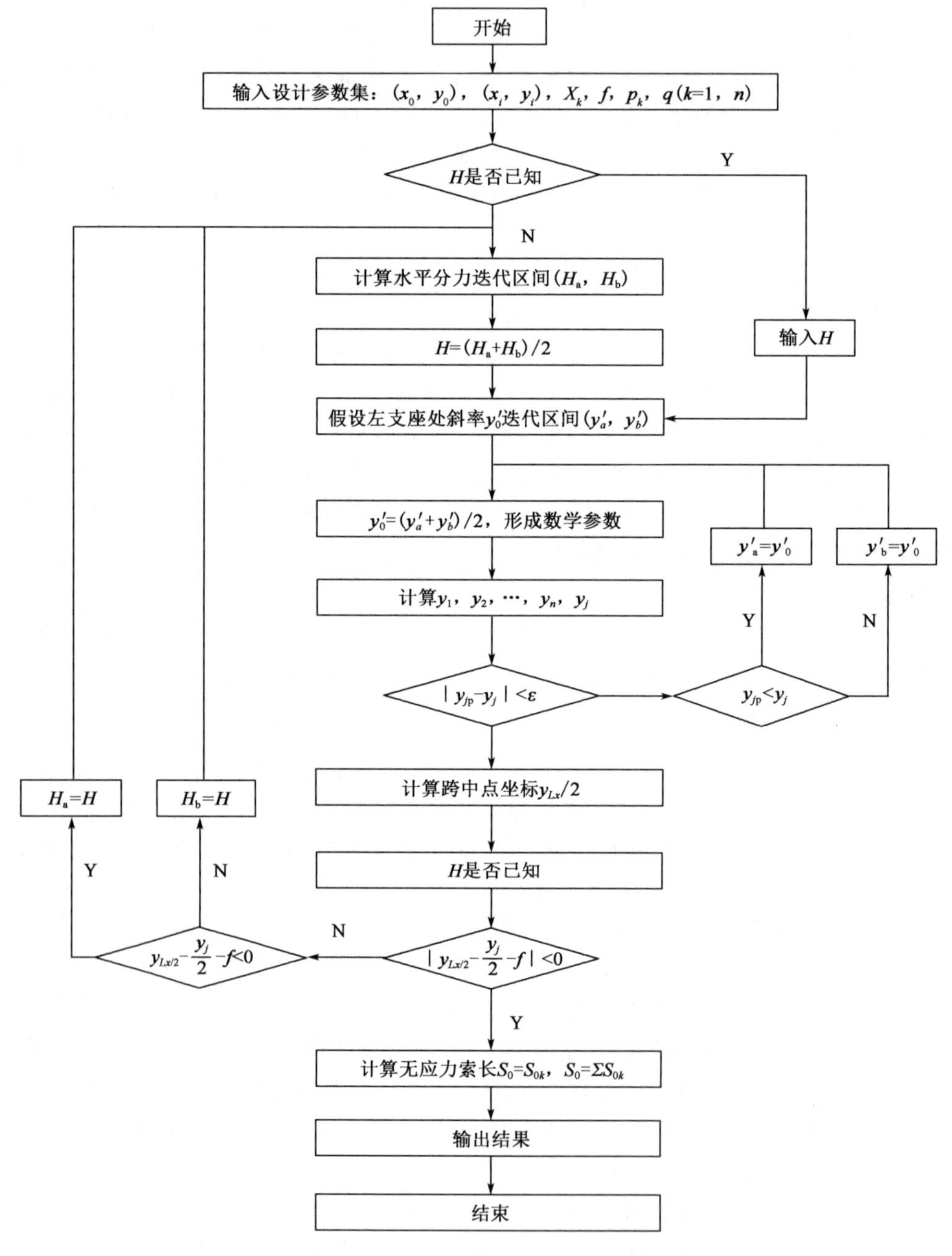

图2.4.2　悬索桥成桥状态主缆线形计算流程图

因此,**如果将索鞍与主缆间的固定连接(接触面)简化为沿着主缆(实体)轴线的连接线,则可以称该连接线的顶点为主缆(实体)的物理标记点(简称标记点)**。该标记点正是理解成桥和空缆线形采用不同方式处理顶点坐标的关键,也是建立成桥和主缆线形相互关系的关键。因此,需进一步分析标记点与无应力索长和理论顶点的关系,如下文所述。

3)标记点与无应力索长

通过上文对索鞍与主缆间连接构造特点的分析,并结合标记点的定义,我们了解到主缆在标记点处被物理地分为了多个索段。例如,对于三跨悬索桥,其主缆在通过两个索鞍时共形成了两个标记点(固定连接);这两个标记点在物理上将主缆(实体)分成了三个部分,即三个索段。由第 2.3 节介绍的无应力索长不变原理可知,不论这三个索段各自的张力或变形有多大,其各自的无应力索长总是保持不变。

由此可知,无应力索长原理适用于标记点之间(以及标记点与锚点之间)的索段。因此,如果存在两组标记点,将同一主缆区分为两组索段,如果这两组索段的无应力索长一一对应相等,那么,这两组标记点必然是同一组标记点。这是一个重要结论,并且是下文建立主缆线形换算关系的核心依据。但在建立换算关系前,还需要了解标记点与理论顶点的关系。

4)标记点与理论顶点

首先,为便于陈述,**将主缆与索鞍的竖向相互作用合力与两者接触面的交点定义为主缆的力学顶点**。根据该定义和前文对标记点的定义,易知标记点总是位于力学顶点附近,这个结论对主缆的空缆、成桥以及两者间的任何过渡状态都是成立的。同时,根据数学(理论)顶点的定义可知,不论是空缆还是成桥状态,力学顶点必位于对应数学(理论)顶点的正下方。如果将索鞍尺寸和主缆横截面半径减小,那么,标记点与力学顶点和数学顶点的距离也将减小。进一步,如果将索鞍尺寸和主缆横截面半径继续减小,直至无穷小,那么,索鞍和主缆将分别理想化为一个点(可称为鞍点)和一条线。显然,此时标记点、力学顶点和数学(理论)顶点将正好重合,即正好位于鞍点位置。这表明,对于主缆的成桥和空缆线形,在理想化前提下,标记点将正好与理论顶点重合。

因此,如果空缆采用与成桥线形相同的方式处理顶点坐标,以其理论顶点坐标作为线形求解的前提,则标记点必然与空缆线形理论顶点重合。同理可知,标记点也必然与成桥线形的理论顶点重合。这就引起一个问题:在成桥和空缆线形状态下,如果标记点分别要与相应的理论顶点重合,同时,各标记点在主缆上的物理位置又必须是唯一的,这两个要求能否同时满足?这个问题留给读者思考。下文重点讨论:如何使得成桥和空缆状态下的标记点在主缆上的物理位置是同一位置。此时,需要引入预偏量概念。

5)理论顶点与预偏量

本小节讨论的问题是:如何从成桥线形"倒推"空缆线形?为解决这个问题,前文首先从线形计算中理论顶点的作用切入,对成桥和空缆线形的定解条件进行了讨论;其后,由两种线形定解条件的差别,引出了对标记点的定义和讨论;再后,分析了标记点与无应力索长和理论顶点的相互关系。归结起来,主要论证了如下命题:

(1)成桥和空缆线形在定解方式上存在较大差异。

(2)这个差异与主缆的物理标记点紧密相关。

(3)无应力索长不变原理适用于由标记点区分的各索段。

(4)不论线形处于何种状态,标记点必然与理论顶点重合。

(5)若空缆或成桥线形分别以各自理论顶点为定解条件,则各自的标记点由各自的理论顶点决定,此时,两者的标记点在主缆上可能处于不同位置。

通过回顾上述命题,特别是命题(5),并考虑到设计人员习惯于以成桥状态的理论顶点为定解条件,并由此决定标记点(即索鞍与主缆的固定连接位置),那么,为确保空缆线形理论顶点对应的标记点与成桥线形保持一致,就只能反其道而行之,以标记点作为定解条件,反过来计算(决定)空缆线形的理论顶点。这等价于需要寻找某个待定的理论顶点,使该空缆线形理论顶点对应的标记点"恰好"与成桥线形的标记点处于主缆上的同一物理位置。

但是,如何判断空缆线形对应的标记点"恰好"与成桥线形一致呢?这就要用到命题(3),即以(标记点区分的)各索段无应力索长在施工中保持恒定的特点作为判断依据。因此,计算空缆线形时,只需寻找一组"合适"的理论顶点,使其对应主缆各索段与成桥线形各索段具有相等的无应力长度,即可确保空缆线形对应的标记点"恰好"与成桥线形一致。现在,假设空缆线形的这一组"合适"的理论顶点已经确定下来,那么,这组顶点与成桥线形理论顶点在水平坐标上可能会有差值。习惯上,称这个差值为预偏量。应该特别留意,一方面,在成桥和空缆两种状态下,以及在施工过程的任意时刻,主缆的标记点是唯一的,且始终"固定"在主缆某处;另一方面,在成桥和空缆两种状态下,以及在施工过程中的任意时刻,主缆各理论顶点的水平坐标将有所差异(其差值即预偏量)。这两个方面形成了鲜明的对比,希望感兴趣的读者多加思考,以深入把握悬索桥主缆线形的数学、力学和工程特性。

6)空缆线形算法流程

有了预偏量的概念,就可以比较方便地建立空缆线形的算法流程了。该流程的核心思路是:建立一个有效的搜索算法,以找到一组"合适"的预偏量,该预偏量"恰好"使得空缆各索段的无应力长度与成桥线形一致。同时,为方便陈述,下文将主缆的两个(地)锚点也称为顶点。按照上述思路,可制定空缆线形的算法流程如下:

(1)对所有索跨编号,从左到右索跨编号依次为 $1,2,\cdots,k$;设定水平力和预偏量的合理区间;在水平力的合理区间内,假设一个水平力,作为当前水平力。

(2)以第 1 索跨作为当前索跨,并设其左顶点(即主缆左锚点)的左预偏量为 0。

(3)提取当前索跨成桥线形的理论顶点坐标和无应力索长;在预偏量的合理区间内,为右顶点假设一个预偏量,作为右预偏量。

(4)由左右预偏量和当前索跨成桥线形理论顶点的坐标,计算其空缆线形理论顶点的坐标;由当前水平力和当前索跨空缆线形理论顶点的坐标,计算其空缆线形和无应力索长;由该无应力索长减去当前索跨成桥线形无应力索长计算索长差,检验该索长差是否近似为 0。

(5)如果索长差近似为 0,就进行下一步;否则,就应于预偏量的合理区间内,在索长差大于 0 时将右预偏量"适当"减小,或在索长差小于 0 时将右预偏量"适当"增大,并回到第(4)步。

(6)判断该索跨是否为最后一跨,如果是,就进行下一步;否则,就应将右预偏量作为下一索段的左预偏量,然后将下一索段作为当前索段,并回到第三步。

(7)判断右预偏量是否近似为零,如果是,就进行下一步;否则,就应于水平力的合理区间内,在右预偏量大于 0 时将当前水平力"适当"减小,或在右预偏量小于 0 时将当前水平力

“适当”增大,并回到第(2)步。

(8)结束。

上述流程是空缆线形“倒推”试算的一个有效但不是最高效的流程,这是为了突显计算的思路不被技巧干扰(这没有任何轻视技巧的意思)。例如,上述流程中,第(5)步和第(7)步中,用词为“适当”之处,在具体考虑如何才能“适当”时,采用二分法或黄金分割法是典型的做法,这显然可以提高搜索效率。熟悉了上述核心思路,有兴趣的读者可以试着编制自己的流程。针对三跨悬索桥,下文特意制定一个与上述流程略差别的流程图,供读者参考。

7)三跨悬索桥空缆状态的“倒推”算法流程图

对于三跨悬索桥,中跨和左右两个边跨的缆索线形是相互联系又相对独立的悬链线,且其水平力相等。同时,对于同一根缆索,如果分别在空缆和成桥两种状态下将其索力完全释放,则在两种状态下释放索力后的缆索长度(即无应力索长)应相当。根据成桥状态分段悬链线的计算程序流程图(图 2.4.2)进行计算,可求得成桥状态无应力索长 S_0,在假设已知索鞍预偏量的前提下,计算悬索桥空缆状态的水平力,其技术特点和编制该计算程序所具备的两个主要条件如下:

第一,各跨空缆状态无应力索长与成桥状态无应力索长相等;

第二,各跨空缆状态索内力的水平分力相等。

对于空缆状态程序编制的流程图,主要是基于上述两个特点进行,具体通过以下流程迭代出空缆状态索轴力的水平分力(图 2.4.3):①假定任意跨(中跨、左右边跨)水平分力 HS 的迭代区间[HS_1,HS_2],并令 $HS=(HS_1+HS_2)/2$;②由索鞍预偏量得到单跨空缆左右端点的 4 个坐标参数,加上自重 q 以及假设的水平分力 HS,共 6 个参量,可根据两点式法,求得该水平分力下对应的空缆线形。再根据公式(2.3.8)和公式(2.3.10)计算出任意跨(中跨、左

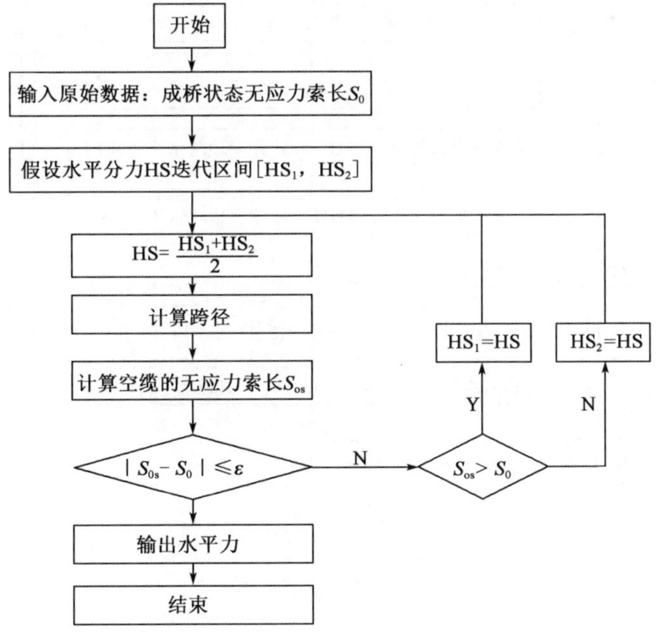

图 2.4.3　空缆状态水平力迭代的计算流程图

右边跨)无应力索长 S_{0S};③给定一个小值 ε,如果 $|S_{0S}-S_0|\leqslant\varepsilon$,就可以停止迭代,从而确定出水平分力 HS,否则,将继续循环迭代至得到满足上式的条件。

按上图可编制主缆线形计算子程序(Ⅱ)。为实现空缆状态分析的最终目标,应根据水平力相等原则,求得左、右边跨的无应力索长和索鞍总的预偏量。具体的流程(图 2.4.4)如下:

(1)调用子程序(Ⅰ)计算成桥状态,得到各跨无应力索长。

(2)假设总的预偏量 YP 的迭代区间为[YP_1,YP_2],并令 $YP=(YP_1+YP_2)/2$。

(3)假设左边跨的预偏量 YP_L 的迭代区间为[YP_{L1},YP_{L2}],令 $YP_L=(YP_{L1}+YP_{L2})/2$,那么左边跨的跨度 L_L = 成桥状态跨长 $L_{LC}-YP_L$,而右边跨长 LR = 成桥状态 $L_{LR}-YP+YP_L$。

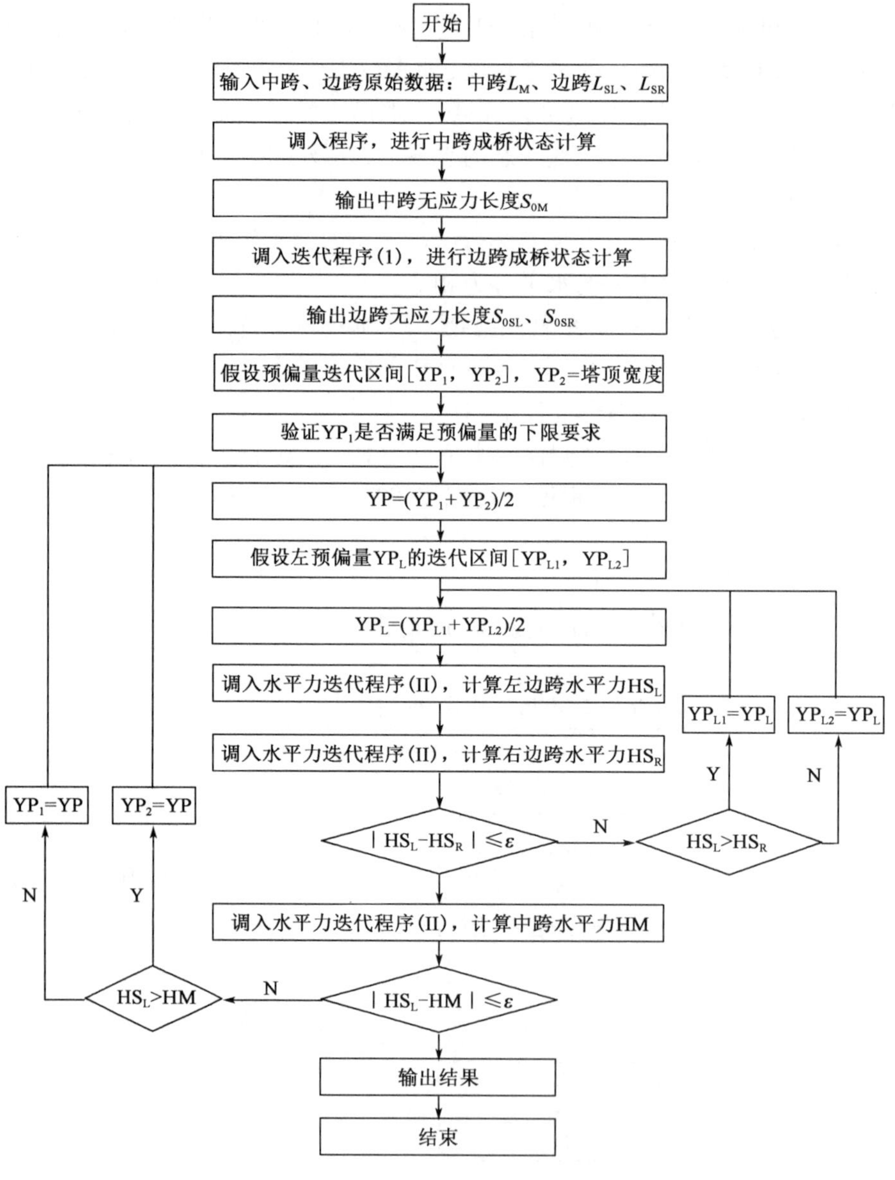

图 2.4.4 悬索桥空缆线形倒拆分析流程图

(4)调用上述子程序(II)迭代,使左、右边跨的水平力相等,从而计算出在左、右边跨水平力相等的前提下 YP_L 的值。

(5)同样再次调用上述子程序(II),通过循环迭代使得中跨水平力与上述迭代出的左、右边跨水平力相等,即可得到最终的 YP,这样左、右边跨的预偏量就可以全部得出结果。

8)空缆线形和预偏量的正装算法

本小节前述内容均针对“倒推”算法,其实也可以采用“正装”算法。但“正装”算法用得较少,此处仅作简要介绍。第一步:假设中跨主缆无应力索长和索鞍预偏量,然后计算其空缆线形和水平力,再由该水平力计算其他各跨主缆的线形和内力;第二步:由各跨无应力索长,试算成桥状态主缆水平力和各跨线形;第三步:以矢高试算值与设计值的偏差趋近于 0 为条件,检验和修正第一步假设的中跨无应力索长,以空缆顶点坐标设计值与成桥顶点坐标试算值之差近似等于预偏量为条件,检验和修正第一步假设的预偏量;第四步:反复进行上述三步,直至第三步中的两个检验条件全部满足为止。

2.4.3 普立桥主缆成桥线形

普立特大桥为单跨简支钢桁加劲梁悬索桥,主跨 628m,主缆恒载集度 $q_1=32.58\text{kN/m}$,钢桁梁恒载集度 $q_2=64.3\text{kN/m}$,桥面板和桥面支座及垫石恒载集度 $q_3=76\text{kN/m}$,跨中矢高 $f=62.8\text{m}$。该桥主缆采用预制平行钢丝索股法(PPWS),全桥共两根主缆,每根主缆由 91 股索股组成,每根索股由 91 根直径 5.1mm 镀锌高强钢丝组成,标准抗拉强度为 1 670MPa。基本参数见表 2.4.1。

普立桥基本参数　　表 2.4.1

序号	项目	数值	说明
1	主跨高差(m)	10.362	右塔高,左塔低
2	右边跨高差(m)	79.492	边跨无吊索
3	左边跨高差(m)	74.743	边跨无吊索
4	主跨跨度(m)	628.000	—
5	右边跨跨度(m)	176.000	—
6	左边跨跨度(m)	166.000	—
7	索密度(N/m)	30 440	没有考虑索外层包裹材料的影响
8	索弹性模量(MPa)	2.1×10^5	没有考虑索外层包裹材料的影响
9	索截面积(m^2)	0.338	没有考虑索外层包裹材料的影响

主跨设计参数集:①矢跨比 $\eta=1/10$;②以左塔顶为坐标原点,y 坐标以向下为正,左右两顶点坐标(0,0)、(628m,−10.362m);③主缆恒载集度为 $q_1=32.58\text{kN/m}$;④共 77 根吊索,吊索间距为 $10\text{m}+76\times8\text{m}+10\text{m}=628\text{m}$,吊索力提取成桥状态的吊索轴力(附表 1)。求成桥状态下吊点竖向坐标、中跨分段悬链线的上下锚点轴向力、无应力索长。

先用 Midas 建立普立悬索桥的模型,计算并提取成桥状态的吊索力(附表 1)、索夹位置竖向坐标等。然后用 Matlab 软件编制子程序(I),将吊索力代入子程序(I),算出主跨主缆线形,获得索夹坐标、主缆张力及无应力索长,再以所得塔顶索力及边跨的相关设计参数,由子程序(I)计算边跨的成桥线形和无应力索长。子程序(I)与 Midas 计算的无应力索长结果对比如表 2.4.2 所示,索夹竖向坐标和索轴力计算的结果对比见附录表 2。

无应力索长的对比结果 表2.4.2

左边跨无应力索长(m)			中跨无应力索长(m)			右边跨无应力索长(m)		
Matlab	Midas	MA-MI*	Matlab	Midas	MA-MI	Matlab	Midas	MA-MI*
181.573 6	181.575	-1.4	642.859 7	642.865	-5.3	192.613 3	192.615	-1.7

注：* 表示 Matlab 计算结果与 Midas 计算结果的差值，单位为 mm。

2.4.4 普立桥空缆线形

不考虑包裹材料影响，索材料弹性模量取 $E=2.1\times10^5$MPa，面积为 $A=0.338\ 34\text{m}^2$。以成桥状态无应力索长为已知条件，按照流程图 2.4.4，采用 Matlab 编制程序(Ⅲ)，算得空缆状态索鞍预偏量及索夹位置竖向坐标。程序(Ⅲ)与 Midas 计算的索鞍预偏量结果对比如表 2.4.3 所示。索夹竖向坐标和索轴力计算的结果对比见附表 3。

空缆状态索鞍预偏量的对比结果 表2.4.3

左塔索鞍预偏量(mm)			右塔索鞍预偏量(mm)		
Matlab	Midas	MA-MI*	Matlab	Midas	MA-MI*
685.00	685.38	-0.38	758.20	757.17	1.03

注：* 表示 Matlab 计算结果与 Midas 计算结果的差值。

2.5 斜拉索的下料长度

2.5.1 下料长度的概念和算法

斜拉桥拉索设计基础工作之一是计算出制作拉索的下料长度 L，它是索的无应力索长与构造修正长度之和。首先应确定每一根拉索的长度基数 L_0，再对其进行若干的修正即可得到 L，而 L_0 是该拉索上下两个索空出口处锚板中心的空间距离。

《公路斜拉桥设计细则》(JTG D65-01—2007)中给出了斜拉索在设计温度时适用于冷铸锚的无应力下料长度计算公式：

$$L = L_0 - \Delta L_e + \Delta L_f + \Delta L_{ML} + \Delta L_{MD} + 2L_D + 3d \tag{2.5.1}$$

式中：ΔL_f——初拉力作用下拉索垂度修正值，规范中此值是以抛物线法简化求出的，表示索的曲线长度与其弦长之差，即 2.3.2 小节中的 Γ，它与 L_0 之和即本书在 2.3.1 小节中提到的有应力索长 S；

ΔL_e——初拉力作用下拉索的弹性伸长修正值，即拉索伸长量 ΔS；

ΔL_{ML}、ΔL_{MD}、L_D、d——由于构造引起的修正量，其总值用 ΔL_M 标识，各分项值可按图 2.5.1 计算，其中 ΔL_{ML} 及 ΔL_{MD} 取决于该形锚具的最终设定位置，以冷铸锚为例，张拉端锚具的最终位置可设定螺母定位于锚杯的前 1/3 处，固定端可设定螺母定位于锚杯的正中，L_D 为锚固板厚度，d 为钢丝直径，根据锚具制作厂商家提供的锚具构造尺寸，就可推算出构造所需的拉索长度。

对于拉丝式锚具，可不计镦头长度，但要加上满足张拉千斤顶工作所需的拉索操作长度 ΔL_s。则下料长度变为下式：

$$L = L_0 - \Delta L_e + \Delta L_f + \Delta L_{ML} + \Delta L_{MD} + 2L_D + \Delta L_s \tag{2.5.2}$$

若拉索下料时的温度和桥梁设计中取定的标准温度不一致,则在下料时应加温度修正。若采用应力下料,则还应考虑应力下料修正。温度修正和应力下料修正可根据具体情况考虑决定。

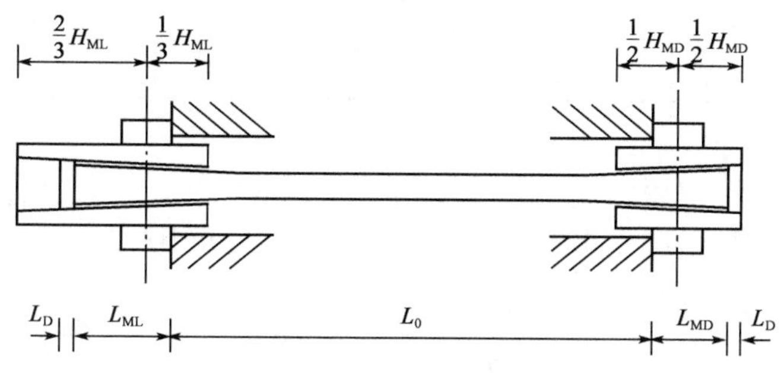

图 2.5.1　索长计算

拉锚式拉索对长度的要求相当严格。通常,对于短索,要求其误差不大于 30mm;对于长索,则不大于索长的 0.03%。对于重要的桥梁,设计者也可以根据具体情况,制定更高的标准。拉丝式拉索的长度误差要求较宽,但要按宁长勿短的原则掌握。对于大跨径斜拉桥,拉索的制作宜和挂索协调进行,随时注意上一阶段的挂索情况,并根据反馈的信息,对下一阶段的拉索长度做出是否需要调整的决定。

2.5.2　厦漳大桥斜拉索下料长度计算

1)成桥状态参数

厦漳大桥北汊主桥为双塔双索面斜拉桥,桥跨布置如图 2.5.2 所示,共 25 × 4 × 2 = 200 根拉索,其中最长的中跨 Z25 号索为 408.531m,规格为 PES(C)7 – 241;最短的中跨 Z01 号索为 104.623m,其规格为 PES(C)7 – 109。以成桥状态作为初态,取最长索和最短索共 2 根作为计算对象,各索的编号和已知参数如表 2.5.1 所示。

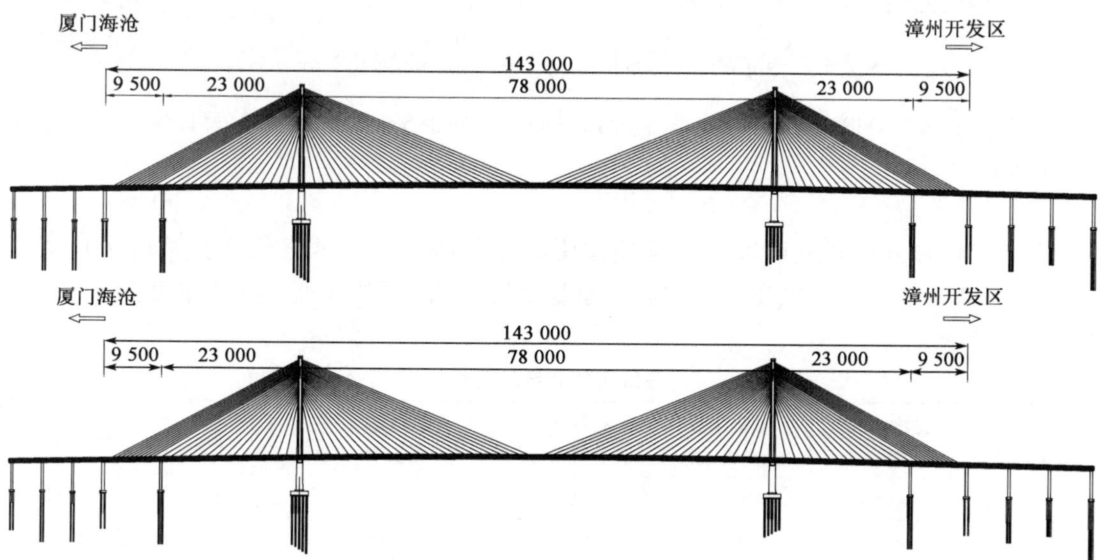

图 2.5.2　北汊主桥概况(尺寸单位:cm)

各 拉 索 参 数　　表 2.5.1

索编号	长度基数	成桥索力	水平角度	弹性模量	线重力	截面面积	构造修正值
	L_0(m)	T(kN)	θ(rad)	E(GPa)	q(kN/m)	A(mm²)	ΔL_m(mm)
Z01	104.855	2 142.986	1.320	195	0.351	4 195	540
Z25	409.192	3 685.940	0.396	195	0.763	9 275	765

2)无应力索长的计算

(1)抛物线理论:可得索的无应力索长:$S_0 = L_0 - \Delta L_e + \Delta L_f$。而 ΔL_{ML}、ΔL_{MD}、$2L_D$、$3d$ 与 ΔL_s 等均是由锚具等构造因素引起的修正量,在表 2.5.1 中已给出构造因素修正的总量 ΔL_m。弹性伸长量 ΔL_e 按材料力学公式计算:

$$\Delta L_e = \frac{L_e \sigma}{E} = \frac{TL_0}{EA} \tag{2.5.3}$$

垂度修正值按式(2.3.23)计算:

$$\Delta L_f = \frac{q^2 L_x^2 L_0}{24T^2} \tag{2.5.4}$$

式中:T——成桥状态拉索两端拉力;

A——拉索截面积;

E——拉索弹性模量;

L_x——L_0 的水平投影;

q——拉索线密度。

以厦漳大桥北汊主桥 Z25 号索(最长索)为例,将表 2.5.1 中的 T、H、q、E、A、L_0 和 L_x 代入上述公式后,可得该索的无应力索长为:

$$S_{01} = 409.192 - \frac{3\,685.940 \times 409.192}{195 \times 9\,275} + \frac{0.763^2 \times 377.493^2 \times 409.192}{24 \times 3\,685.940^2} = 408.462(\text{m})$$

(2)悬链线理论下,由式(2.4.8)与式(2.4.10)得:

$$S_{02} = \frac{2H}{q}\text{sh}\beta\text{ch}(\alpha - \beta) - \frac{HL_x}{2EA} - \frac{H^2}{4EAq}\text{sh}2\beta\text{ch}2(\alpha - \beta)$$

代入数据 $\text{sh}\beta = 0.042$, $\text{ch}(\alpha - \beta) = 1.084$, $\text{sh}2\beta = 0.085$, $\text{ch}2(\alpha - \beta) = 1.349$ 得:$S_{02} = 408.409\text{m}$。

(3)结果比较。

据上述计算方法同理可以算出其他拉索在抛物线理论和悬链线理论下的无应力索长,列于表 2.5.2 中。而表 2.5.1 中修正总量 ΔL_m 已知,所以可得出下料长度,同样列于表 2.5.2 中。

各修正值和结果比较　　表 2.5.2

索编号	抛物线法无应力索长	悬链线法无应力索长	抛物线法下料长度	悬链线法下料长度	差　值	相对差值
	S_{01}(m)	S_{02}(m)	L_1(m)	L_2(m)	Δ(mm)	Δ/L_0(%)
Z01	104.580	104.569	105.120	105.109	11.54	0.011
Z25	408.462	408.409	409.227	409.174	52.87	0.012

从表2.5.2可以看出,分别采用抛物线法与悬链线法计算下料长度时,对于短索,两者绝对值最大相差11.5mm,小于30mm;对于长索,最大相对误差0.012%,小于0.03%。这表明对于该工程,抛物线法可满足规范规定的误差要求,但悬链线法更为精确。

2.6　小结

本章主要阐述索结构静力学基础理论,并结合工程实例简要介绍了其应用方法。首先,从几何刚度的简单概念开始,逐步深入到索的线形理论,包括悬链线理论、抛物线理论和分段悬链线理论;然后,讨论了工程中经常用到的无应力索长及等效轴向刚度的计算方法;再后,对悬索桥线形计算方法和流程进行了详细分析;最后,以两座实际工程为例,分别介绍了相关理论在悬索桥和斜拉桥中的应用,供读者参考。

本章参考文献

[1] 董耀甫,杨旗.索道理论精确分析[J].森林工程.2001(3).

[2] 向中富,徐君兰.悬索桥控制分析的恒定无应力迭代法[J].重庆交通学院学报,2001,19(3).

[3] 郝超,强士中.大跨度斜拉桥无应力长度的计算方法比较[J].重庆交通学院学报,2001,20(3).

[4] 洪显减,刘志英.精确的斜拉索等效弹性模量公式的推导[C]//全国桥梁结构学术大会论文集.上海:同济大学出版社,1992.

[5] 邵旭东,强士中.大跨度斜拉桥拉索无应力长度的计算方法比较[J].重庆:重庆交通大学学报,2001(2).

[6] 罗恒喜,肖汝成,项海帆.空间缆索悬索桥的线形分析[J].上海:同济大学学报(自然科学版).2004(10).

[7] 杨勇,王鹏,李红,等.非对称悬索桥主缆线形计算流程及程序开发[J].公路交通技术,2011(1).

[8] 杨勇.非对称悬索桥主缆线形程序开发与参数分析[D].重庆:重庆交通大学,2010.

[9] 中华人民共和国行业标准.JTG/T D65-01—2007　公路斜拉桥设计细则[S].北京:人民交通出版社,2007.

第3章　动力学基础理论与工程应用

本章首先简要回顾了索结构动力学理论的发展历史，接着分析了弦和悬索振动的微分方程推导、求解过程和动力学特性，并对悬索的非线性振动特性作了概要介绍，最后重点讨论了桥梁索结构的振动控制方法及其工程应用实例。

3.1　索结构的自由振动

3.1.1　历史回顾

一根张紧的弦是最为简单的索结构，其振动与空气相互作用，可以发出悦耳的声音。弦张得越紧，音调越高，反之则低，这是各类弦类乐器的基本原理。但索结构动力学作为一门科学，则是西方学者在18世纪初期以数学语言描述后才开始的。科技史上，弦的振动曾经是物理学和数学的重要问题，它与偏微分方程的起源有直接的关系。公元1715-1749年，泰勒(Brook Taylor)、达朗贝尔(D' Alembert)、欧拉(Euler)和贝努利(Daniel Bernoulli)对两端固定张紧弦的振动理论进行了早期探索，进而开创了偏微分方程这门数学学科。1755年，在张紧弦振动问题研究成果的基础上，贝努利证明复杂振动总可以分解为若干相互独立的模态振动，而这一论证之后成为动力学的基础。

19世纪初期，索振动理论发展中产生了一项重要成果。1820年，泊松(Possion)给出了任意力作用下索的一般偏微分方程。到19世纪中期，罗尔(Rohrs)、斯托克斯(Stokes)以及罗斯(Routh)的研究得出了索竖向振动的精确解，其中考虑了索的垂度。不过，他们的研究中，都假设索不可伸长(是指不考虑索弹性伸长产生的应力增量，这一点在第2章关于几何刚度的非线性中作了相关分析)。这种情况一直持续到直到20世纪中期才有所改变。1941年，兰尼(Ranie)和冯·卡门(von Kármán)各自独立地推导出了不可伸长的三跨索的竖向振动解；其后，温森特(Vincent)扩展了兰尼和冯·卡门的分析，在计算三跨索的对称竖向运动时考虑了索的弹性，这是突破索不可伸长假设的首次尝试。然而，由于没有对解的性质进行深入分析，因此，温森特未能揭示索弹性对振动特性的重大影响。

事实上，在不可伸长假设下，索只要有最小的垂度存在，那么弦理论揭示的一阶对称振动就不可能存在，这显然有违事实。1953年，撒克逊(Saxon)和科恩(Cahn)简化了不可伸长索的振动理论，并且在大垂跨比的情况下也给出了非常好的结果。这一理论由茹德尼克(Rudnick)、莱昂纳多(Leonard)和撒克逊、科恩以及普格斯里(Pugsley)等人通过试验得到了验证。到20世纪中后期的1974年，伊尔文(H. M. Irvine)抛弃了不可伸长索假设，系统地考察了索的弹性效应，发现了模态超越(Modal Crossover)现象。至此，小垂度(垂跨比小于1/8)水平索动力学的线性特性问题就得到了比较彻底的解决。1981年，伊尔文教授的专著《索结构》出版，通过考虑悬索两端点间高差的影响，将自己关于水平索振动的解推广到斜拉索上，标志着理想柔性索结构的动力学理论已基本建成完整体系。

3.1.2　弦的无阻尼自由振动

1)弦的自由振动方程

如图3.1.1所示,一长为L、线密度为m的柔软均匀细弦水平拉紧后,其受竖向外力作用时,开始作微小横向振动。

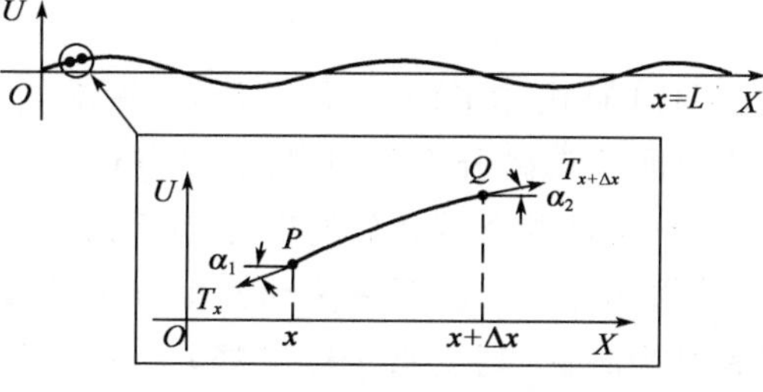

图3.1.1　弦和弦上的一段微弦段

弦上各点的恢复力来自于弦的张力,取弦的初始平衡位置为OX轴,运动方向(竖向)为OU轴。弦线在x点t时刻的位移为$u(x,t)$,简记为u。微弦段PQ的弧线长度近似为:

$$\Delta S \approx \sqrt{(\Delta x)^2+(\Delta u)^2}=\Delta x\sqrt{1+(\Delta u/\Delta x)^2} \tag{3.1.1}$$

弦作微小振动(指其任一点在任意时刻的竖向位移u与弦总长L相比是小量,即$u/L\approx 0$),并且任意微弦段上$\Delta u/\Delta x\approx 0$,因此,$\Delta S\approx\Delta x$,表明微弦段$PQ$在振动过程中长度近似不变(有时称这个近似为“不可伸长假设”,但此处“不可伸长”主要强调“小变形”概念)。由于弦是柔软的,弦上各点张力T的方向是弦的变形后曲线u的切线方向。此时,微弦段的几何关系和水平方向动力平衡方程分别为:

$$\cos\alpha=\lim_{\Delta x\to 0}\frac{\Delta x}{\sqrt{(\Delta x)^2+(\Delta u)^2}}=\lim_{\Delta x\to 0}\frac{\Delta x/\Delta x}{\sqrt{1+(\Delta u/\Delta x)^2}}\approx\lim_{\Delta x\to 0}\frac{\Delta x}{\Delta x}=1 \tag{3.1.2}$$

$$T_{x+\Delta x}\cos\alpha_2-T_x\cos\alpha_1=0 \tag{3.1.3}$$

由式(3.1.2)和式(3.1.3)可推得:

$$T_{x+\Delta x}\approx T_x \tag{3.1.4}$$

式(3.1.4)表明,弦上各点张力的大小可以近似认为是不变的,即$T=T_0$(这表明弦伸长引起的张力增量近似为0,因此,“不可伸长假设”实际上是“张力大小恒定假设”)。弦的线密度(单位长度弦的质量)m与微弦段PQ长度Δx的乘积为其质量,该质量与加速度$\partial^2u/\partial t^2$的乘积即为惯性力。故微弦段在竖向的动力平衡方程(牛顿第二定律在微弦段上的具体形式)为:

$$T_0(\sin\alpha_2-\sin\alpha_1)=m\Delta x\frac{\partial^2 u}{\partial t^2} \tag{3.1.5}$$

根据竖向的几何关系:

$$\sin\alpha=\lim_{\Delta x\to 0}\frac{\Delta u}{\sqrt{(\Delta x)^2+(\Delta u)^2}}=\lim_{\Delta x\to 0}\frac{\Delta u/\Delta x}{\sqrt{1+(\Delta u/\Delta x)^2}}\approx\lim_{\Delta x\to 0}\frac{\Delta u}{\Delta x}=\frac{\partial u}{\partial x} \tag{3.1.6}$$

$$\sin\alpha_1\approx\left.\frac{\partial u}{\partial x}\right|_{(x,t)}\qquad \sin\alpha_2\approx\left.\frac{\partial u}{\partial x}\right|_{(x+\Delta x,t)} \tag{3.1.7}$$

将式(3.1.7)代入式(3.1.5),并将等式两边同时除以Δx,得:

$$\frac{T_0\left(\left.\frac{\partial u}{\partial x}\right|_{x+\Delta x}-\left.\frac{\partial u}{\partial x}\right|_{x}\right)}{\Delta x}=m\frac{\partial^2 u}{\partial t^2} \tag{3.1.8}$$

根据微分中值定理中的拉格朗日定理,式(3.1.8)化为:

$$T_0 \frac{\partial^2 u}{\partial x^2} = m \frac{\partial^2 u}{\partial t^2} \tag{3.1.9}$$

记 $a^2 = \frac{T_0}{m}$,则式(3.1.9)成为:

$$a^2 u''_x - u''_t = 0 \tag{3.1.10}$$

式(3.1.10)描述了均匀微弦段微小振动的一般规律,常称为弦振动方程(在数学上,该方程属于双曲型偏微分方程,其特点是方程中只有两个偏微分,每个偏微分都是对一个变量的二次偏微分,且两个偏微分的符号相反,在数学物理方程中也称为波动方程。因此,应当注意到,弦的动力学方程既是振动方程,也是波动方程)。由 $a^2 = T_0/m$ 易知,a 具有速度量纲,一般称其为波速(后文将予以解释)。应该注意到,波速 a 只与弦的张力 T_0 和线密度 m 有关,而与弦的弹性模量无关。根据这一特性,可以通过调节弦张力 T_0 或线密度 m 来设定弦的波速,以达到某些测量或控制的目的。

在数学上,微分方程的解分为通解和特解,通解总是有无穷多个,特解则与特定条件(具体问题的具体情况)有关,包括初始条件和边界条件。在数学上,初始条件和边界条件也称为定解条件。偏微分方程及其通解是对同一类物理现象的共性的描述,是通用理论;定解条件则反映具体问题的个性,描述具体问题的具体情况。方程和定解条件合为一体,统称为定解问题。例如,在弦类乐器中,弦的两个端点固定不动,这是边界条件;如果用不同的方式来演奏它,比如用薄片拨动,波动弦使其产生一个初始的位移,这就是初始条件。

如前所述,弦的振动方程也称为波动方程,这两种不同的称法在物理本质上是完全一致的,但在形式上,则分别有对应的两种解法,也对应着解的两种表达形式。

2)波动解

对于弦的振动方程式(3.1.10),令 $\xi = x + at, \eta = x - at$,通过变量替换法可得:

$$u''_x = u''_\xi + 2u''_{\xi\eta} + u''_\eta, \qquad u''_t = a^2(u''_\xi - 2u''_{\xi\eta} + u'') \tag{3.1.11}$$

将式(3.1.11)代入式(3.1.10),可得:

$$4a^2 u''_{\xi\eta} = 0 \tag{3.1.12}$$

由于 a^2 不为零,故有:

$$u''_{\xi\eta} = 0 \tag{3.1.13}$$

若式(3.1.13)有解,则对其连续积分两次有:

$$u(\xi,\eta) = F(\xi) + G(\eta) \tag{3.1.14}$$

其中 F、G 为任意函数。通过变量替换,把 ξ、η 转换成 x、t,可得通解:

$$u(x,t) = F(x + at) + G(x - at) \tag{3.1.15}$$

在获得通解后,即可根据初值条件和边值条件确定特解。现在,先讨论一下通解的物理意义。为便于讨论,不妨令式(3.1.15)中 $G=0$,得:

$$u(x,t) = F(x + at) \quad (a > 0) \tag{3.1.16}$$

波动解的物理意义:对于式(3.1.16),在0时刻,$u(x,0) = F(x)$;在 τ 时刻,$u(x,\tau) = F(x + a\tau)$,因此,如果建立笛卡尔坐标下的 xou 平面,以 x 为自变量并作为水平轴,将 $F(x)$ 作为函数,画于 xou 平面,那么,可以将 $a\tau$ 作为常数,并将函数 $F(x + a\tau)$ 也画于 xou 平面。显然,此时函数 $F(x + a\tau)$ 曲线正好与向右平移 $a\tau$ 距离后的 $F(x)$ 曲线重合。这表明:在向右平移的过程中,函数图像未发生变化,这可以理解为0时刻的弦振动曲线在经历时间 τ 后,波形保持不变,只是向右传播(平移)了距离 $a\tau$。这就是波的传播过程,由于整个波形在时间 τ 内平移的距离为 $a\tau$,其速度为距离除以时间($a\tau/\tau$),正好等于 a。显然,a 是波速,它是单位时间内波形传播的距离。当令式(3.1.15)中的 F 为0时,同样可以做出类似的讨论,波速仍然为 a,不过,波形不是向右,而是向左传播。因此,对于弦在0时刻(或任意的 t 时刻)的波形,总可以将其分解为一个右行波和一个左行波,它们以同样的速度,同时并分别向左和向右传播。

上面谈到,弦在0时刻(或任意的 t 时刻)的波形总可以将其分解为一个右行波和一个左行波。但这样说是不够完整的。实际上,仅仅知道弦在任意某一时刻(如0时刻)的波形 $\varphi(x)$,还不足以确定函数 F 和 G。为什么呢?这就涉及特解问题,其中的初值条件包括两个,其一是位移初值,其二是速度初值。仅已知位移初值还不足以确定 F 和 G。要确定 F 和 G,还必须知道新的条件,例如,知道该时刻弦上各点的速度 $\psi(x)$。这样,初值条件就完整了,可以根据初值条件确定左行和右行的这两个行波。简要推导如下。

位移初值条件:　　$u(x,0) = F(x) + G(x) = \varphi(x)$

速度初值条件:　　$u'_t(x,0) = a\left[\dfrac{\mathrm{d}F(x)}{\mathrm{d}(x)} - \dfrac{\mathrm{d}G(x)}{\mathrm{d}(x)}\right] = \psi(x)$

通过对速度初值条件方程从 x_0 到 x 积分,并与位移初值条件方程联立可解得:

$$\begin{cases} F(x) = \dfrac{1}{2}\varphi(x) + \dfrac{1}{2a}\displaystyle\int_{x_0}^{x}\psi(\alpha)\mathrm{d}\alpha + C \\ G(x) = \dfrac{1}{2}\varphi(x) - \dfrac{1}{2a}\displaystyle\int_{x_0}^{x}\psi(\alpha)\mathrm{d}\alpha - C \end{cases} \tag{3.1.17}$$

式(3.1.17)中,x_0 和 C 为任意常数。上式对于任意 x 均成立,分别将 x 换成 $x+at$,$x-at$,并代回式(3.1.15)得波动方程的解:

$$u(x,t) = \frac{\varphi(x+at)+\varphi(x-at)}{2} + \frac{1}{2a}\int_{x_0-at}^{x+at}\psi(\alpha)\mathrm{d}\alpha \tag{3.1.18}$$

一般称这个解为波动(振动)方程的达朗贝尔解。应该注意到,这个所谓的达朗贝尔解中,仅有初值条件,包括位移初值条件 $\varphi(x)$ 和速度初值条件 $\psi(x)$,但其中没有边值条件。

那么,达朗贝尔解是一个什么性质的解呢?显然,如果没有边界,就没有所谓边界条件。实际上,达朗贝尔解就是对没有边界的弦(也就是无限长的弦)给出的解。因此,达朗贝尔解是一个特殊的解,是专门针对无限长张紧弦在初始位移 $\varphi(x)$ 和初始速度 $\psi(x)$ 条件下的解。

3)振动解(模态叠加的解)

通过上一部分的分析,得到了达朗贝尔解(波动解),本节分析弦振动方程的解的另一种表达形式——振动解,即模态叠加的解。用分离变量法求解偏微分方程式(3.1.15),令 $u(x,t)=X(x)T(t)$,代入式(3.1.10),可得:

$$\frac{T''(t)}{a^2T(t)} = \frac{X''(x)}{X(x)} \tag{3.1.19}$$

上式左端是变量 t 的函数,右端是变量 x 的函数,x 和 t 是两个相互完全独立的变量。那么,上式左右两端要相等,唯一可能是它们等于一个公共常数,记为 $-\lambda$,则得到两个微分方程:

$$X''(x) + \lambda X(x) = 0 \tag{3.1.20}$$

$$T''(t) + \lambda a^2 T(t) = 0 \tag{3.1.21}$$

只有当 λ 为正数时，才能从(3.1.20)中解得如下通解：

$$X(x) = C_1\cos\sqrt{\lambda}x + C_2\sin\sqrt{\lambda}x \tag{3.1.22}$$

根据边界条件：

$$u(0,t) = X(0)T(t) = 0, u(l,t) = X(l)T(t) = 0 \tag{3.1.23}$$

可知：$X(0)=0$，$X(l)=0$，所以在方程(3.1.20)的通解中，只有当 $\sin(\lambda^{1/2}l)=0$，即 $\lambda=\lambda k=k^2\pi^2/l^2(k=1,2,3\cdots)$ 才能保证为非零解，故式(3.1.20)和式(3.1.21)非零解分别为：

$$X_k(x) = C_k\sin\frac{k\pi x}{l} \tag{3.1.24}$$

$$T_k(t) = \bar{A}_k\cos\frac{k\pi a}{l}t + \bar{B}_k\sin\frac{k\pi a}{l}t \tag{3.1.25}$$

称 λ 为特征值或固有值，非零解 $X_k(x)$ 称为特征函数或固有函数。于是：

$$u_k(x,t) = X_k(x)T_k(t) = \left(A_k\cos\frac{k\pi a}{l}t + B_k\sin\frac{k\pi a}{l}t\right)\sin\frac{k\pi}{l}x \quad (k = 1,2,3\cdots) \tag{3.1.26}$$

其中：$A_k = \bar{A}_kC_k$，$B_k = \bar{B}_kC_k$（A_k、B_k 为任意常数）。将 $u_k(x,t)$ 叠加起来得到模态叠加的解：

$$u(x,t) = \sum_{k=1}^{\infty}u_{k(x,t)} = \sum_{k=1}^{\infty}\left(A_k\cos\frac{k\pi a}{l}t + B_k\sin\frac{k\pi a}{l}t\right)\sin\frac{k\pi}{l}x \tag{3.1.27}$$

由微分解的性质可知，叠加起来的解同样只满足微分方程和边界条件，并不能保证满足初值条件。故需在式(3.1.27)中引入初值条件：

$$u(x,0) = \varphi(x) \qquad u'_t(x,0) = \psi(x) \tag{3.1.28}$$

这样，得到振动方程模态叠加的特解：

$$\begin{cases} u(x,t) = \sum_{k=1}^{\infty}u_k(x,t) = \sum_{k=1}^{\infty}\left(A_k\cos\frac{k\pi a}{l}t + B_k\sin\frac{k\pi a}{l}t\right)\sin\frac{k\pi}{l}x \\ A_k = \frac{2}{l}\int_0^l\varphi(\xi)\sin\frac{k\pi}{l}\xi\mathrm{d}\xi \\ B_k = \frac{2}{k\pi a}\int_0^l\psi(\xi)\sin\frac{k\pi}{l}\xi\mathrm{d}\xi \end{cases} \tag{3.1.29}$$

式(3.1.29)中，由正余弦合并公式得：

$$u(x,t) = \sum_{k=1}^{\infty}N_k\sin(\omega_kt + \delta_k)\sin\frac{k\pi}{l}x \tag{3.1.30}$$

其中，$N_k=(A_k^2+B_k^2)^{1/2}$，$\delta_k=\arctan(A_k/B_k)$，$\omega_k=k\pi a/l$。由式(3.1.30)知：对于各个模态（振型），弦上各点的频率 ω_k 和初相 δ_k 均相同，因而，没有波的传播现象；弦上各点的振幅 $|N_k\sin(k\pi x/l)|$，因点而异。显然，这是一个谐波，也称为驻波，由式(3.1.30)可知，一般情况下，$u(x,t)$ 由无穷多个振幅、频率、初相各不相同的驻波叠加而成。$\omega_k=k\pi a/l=\frac{k\pi\sqrt{T/m}}{l}$ 称为弦线的固有频率（圆频率），它与张力 T 的平方根成正比，与线密度 m 的平方根及弦长 l 成反比。

4）振动解与波动解的相互关系

首先，将振动解表达为波动解的形式。对于式(3.1.30)振动解中的任意一个模态解：

$$u_k(x,t) = N_k \sin(\omega_k t + \delta_k) \sin \frac{k\pi}{l} x \tag{3.1.31}$$

由三角函数的积化和差公式，有：

$$u_k(x,t) = \frac{1}{2} N_k \left[\cos\left(\omega_k t + \delta_k + \frac{k\pi}{l} x \right) - \cos\left(\omega_k t + \delta_k - \frac{k\pi}{l} x \right) \right] \tag{3.1.32}$$

将 $\omega_k = \frac{k\pi a}{l}$ 代入式(3.1.32)，并进一步将式(3.1.32)代入式(3.1.27)，可得：

$$u(x,t) = \sum_{k=1}^{\infty} u_k(x,t) = \sum_{k=1}^{\infty} \left\{ \frac{1}{2} N_k \cos\left[\frac{k\pi}{l}(x + at) + \delta_k \right] - \frac{1}{2} N_k \cos\left[\frac{k\pi}{l}(x - at) - \delta_k \right] \right\} \tag{3.1.33}$$

令

$$F(x + at) = \sum_{k=1}^{\infty} \frac{1}{2} N_k \cos\left[\frac{k\pi}{l}(x + at) + \delta_k \right]$$

$$G(x - at) = -\sum_{k=1}^{\infty} \frac{1}{2} N_k \cos\left[\frac{k\pi}{l}(x - at) - \delta_k \right]$$

将上两式代入式(3.1.33)，可得 $u(x,t) = F(x + at) + G(x - at)$。应注意，该式与波动解的表现形式一致。

实际上，上述过程表明，对于一个有界区域上张紧弦的振动，也可以看成是波的传播问题。从波动角度看，当向右运行的传播波 $F(x + at)$ 达到右端点时候，将会发生波的反射。成为向左传播的反射波，该反射波传到左端点时，又会产生向右传播的反射波，因此，波动将在弦的两端点间往复传播。例如，对于弦上某一点 x_0，其在 0 时刻右行波上的位移为 $F(x_0)$，该位移由无穷多个三角函数在该位置和该时刻的取值组合而成，其中任意一个三角函数对应的位移为 $x_{0k\mathrm{R}} = 0.5N_k \cos\left(k\pi \frac{x_0}{l} + \delta_k \right)$，该位移经 $\frac{l - x_0}{a}$ 时间间隔后传播到右端点，此时其位移保持为 $x_{0k\mathrm{R}}$，并(瞬时)发生反射，相位改变(反相)，位移成为 $-x_{0k\mathrm{R}}$；同时，该右行波位移改变传播方向，向左传播，转变成为左行波；此时，右行波 x_0 处 0 时刻的位移中第 k 阶三角函数的分量 $x_{0k\mathrm{R}}$，在经过上述转换(行进并反射)后，成为左行波在 l 处 $\frac{l - x_0}{a}$ 时刻的位移中第 k 阶三角函数的分量 $x_{0k\mathrm{L}}$，该值与 $x_{0k\mathrm{R}}$ 等值，反号，且正好等于 $G(x_0)$ 中对应的三角函数在右端点 $\frac{l - x_0}{a}$ 时刻的位移分量 $-0.5N_k \cos\left[-k\pi \frac{l - \frac{a(l - x_0)}{a}}{l} - \delta_k \right]$，即 $x_{0k\mathrm{R}} = -0.5N_k \cos\left(k\pi \frac{x_0}{l} + \delta_k \right)$。应该注意，上述过程采用了波的“反射”解释。

上述“反射”解释也可以与波的“叠加”解释相互印证。从波的“叠加”解释来看，可以认为上述过程中，0 时刻右行波上的某一点 $F(x_0)$ 在行进到右端点后，即穿透右端点，继续右行；同时，认为在右端点之右仍存在左行波，这部分左行向左行进，穿透右端点，并继续向左行进；显然，弦的总位移是两者的叠加，且两者在右端点叠加之和始终为 0；不过，在右端点向左的无穷小范围内，这个叠加之和就不再为 0。并且，两者叠加后，各自又分别右行和左行，右行波将很快穿透右端点(不再有实际意义)，而左行波将向左行进；从形式和数值上看，该左行波在离开右端点的那一瞬间，正好与到达该点的右行波的位移值相反，因此，左右两个行波在右端点“叠加”的效果，就形成了右行波在右端点“反射”而转变为左行波的现象。对于左端点，显然也可以做出类似的解释，不过，此时的“叠加”效果会形成左行波在左端点“反射”为右行波的现象。

总之，弦上的左右行波在端部反射并在弦上叠加后，有些点可能始终不动，就像是个驻点，而别的部分则按照某种步调一致地来回运动，这就形成驻波，即模态解。一般来讲，两个频率相同、运动方向相反的行进波叠加后就形成驻波。驻波的显著特点是看不到波的传播现象，即弦上各点的振动频率一样，且各点相位没有依次滞后的现象。通过上述对振动（波动）方程两种形式解的讨论，可知两者的本质是相同的：张紧弦的无阻尼自由振动是谐波的振动，是在张紧弦两固定端之间往复传播的频率相同、运动方向相反的行波的叠加；叠加的行波形成驻波，虽然看不到波的传播现象，但其本质上，仍然具有波的传播性质。

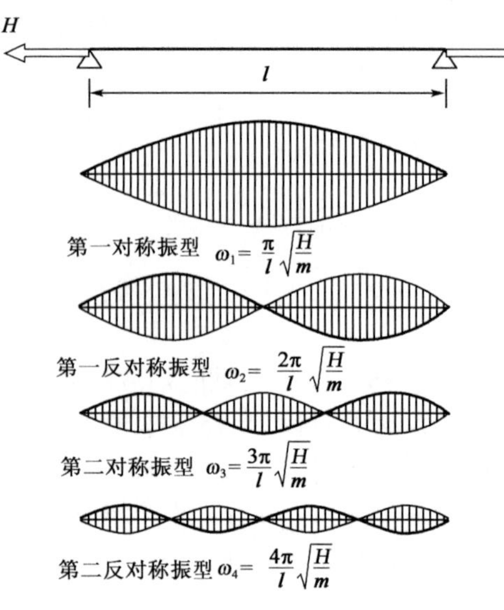

图 3.1.2　张紧弦的振型

3.1.3　悬索的无阻尼自由振动

对于不可伸长且具有恒定拉力的弦，可由许多沿其长度方向的等距离节点来表征其振动，相应的振型及圆频率如图 3.1.2 所示。

实际上，直线拉索相当于张紧的弦。但因为重力使水平和斜向索产生垂度，所以，只有竖向放置的索才能成为直线索。对于悬挂在两点之间具有垂度 f 的缆索，存在两种基本振动形式：垂直于索平面的摆振（出面振动）和索平面内的振动（面内振动），如图 3.1.3 所示。

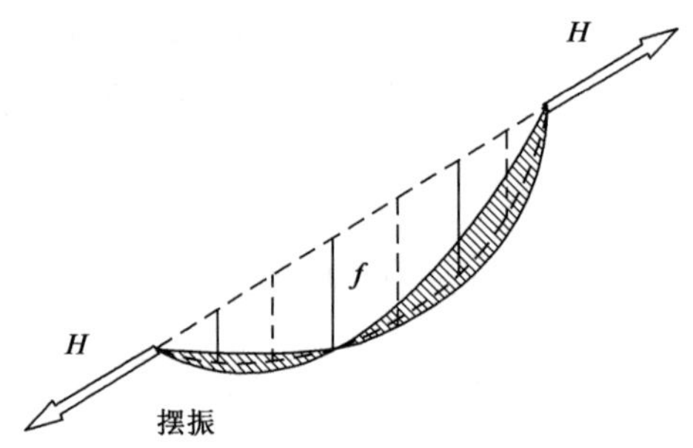

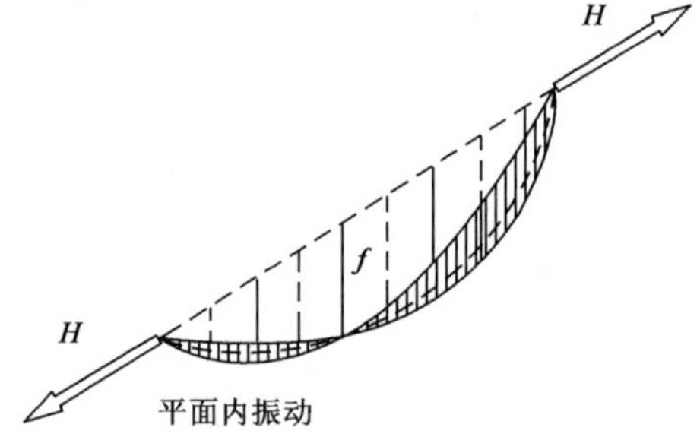

图 3.1.3　下垂缆索的摆振和平面内的振动

1）出面振动（面外振动，摆振）

索结构出面振动的动力学微分方程为：

$$-T(x)\frac{\partial^2 w(x,t)}{\partial x^2}+m\frac{\mathrm{d}s}{\mathrm{d}x}\cdot\frac{\partial^2 w(x,t)}{\partial t^2}=0 \tag{3.1.34}$$

式中：m——常数，索的线密度（单位索长的质量）为一常数；

$m\frac{\mathrm{d}s}{\mathrm{d}x}$——拉索微元段的质量；

$T(x)$——索结构的张力，其水平分量 H 为常数。

考虑到 $T(x)\frac{\mathrm{d}x}{\mathrm{d}s}=H$，即 $T(x)=H\frac{\mathrm{d}s}{\mathrm{d}x}$，代入式(3.1.34)，且等式两端同时约去公因子 $\frac{\mathrm{d}s}{\mathrm{d}x}$，得：

$$-H\frac{\partial^2 w(x,t)}{\partial x^2}+m\frac{\partial^2 w(x,t)}{\partial t^2}=0 \tag{3.1.35}$$

注意到，式(3.1.35)与张紧弦的动力学微分方程式(3.1.10)在形式上完全一致。显然，该方程的求解过程和结果与张紧弦的情况也完全一致。这揭示出一个有趣并且重要的结论：对于水平张力为 H 的下垂缆索，其摆振(面外振动)的固有频率和振型，与张力 $T=H$ 的张紧弦的固有频率和振型完全一致，如图 3.1.2 所示。读者如果关注该方程的求解过程和解的性质，可回到本书 3.1.2 小节，查阅相关内容即可。

2)悬索的面内振动：垂度的动力学影响

对于两端水平固定、具有垂度的缆索，其曲线平面内振动的固有振型如图 3.1.4 所示。悬索的面内振动包括竖向(垂直)和水平(纵向)这两个方向的分量，其中，对于桥梁索结构，即使对于悬索桥的主缆，其面内振动的纵向分量一般比较小，因此，通常情况下均可以忽略。对于竖向分量，考虑到 $T\frac{\mathrm{d}x}{\mathrm{d}s}=H$，即 $T=H\frac{\mathrm{d}x}{\mathrm{d}s}$，其振动方程为：

$$H\frac{\mathrm{d}s}{\mathrm{d}x}\cdot\frac{\partial^2 v(x,t)}{\partial x^2}+h\frac{\mathrm{d}^2 z}{\mathrm{d}x^2}-m\frac{\mathrm{d}s}{\mathrm{d}x}\cdot\frac{\partial^2 v(x,t)}{\partial t^2}=0 \tag{3.1.36}$$

式中：h——拉索面内振动可能产生(也可能不产生)的整体附加张力，在一阶近似条件下，h 仅为时间 t 的函数。

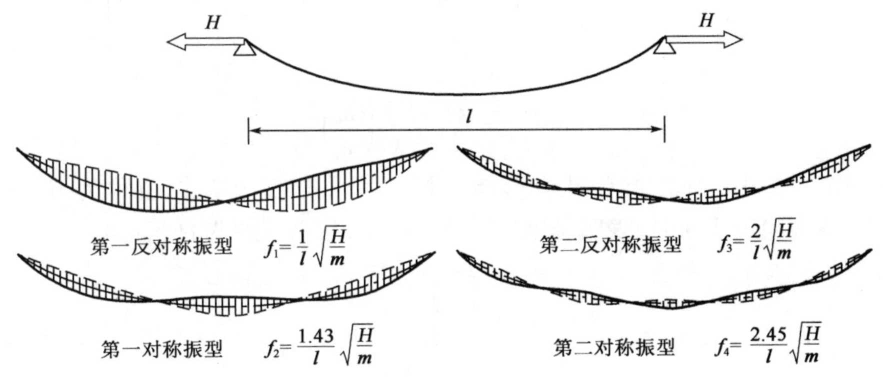

图 3.1.4　下垂缆索平面内的振动

作为力的平衡方程，该式与出面振动方程相比多了 1 个力，即方程左边的第 2 项，该力等于 h 与悬索曲率的乘积。由于 h 是未知的，因此，上式与出面振动方程相比，就多了 1 个未知函数 h。此时，需要补充一个方程，才能与式(3.1.36)联立求解 v 和 h。在 Irvine 的《索结构》中，详细推导了上述联立方程及其求解过程，此处不再赘述。本小节仅就面内振动的对称和非对称模态解的特点进行简要陈述。

对于反对称振型，由于 $h=0$，并令 $v(x,t)=\varepsilon(x)\mathrm{e}^{i\omega t}$，$u(x,t)=\gamma(x)e^{i\omega t}$，可得：

$$\begin{cases} H\dfrac{\mathrm{d}^2\varepsilon}{\mathrm{d}x^2}+m\omega^2\varepsilon=0 \\ \dfrac{\mathrm{d}\gamma}{\mathrm{d}z}+\dfrac{\mathrm{d}z}{\mathrm{d}x}\dfrac{\mathrm{d}\varepsilon}{\mathrm{d}x}=0 \end{cases}$$

通过边界条件 $\varepsilon(0)=\varepsilon(l)=0$,可解出频率和振型:

$$\begin{cases} \omega_n=\dfrac{2n\pi}{l}\sqrt{\dfrac{H}{m}}, \quad f_n=\dfrac{n}{l}\sqrt{\dfrac{H}{m}} \\ \varepsilon_n(x)=A_n\sin\left(\dfrac{2n\pi x}{l}\right) \\ \gamma_n(x)=-\dfrac{1}{2}\left(\dfrac{mgl}{H}\right)A_n\left[\left(1-\dfrac{2x}{l}\right)\sin\left(\dfrac{2n\pi x}{l}\right)+\dfrac{1-\cos\left(\dfrac{2n\pi x}{l}\right)}{n\pi}\right] \end{cases} \tag{3.1.37}$$

式中: f_n——频率;

ε_n——竖向(垂直)振型;

γ_n——纵向振型;

$n=1,2,3\cdots$——第1,2,3…阶反对称振型。

有趣的是,其频率恰好是对应张紧弦频率的2倍。

对称振型相对于非对称的情况略为复杂,其原因是悬索的整体附加张力不再为0。此时,须考虑整体附加张力 h 的水平分量,记为 $\hat{h}$,并建立悬索竖向振动的平衡方程为:

$$H\frac{\mathrm{d}^2\varepsilon}{\mathrm{d}x^2}+m\omega^2\varepsilon=\frac{mg}{H}\hat{h} \tag{3.1.38}$$

通过零边界条件,并进行无量纲化,令 $\boldsymbol{\varepsilon}=\dfrac{\varepsilon}{mgl^2/H}$,$\boldsymbol{x}=\dfrac{x}{l}$,$\hat{\boldsymbol{h}}=\dfrac{\hat{h}}{H}$,$\boldsymbol{\omega}=\dfrac{\omega l}{\left(\dfrac{H}{m}\right)^{1/2}}$,可得频率方程:

$$\tan\frac{\boldsymbol{\omega}}{2}=\frac{\boldsymbol{\omega}}{2}-\frac{4}{\lambda^2}\left(\frac{\boldsymbol{\omega}}{2}\right)^3 \tag{3.1.39}$$

式中:λ^2——描述悬索的垂度与弹性变形能力相互关系的独立参数,也称为Irvine参数,该参数趋近于0时,表明悬索的垂度接近0,悬索近似为直弦。

$$\lambda^2=\frac{\left(\dfrac{mgl}{H}\right)^2\cdot l}{\dfrac{HL_e}{EA}}$$

式(3.1.39)为超越方程,可根据 λ^2 的具体取值,采用数值解法可求得圆频率。对于第1阶无量纲圆频率 ω_1,当 λ^2 趋于0时,$\omega_1=\pi$;当 $\lambda^2=4\pi^2$ 时,$\omega_1=2\pi$;当 λ^2 趋于无穷大时,$\omega_1=2.86\pi$。对于这个结果,伊尔文已证明:在有弹性缆索中,随着垂度增大,从张紧弦所得的结果将连续过渡到有垂度缆索的结果(图3.1.5)。图中,对桥梁拉索的具体情况,将Irvine参数 λ^2 简化为 p_{ge} 的具体形式,并作为横坐标,该参数代表控制缆索动力特性所特有的几何和弹性参数;纵坐标则代表无量纲化的固有频率。从该图可以看出,对于较小的 p_{ge},缆索像张紧弦那样,其第一对称振型为频率最低的振型;对于 $p_{ge}=4\pi^2$ 时,第一对称振型和第一反对称振型具有相等的固有频率；对于较大的 p_{ge}，第一反对称振型成为频率最低的振型。

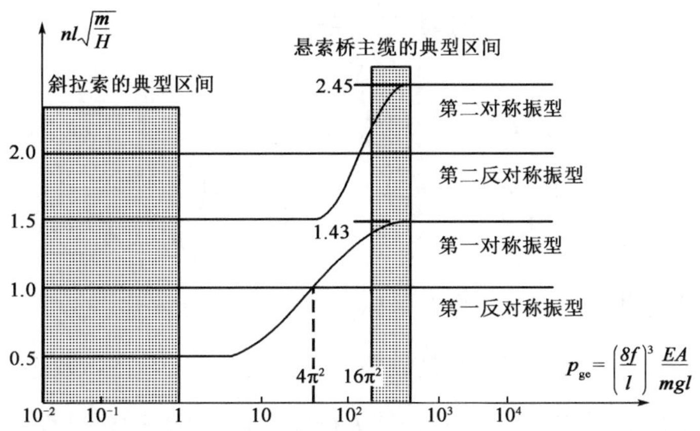

图3.1.5　缆索面内振动前4阶无量纲频率与垂度参数 p_{ge} 的关系曲线

3.1.4　弦的阻尼自由振动

1）单自由度体系有阻尼自由振动

如前所述，弦的无阻尼自由振动可以表示为其各个固有振型的相互独立的振动之和。对于弦的任意第 k 阶固有振型，其振动可表示为：

$$u_k(x,k) = \sin\frac{k\pi x}{l}c_k(c_1 e^{\xi_1 t} + c_2 e^{\xi_2 t}) = \sin\frac{k\pi x}{l}c_k T(t) \tag{3.1.40}$$

有阻尼的自振频率略小于无阻尼自振频率 ω。但索结构自身阻尼比 ξ 值通常非常小。一般地，当 $\xi<0.2$ 时，可近似认为两者相等，即忽略阻尼对自振频率的影响。不过，阻尼对振幅的影响较为明显。由于阻尼的存在，振幅将随时间逐渐衰减，振动能量逐渐消耗。严格讲，这种运动已不再具有周期性，但仍具有波动性和明显的等时性，习惯上称它为衰减振动。阻尼比 ξ 越大，振动衰减的速度越快，如图3.1.6所示。

2）非经典线性阻尼对索结构振动的影响

如图3.1.7所示，安装有 n 个集中黏性阻尼器（各阻尼器提供的线性黏滞系数为 $\bar{c}_i$，且 $\bar{c}_i>0$）的张紧弦，其线密度为 m，张力为 T，弦长为 l，边界条件为两端固定，并称这些阻尼器和该张紧弦组成的系统为阻尼杂交弦，简称杂交弦。以张紧弦的左端点为坐标原点，以该点指向弦右端点的方向为正方向建立坐标 $\bar{x}$，各阻尼器在弦上的位置为 $\bar{x}_i$。设弦自由振动的位移响应为 $\bar{w}(\bar{x},\bar{t})$，则弦运动满足如下偏微分方程：

$$-T\frac{\partial^2\bar{w}(\bar{x},\bar{t})}{\partial\bar{x}^2} + m\frac{\partial^2\bar{w}(\bar{x},\bar{t})}{\partial\bar{t}^2} = -\frac{\partial\bar{w}(\bar{x},\bar{t})}{\partial\bar{t}}\sum_{i=1}^{n}\bar{c}_i\delta\left(\frac{\bar{x}-\bar{x}_i}{l}\right) \tag{3.1.41}$$

式中：常系数 m、T、$\bar{c}_i$、$\bar{x}$、$\bar{t}$ 和 $\bar{w}$ 均有量纲。

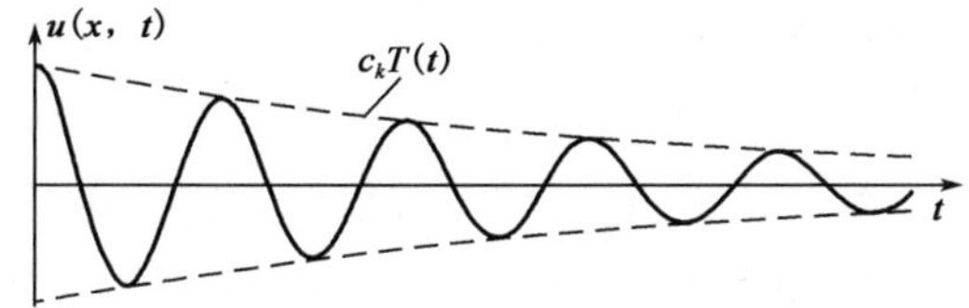

图3.1.6　阻尼体系自由振动反应

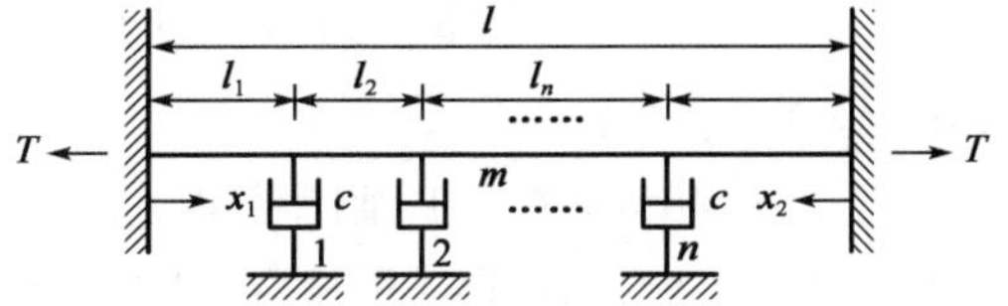

图3.1.7　设置有 n 个黏性阻尼器的张紧弦

通过下述推导对运动方程式(3.1.41)进行无量纲化,并定义了单位弦和杂交单位弦,以便于数学处理。式(3.1.41)两端同时乘以$\frac{l^2}{T}$,令:

$$\bar{t}=t\sqrt{\frac{ml^2}{T}}=tl\sqrt{\frac{m}{T}}=\frac{t}{\bar{\omega}},\qquad \bar{\omega}=\frac{1}{l}\sqrt{\frac{T}{m}} \tag{3.1.42}$$

$$-l^2\frac{\partial^2\bar{w}\left(\bar{x},\frac{t}{\bar{\omega}}\right)}{\partial\bar{x}^2}+\frac{\partial^2\bar{w}\left(\bar{x},\frac{t}{\bar{\omega}}\right)}{\partial t^2}=-\frac{l}{\sqrt{mT}}\frac{\partial\bar{w}\left(\bar{x},\frac{t}{\bar{\omega}}\right)}{\partial t}\sum_{i=1}^{n}\bar{c}_i\delta\left(\frac{\bar{x}-\bar{x}_i}{l}\right) \tag{3.1.43}$$

式中,$\bar{w}\left(\bar{x},\frac{t}{\bar{\omega}}\right)$表明弦的运动是物理坐标$\bar{x}$、无量纲时间坐标$t$的函数;同时,该函数中的常数$\bar{\omega}$带有物理量纲$s^{-1}$,其物理意义是频率。为了简化表达,在函数中不再显式地写出时间常数$\frac{t}{\bar{\omega}}$,即函数$\bar{w}\left(\bar{x},\frac{t}{\bar{\omega}}\right)$简写为$\bar{w}(\bar{x},t)$。为行文简洁,以下推导过程中,对函数中具有物理量纲的常数作相同简化处理时就不再作说明。

位置坐标、阻尼系数和位移响应:令$\bar{x}=lx$和$x=\bar{x}$,$c_i=\frac{\bar{c}_i}{\sqrt{mT}}$,$\bar{\omega}=l\omega$和$\omega=\bar{\omega}$,式(3.1.43)成为:

$$-\frac{\partial^2 w(x,t)}{\partial x^2}+\frac{\partial^2 w(x,t)}{\partial t^2}=-\frac{\partial w(x,t)}{\partial t}\sum_{i=1}^{n}[c_i\delta(x-x_i)] \tag{3.1.44}$$

至此,具有物理量纲的弦运动偏微分方程式(3.1.41)已经无量纲化为式(3.1.44)。现采用分离变量法求解式(3.1.44)。设:

$$w(x,t)=\sum_{k=1}^{\infty}c_k u_k(x,t)=\sum_{k=1}^{\infty}c_k\phi_k(x)\mathrm{e}^{p_{kt}} \tag{3.1.45}$$

其中,复常数$p_k=\delta_k+iw_k$,复特征函数$\phi_k(x)=\phi_k R(x)+i\phi_k I(x)$,将二者代入式(3.1.45)得:

$$u_k(x,t)=(\phi_{kR}+i\phi_{kI})\mathrm{e}^{\delta_k t}(\cos\omega_k t+i\sin\omega_k t) \tag{3.1.46}$$

式中:ϕ_{kR},ϕ_{kI}——$\phi_k R(x)$和$\phi_k I(x)$的简写。

容易证明:如果式(3.1.46)中的函数$u_k(x,t)$是式(3.1.45)的解,则其复共轭也是式(3.1.46)的解。$u_k(x,t)$对应的特征值和特征函数分别为p_k和$\phi_k(x)$。设$v_k(x,t)$是函数$u_k(x,t)$的共轭函数,则$v_k(x,t)$对应的特征值和特征函数分别为$\bar{p}_k$和$\bar{\varphi}_k(x)$。$u_k(x,t)$和$v_k(x,t)$互为复共轭的解函数具有相同的衰减率和频率,因此有:

$$v_k(x,t)=(\phi_{kR}-i\phi_{kI})\mathrm{e}^{\delta_k t}(\cos\omega_k t-i\sin\omega_k t) \tag{3.1.47}$$

将杂交弦挠曲函数的分离变量表达式(3.1.45)代入其动力学方程式(3.1.44),整理得:

$$-\phi''_k(x)+p_k^2\phi_k(x)=-p_k\phi_k(x)\sum_{i=1}^{n}[c_i\delta(x-x_i)] \tag{3.1.48}$$

式中:$k=1,2,\cdots,n$。

式(3.1.48)是关于振型函数$\phi_k(x)$的常微分方程。显然,通过引入特征值和特征函数,分离变量法将原来关于时间和空间的2阶偏微分方程式(3.1.44)转变为与时间无关的2阶常微分方程式(3.1.48)。该式可理解为静力平衡方程,看作是具有分布刚度为p_k^2的弹性支

撑弦在 n 个集中力作用下的静力挠曲方程。根据叠加原理,经推导可得式(3.1.48)的解:

$$\phi_k(x) = -p_k\sum_{i=1}^{n}c_i\phi_k(x_i)G_i(x;x_i,p_k) \tag{3.1.49}$$

式中:$G_i(x;x_i,p_k)$——格林函数。

第一类解:经推导可知,在阻尼不为0时,阻尼杂交弦固有振动的第一类解是在所有杂交点均为驻点的无阻尼自由振动,其固有圆频率为 $k\pi$。这类解实际上就是无阻尼弦自由振动解当中,在所有 x_i 处均为驻点的那一部分解。当任何一个阻尼器的设置位置 x_i 不是有理数时,这一类解全部消失。此时,系统只存在下面讨论的另一类解。

第二类解(阻尼自由振动)。此时,满足零边界条件的格林函数为:

$$G_i(x;x_i,p_k) = \frac{\mathrm{sh}[(1-x_i)p_k]}{p_k\mathrm{sh}p_k}\mathrm{sh}(p_kx) - \frac{\mu(x-x_i)}{p_k}\mathrm{sh}[p_k(x-x_i)] \tag{3.1.50}$$

将上式代入式(3.1.49),可得阻尼杂交单位弦复振型(特征函数)的解析表达式:

$$\phi_k(x) = -\sum_{i=1}^{n}c_i\left\{\frac{\mathrm{sh}[(1-x_i)p_k]}{\mathrm{sh}p_k}\mathrm{sh}(p_kx) - \mu(x-x_i)\mathrm{sh}[p_k(x-x_i)]\right\}\phi_{ki} \tag{3.1.51}$$

当杂交弦只有1个阻尼器时,以上二式分别简化为:

$$G_1(x_1;x_1,p_k) = \frac{\mathrm{sh}[(1-x_1)p_k]}{p_k\mathrm{sh}p_k}\mathrm{sh}(p_kx_1) \tag{3.1.52}$$

$$\phi_k(x) = -p_kc_1G_1(x;x_1,p_k)\phi_{k1} \tag{3.5.53}$$

在阻尼器的安装位置 x_1 处,式(3.1.53)简化为下式:

$$\phi_k(x_1) = -p_kc_1G_1(x_1;x_1,p_k)\phi_{k1} \tag{3.1.54}$$

$\phi_k(x_1)$ 即 ϕ_{k1},因此:

$$[1+p_kc_1G_1(x_1;x_1,p_k)]\phi_{k1} = 0 \tag{3.1.55}$$

将式(3.1.52)代入上式,经整理,可得频率方程:

$$\frac{\mathrm{sh}[(1-x_1)p_k]\mathrm{sh}(p_kx_1)}{\mathrm{sh}p_k} = -\frac{1}{c_1} \tag{3.1.56}$$

对于任意的 $x_1>0$ 和 $c_1\geqslant 0$,一般可采用数值方法求解式(3.1.56)中的特征值 p_k,以任意精度逼近其真实解。频率方程式(3.1.56)为超越方程,其形式较为复杂。为便于了解阻尼杂交弦的运动特性,此处针对阻尼器设置于弦中点 $x_1=0.5$ 的情况进行分析,对频率方程进一步化简。对于在弦中点设置阻尼器的情况,将 $x_1=0.5$(弦中点)代入式(3.1.56),得:

$$\mathrm{th}\left(\frac{p_k}{2}\right) = \frac{-2}{c_1} \tag{3.1.57}$$

解得:

$$p_k = \ln\frac{c_1-2}{c_1+2} \tag{3.1.58}$$

将 $x_1=0.5$(弦中点)代入式(3.1.53),得:

$$\phi_k(x) = -p_kc_1G_1(x;0.5,p_k)\phi_k(0.5) \tag{3.1.59}$$

由于特征函数乘以任意非0常数仍然为特征函数,将式(3.1.52)代入式(3.1.59),并去掉非0的常数乘子,得:

$$\phi_k(x) = \frac{\mathrm{sh}(0.5p_k)}{\mathrm{sh}p_k}\mathrm{sh}(p_kx) + \mu(x-0.5)\mathrm{sh}[p_k(x-0.5)] \tag{3.1.60}$$

经推导可得：

$$\phi_k(x) = \begin{cases} \text{sh}(p_k x) & (x \leqslant 0.5) \\ \text{sh}[p_k(1-x)] & (0.5 \leqslant x) \end{cases} \tag{3.1.61}$$

3.2 索结构的受迫振动

作为索支承桥梁的最重要传力结构之一，斜拉桥拉索、悬索桥和中、下承式拱桥的吊索因其质量小、阻尼低、柔性大等特点，在各种激励下易发生大幅振动（尤其在风雨共同作用下，斜拉索容易发生所谓的风雨振现象，它是拉索振动中振幅和危害都最大的振动）。在20世纪80、90年代期间，日本东神户桥（Higashi）、荒津桥（Aratsu）和明港西桥（Meiko Nishi）均有拉索大幅振动的报道；1988年，比利时邦纳安桥（Ben Ahin）发生了振幅达1m以上的拉索振动；1995年，美国弗雷德·哈特曼桥（Fred Hartman），风雨振动导致斜拉索根部索套开裂；1996年，荷兰埃拉斯穆斯桥（Erasmus）因拉索大幅振动而被迫关闭；我国杨浦大桥在1994年、1995年先后三次因拉索振动而导致减振器脱落，并发生了相邻拉索相互碰撞的情况；其后，南京长江二桥也发生过拉索的大幅振动。

由于上述情况，桥梁索结构的振动及其控制问题受到了国内外学者的普遍关注。1988年，日本建设工程委员会研究了斜拉索的风振特性；1992年，日本土木工程研究中心对100多座斜拉桥进行调查，重点分析了斜拉索振动机理及振动控制方法。1996年，美国联邦公路委员会建立了包括1400多根拉索数据的数据库。归结起来，这些研究主要包括索结构振动机理、控制理论和减振技术及其工程应用三个方面。

3.2.1 斜拉索和吊索的受迫振动

斜拉索和吊索的受迫振动可分为风致振动与非风致振动两大类。风致振动包括涡激共振、尾流驰振、驰振、风雨激振等；非风致振动主要包括支撑点强迫位移振动（在一定条件下这种振动会成为内共振或参数振动）。

1）涡激共振

桥梁索结构横断面一般为圆形，当风吹过拉索时，在其横断面尾流中将出现交替脱落的旋涡，此即所谓的卡门旋涡。对于直径为 D 的索结构，在风速为 U 时，该旋涡脱落频率为 $f_c = S_t \dfrac{U}{D}$。其中，无量纲参数 S_t 称为斯脱罗哈（Strouhal）数，一般需通过试验确定。对于圆形断面的索结构，当雷诺数为 $1.0\times10^4 \sim 3.0\times10^5$ 时，S_t 约等于0.2；我国公路桥梁设计规范规定其斯特罗哈数 S_t 应远大于2。

由于每次旋涡脱落时对拉索产生了一个作用力，旋涡交替脱落必将激起拉索振动。如果索的某阶自振频率 f_k 接近于脱落频率 f_c，这就会造成共振效应，发生涡激共振（Vortex Shedding）。取脱落频率 f_c 等于 f_k，则可算得涡激共振的风速：

$$U_{vs} = f_c D / S_t \tag{3.2.1}$$

目前，桥梁吊索及斜拉索的直径一般在20cm左右。因此，可粗略认为 $f_c \approx U$，即涡振频率与风速在数值上大致相等。设索的第 k 阶模态频率 f_k 为2Hz，索直径 D 为0.2m，则可得第 k 阶模态涡激共振的风速为2m/s。这表明桥梁索结构的涡激共振能够在很低的风速下发生，并且对于更高的风速，则将激发高阶模态的涡激共振。涡激共振引起的拉索振幅可由下式近似计算：

$$\frac{y_0}{D} \approx 0.008 C_{\mathrm{L}} \left(\frac{m\xi}{\rho D^2} \right)^{-1} \left(\frac{U_{\mathrm{vc}}}{f_k D} \right)^2 \tag{3.2.2}$$

式中：m——拉索每米质量；

ξ——拉索模态阻尼比；

ρ——空气密度；

C_{L}——气动升力系数，与振动幅度和雷诺数有关，一般可取 $C_{\mathrm{L}} \approx 0.3$。

由式(3.2.2)可知，增大质量和阻尼比可降低拉索的振幅。参数$\frac{m\xi}{\rho D^2}$称为 Scructon 数，该数越大则涡激振幅越小。实际桥梁索结构自身的阻尼比为 0.001 ~ 0.005，相应的 Scructon 数为 7 ~ 12，按照式(3.2.2)计算得到的涡激振动振幅很小，约为索直径的 1%。这说明，即使在共振情况下，涡激振动对索结构的影响也很有限。不过，尽管涡激共振振幅较小，一般不具发散性，但若发振频率过高或特殊情况下振幅过大时，这种振动也会对索结构及其连接部位造成疲劳损伤，其破坏性较大。

2)尾流驰振

对于一些非对称圆截面的细长结构，当风速超过某一临界值后，空气中将产生空气动力负阻尼分量，并在结构振动产生后愈演愈烈，直至达到极大振幅而破坏，这就是所谓的横风向驰振(Galloping)。驰振是一种发散性的自激振动，但对于实际结构，作用在结构上的流体力因为不可能随攻角无限增大而受到限制。因此，超过临界状态后，结构仍能有确定的稳态响应，但这种响应因其振幅较大，实际工程中一般都不能接受。

当两根拉索沿风向斜列时，来流方向的下游拉索比上游拉索发生更强烈的风致振动，称为尾流驰振(Wake Galloping)。上游拉索的尾流区中形成一个不稳定驰振区。如果下游拉索正好位于这一不稳定区中，则其振幅就会不断加大，直至达到一个稳态大振幅的极限环。显然，如果拉索之间距离较远，以至于超过不稳定区，这种情况下就不会发生尾流驰振。研究表明，发生尾流驰振的临界风速近似为：

$$U_{\mathrm{wc}} = c f_k D \left(\frac{m\xi}{\rho D^2} \right)^{\frac{1}{2}} \tag{3.2.3}$$

式中：c——常数，当沿风向上、下游拉索间距为 2 ~ 6 倍拉索直径时，可取 $c = 25$；当上、下游拉索间距为 10 ~ 20 倍拉索直径时，可取 $c = 80$。

式(3.2.3)表明，发生尾流驰振的临界风速与模态频率及 Scruton 数的平方根成正比。

3)风雨振

1984 年，日本的冰上(Hikami)首次观察到风雨振现象。这种振动的频率远小于通常的涡激振动频率，而且拉索之间的距离也大于尾流驰振发生的距离。Hikami 由此认定这种振动完全有别于涡激振动和尾流驰振，是一种全新的振动，称为风雨振或雨振。桥索发生风雨振的振型一般集中在第 1 ~ 4 阶，其振动在索面内的尤为强烈。

1989 年，Hikami 在对风雨振现象进行了 5 个多月的观察、试验和测量后，总结出了风雨振的一些特点。归结起来，Hikami 关于风雨振机理(激振条件)的特点可以理解为如下六项：

(1)形成上雨线是一个必要条件,但其机理极为复杂,仍是研究的难点之一。

(2)与风向、风攻角有关,背风索面(索向风的来流方向倾倒)容易发生激振,因此,常常出现一个索面振动而另一个索面不振的现象。

(3)与桥址处地形有关,平坦地面或大片水面上的斜拉桥易发生风雨振:也就是说,风的紊流度越低,越容易发生风雨振。

(4)与索结构的表面状况有关,风雨振一般发生在 PE 护套包裹的具有光滑表面的拉索,拉索直径一般为 110~200mm。

(5)与雨量大小关系不大,大、小雨状态下皆可能发生风雨振,发生大幅振动的风速一般为 8~18m/s。

(6)与索的长短和倾角关系不大,长索发生风雨激振的可能性较大,但即使是倾角达 69°的短索,也观测到了风雨振现象。

实际上,Hikami 认为风雨振完全是由上雨线造成的,即上雨线的存在改变了拉索的截面几何特征,从而影响到拉索的气动性能。但在 1990 年,松本(Matsumoto)发现了第二个重要因素,即第二轴向流;1995 年,奥利维尔·弗拉芒(Olivier Flamand)通过观察风洞试验中的上雨线和第二轴向流,认为二者对于风雨振都具有重要影响。尽管关于风雨振机理的研究工作取得了一些重要进展,但还没有形成学术界公认的完整、系统的理论体系,相关研究工作还需要继续深入。

桥索风雨振的振幅通常较涡振要大得多,其模态在多数情况下为单一模态,很少出现两个模态的组合。随着索长增大,雨振的模态大致由一阶变化到四阶,振动频率一般在 1~3Hz 范围内。雨振大多发生在带 PE 护套的倾斜吊索中,导致吊索锚固端部的疲劳损伤,且其强烈的振动会给行者造成不安全的感觉,故桥索的这种空气动力不稳定现象自首次发现以来,引起了学术和工程界的广泛重视和持续研究,研究的焦点集中在其振动机理和控制措施。

根据 PTI(国际后张预应力协会)斜拉索规范,当阻尼比达到 0.5%~1%时,斜拉索就不会发生风雨振动。这表明存在一个临界阻尼比 ξ_c,其一般的取值范围为 0.5%~1%,当斜拉索阻尼比大于其临界阻尼比 ξ_c 时,斜拉索就不会发生风雨振动。临界阻尼比 ξ_c 和斜拉索的具体参数有关,如下式:

$$\frac{m\xi}{\rho D^2} \geqslant 10$$

即:

$$\xi \geqslant 10\frac{\rho D}{m} = \xi_c \tag{3.2.4}$$

式中:m——斜拉索的线密度;

ξ——斜拉索的模态阻尼比;

ρ——空气的密度;

D——斜拉索的外径。

空气密度取摄氏零度下海平面的空气密度 1.292kg/m^3 时,我国《斜拉桥热挤聚乙烯高强钢丝拉索技术条件》(GB/T 18365—2001)中,采用 ϕ7(直径 7mm)钢丝的各规格 H 型(黑色护套)斜拉索。对于满足该的平行钢丝斜拉索,其临界阻尼比 ξ_c 的取值范围为 0.30%~0.37%。这表明,如果阻尼系统能使斜拉索的前数阶模态阻尼比大于 0.37%,则足以阻止斜拉索发生风雨振动。

4)拉索与其支撑的共振

斜拉桥拉索的上、下端分别与桥塔、主梁相连接。在风作用下,斜拉桥主梁以频率f_n发生抖振,同时,桥塔的振动也会造成斜拉索索力的周期性变化。此时,拉索存在两种类型的共振,其一是当主梁或桥塔周期性振动的频率正好等于拉索第k阶模态频率,拉索将发生共振,通常称为内共振:另一种是当主梁或桥塔周期性振动的频率等于拉索第k阶模态频率的2倍时,拉索就可能发生参数共振。当拉索或桥面具有足够的阻尼时,将可以抑制(避免)参数共振的发生。

3.2.2 悬索桥主缆的受迫振动

悬索桥主缆是典型的索结构,具有独特的力学性能:其刚度源于拉索张力,且随着荷载变化而不断变化。抗风问题是大跨径悬索桥建造的主要问题之一,而施工期暂态结构的抗风性能及控制又是其关键内容。

大跨径悬索桥施工期暂态主缆不同时期截面形状并非成桥后的圆形截面,施工期暂态主缆存在发生驰振失稳的可能性。在大跨径悬索桥施工期发现:虽然成桥主缆一般为圆形截面,一般不会发生横风向驰振;然而施工期暂态主缆却并非圆形截面,在不同施工阶段截面形状各异,这就有横风向驰振发生的可能性。

常用的主缆施工方法有尖顶型(图3.2.1)和平顶型,主缆施工一般按照图中的施工索股顺序编号施工。随着索股的不断施工,暂态主缆的形状不断变化,风作用下的性能也在不断变化。由于吊索和加劲梁尚未安装,猫道尚未改吊,暂态主缆在风作用下振动幅度很大,停工是常见现象,导致主缆施工速度很慢。

对于成桥后的主缆,由于其轴力很大并连着密布的吊索,所以可能像斜拉索那样产生涡振和驰振。随着跨径增大,缆索直径和作用在缆索上的风荷载都将相应增加,对悬索桥静风效应和动力风效应的影响将不能忽视。如果新的高强轻质材料在悬索桥主缆中应用,则其抗风性能更需要深入研究。

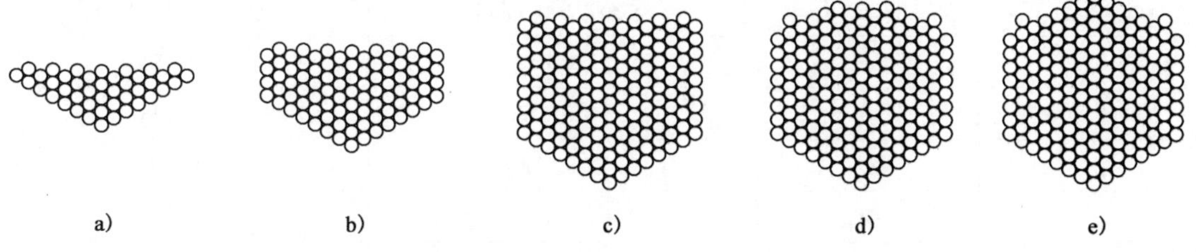

图3.2.1 尖顶型主缆施工期典型工况

3.2.3 悬索的非线性受迫振动

1)线性振动和非线性振动

本小节先回顾结构线性振动问题的分析过程:假设结构的恢复力f_s与位移y成比例,比例系数为K;假设结构阻尼力f_d与它的速度成正比,比例系数为C;假设结构质量M在振动过程中是不变化的;设结构所受的动荷载为$P(t)$,则结构振动方程可写成:

$$M\ddot{y} + C\dot{y} + Ky = P(t) \tag{3.2.5}$$

式(3.2.5)是一个二阶常系数线性微分方程,用这样的微分方程所描述的振动属于线弹性振动,也简称线性振动。对于式(3.2.5),当前面三个假设中的任何一个不能准确反映实际情况时,结构的振动就是非线性的。在一般情况下,非线性振动方程可写为:

$$F(y,\dot{y},\ddot{y},t) = P(t) \tag{3.2.6}$$

对于一般结构来说,质量 M 随时间而变化的情况是很少的,其在振动过程中保持恒定这一假设是完全满足的。因此,结构振动的非线性主要来源于非比例恢复力和非比例阻尼力,也即来源于刚度 K 和阻尼 C 的非线性。此时,非线性振动方程常见的形式为:

$$M\ddot{y} + F(y,\dot{y},t) = P(t) \tag{3.2.7}$$

如果阻尼力部分符合黏滞阻尼理论,且系统振动速度不是很高,则按比例阻尼假设一般也不会造成很大的误差,此时非线性振动的最主要因素是非线性恢复力。对于自治系统(方程中不显含时间 t),其非线性振动方程形式如下:

$$M\ddot{y} + C\dot{y} + F(y) = P(t) \tag{3.2.8}$$

式中:$F(y)$——y 的非线性函数,代表非线性恢复力。

式(3.2.8)所代表的非线性振动问题是工程中最为常见的。

2)案例

对于索结构,其非线性振动主要来源于其几何非线性,恢复力与位移 y 不成比例。这一点在本书第 2 章第 2.2 节"张紧弦的静力学——几何刚度"中已作过讨论,此处不再赘述。下面以青马大桥边跨主缆为案例,阐述索结构非线性振动的部分特点。

香港青马大桥全长 2 160m,主跨 1 377m,其西边跨(马湾侧)主缆上设有吊索,而东边跨(青衣侧)则未设吊索,因此,青衣侧的主缆在施工和运营间都是自由索。表 3.2.1 给出了该主缆在空缆和成桥两种情况下的主要参数。表中,L_x、L_y、ρ、E、A 和 H_x 分别是索的水平和竖直投影长度、质量密度、弹性模量、横截面面积和张力的水平分量。现在给索结构进行竖向强迫激励,力作用于索中点(水平投影的中点),激励力为:

$$P(t) = F\cos 2\pi ft \tag{3.2.9}$$

青衣侧主缆参数 表 3.2.1

参　　数	单　　位	空缆状态(Cable I)	成桥状态(Cable II)
L_x	m	290.862	293.184
L_y	m	155.552	154.738
ρ	kg/m^3	7 837.8	7 837.8
E	GPa	200	196
A	m^2	0.759 28	0.800 74
H_x	kN	122 640	405 838

在上述激励作用下,索结构的响应用有限元和谐波平衡法进行求解。索结构划分为 10 个单元(含中节点的单元),21 个节点;谐波平衡法中,截断的谐振阶次取为 3。同时,对截断的谐振阶次取为 10 的情况也作了计算,结果表明第 3 阶的振幅贡献率仅为 2%,更高阶谐振的贡献率则更小,因此,在算例中都不考虑。计算中,采用了瑞雷阻尼形式,其中 α 和 β 取值分别为 0.08 和 0.008:

$$C = \alpha M + \beta(K_0 + K_\sigma) \tag{3.2.10}$$

在空缆状态下，该索跨中（激励点）的位移随激励力大小、频率的变化情况见图 3.2.2。

应该重视的是：索结构的上述软化或硬化特性是与其非线性的阶次相关的。索结构的张力和垂度对应的非线性阶次分别为 2 阶和 3 阶。在空缆阶段，索的张力较小，垂度较大，垂度引起的 3 阶非线性的影响起主要作用，此时，索表现出“软化”特性；在成桥阶段，索的张力非常大，垂度较小，张力引起的 2 阶非线性的影响起主要作用，索表现出“硬化”特性。索结构的非线性振动还涉及静漂、超谐波和次谐波等内容，限于篇幅并考虑本书的侧重点，此处不展开讨论。

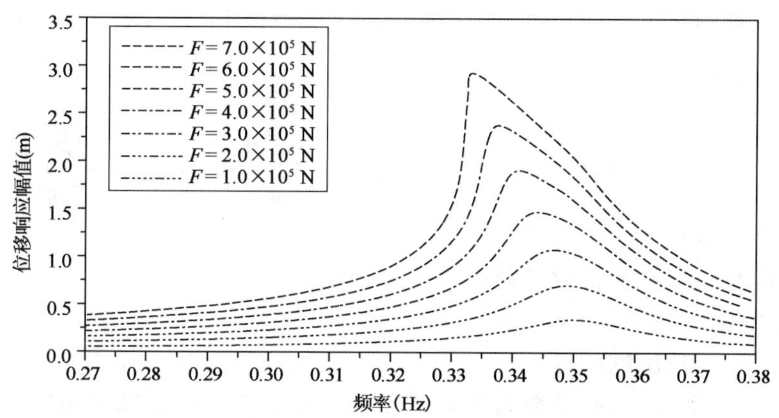

图 3.2.2　拉索的频率响应曲线（$\alpha = 0.08$，$\beta = 0.008$）

3.3　索结构振动控制的基础理论

结构振动控制是关于控制结构在动载下位移、速度或加速度响应的理论、方法和措施，主要涉及如何采取装置或措施来为结构提供被动（阻尼力）或主动的控制力，以及如何改变结构体系的刚度、质量与外表形状等设计参数，来减小结构的振动。

3.3.1　被动控制

被动控制实际上主要是以增加阻尼为目的的控制方法。在索结构的被动控制方面，美国学者 Spencer 等人的研究成果最为简洁，成为本节的主要内容。Spencer 等人的研究中，引入了无量纲阻尼系数，估算了拉索模态阻尼的通用曲线，考虑了阻尼比、模态数、拉索长度、重量和基本频率等参数，该通用曲线可应用于实际拉索的各种具体情况。

1）阻尼索结构的动力学微分方程

将斜拉索等索结构理想化为张紧的弦，阻尼器安置于拉索上，如图 3.3.1 所示。当拉索发生很小偏移时，拉索—阻尼器系统的无量纲的偏微分运动方程为：

图 3.3.1　拉索—阻尼器系统示意图

$$\ddot{v}(x,t) + c\dot{v}(x,t) - \frac{1}{\pi^2}v''(x,t) = f(x,t) + F_d(t)\delta(x - x_d) \quad (0 \leqslant x \leqslant 1) \tag{3.3.1}$$

式中：$v(x,t)$——拉索的横向位移；

c——单位长度黏滞阻尼系数；

$(\cdot)'$,$(\dot{\cdot})$——代表对 x 和 t 的一阶导数；

$f(x,t)$——拉索上的分布荷载；

$F_\mathrm{d}(t)$——作用在拉索 x_d 处的阻尼力；

$\delta(\cdot)$——狄拉克函数。

在边界处，对于任意时刻 t 有以下关系：

$$v(0,t) = v(1,t) = 0$$

拉索—阻尼器系统无量纲参数与其相应的物理参数（用上划线表示）遵循以下关系：

$$t = \omega_0\bar{t} \quad x = \frac{\bar{x}}{L} \quad c = \frac{\bar{c}}{\rho\omega_0} \quad v(x,t) = \frac{\bar{v}(\bar{x},\bar{t})}{L} \quad \omega_0^2 = \frac{T\pi^2}{\rho L^2}$$

$$\delta(x - x_\mathrm{d}) = L\bar{\delta}(\bar{x} - \bar{x}_\mathrm{d}) \qquad f(x,t) = \frac{L\bar{f}(\bar{x},\bar{t})}{\pi^2 T} \quad F_\mathrm{d}(t) = \frac{\bar{F}_\mathrm{d}(\bar{t})}{\pi^2 T}$$

式中：L——拉索长度；

ω_0——无阻尼情况下的拉索基频；

T——拉索张紧力；

ρ——拉索单位长度的质量。

下文中，如无特殊说明，则参数为无量纲参数。假定 $f(x,t)$ 是随机激励，可将其用 n 组激励近似表示为式(3.3.2)：

$$f(x,t) = \sum_{i=1}^{n}\alpha_i(x)\beta_i(t) \tag{3.3.2}$$

式中：$\alpha_i(x)$——仅与拉索长度坐标 x 有关的确定函数；

$\beta_i(t)$——仅与时间 t 有关的随机函数。

2）动力学方程的近似解与最优阻尼

工程应用中，简单而足够准确的近似解特别受工程师的欢迎。本小节将讨论拉索振动方程的近似解，并利用该近似解描绘出拉索模态阻尼的通用曲线。通用曲线对于阻尼器的设计特别有用。拉索横向位移用 m 阶级数近似表示如下：

$$v(x,t) = \sum_{j=1}^{m}q_j(t)\varphi_j(x) \tag{3.3.3}$$

式中：$q_j(t)$——广义位移；

$\varphi_j(x)$——具有分段连续斜率且满足边界条件的形函数。

将方程(3.3.3)代入运动方程(3.3.1)，利用伽辽金法并将所得结果乘以 $\varphi_i(x)$ 后沿拉索长度进行积分，得：

$$\boldsymbol{M}\ddot{\boldsymbol{q}} + \boldsymbol{C}\dot{\boldsymbol{q}} + \boldsymbol{K}\boldsymbol{q} = \boldsymbol{f} + \boldsymbol{\varphi}F_\mathrm{d}(t) \tag{3.3.4}$$

其中质量、阻尼和刚度矩阵 $\boldsymbol{M}$、$\boldsymbol{C}$ 和 $\boldsymbol{K}$，广义位移、外部荷载和阻尼力向量 $\boldsymbol{q}$、$\boldsymbol{f}$ 和 $\boldsymbol{\varphi}$ 为：

$$\boldsymbol{M} = [m_{ij}] \qquad \boldsymbol{C} = [c_{ij}] \qquad \boldsymbol{K} = [k_{ij}]$$

$$\boldsymbol{q} = [q_{ij}] \qquad \boldsymbol{f} = \boldsymbol{f}(t) = [f_1, f_2, \cdots, f_m]^\mathrm{T} \qquad \boldsymbol{\varphi} = \boldsymbol{\varphi}(x_\mathrm{d}) = [\varphi_1(x_\mathrm{d}), \varphi_2(x_\mathrm{d}), \cdots, \varphi_m(x_\mathrm{d})]$$

$$m_{ij} = \int_0^1 \varphi_i(x)\varphi_j(x)\mathrm{d}x \qquad c_{ij} = c\int_0^1 \varphi_i(x)\varphi_j(x)\mathrm{d}x$$

$$k_{ij} = \frac{1}{\pi^2}\int_0^1 \varphi_i(x)\varphi_j(x)\mathrm{d}x \qquad f_i(t) = \int_0^1 f(x,t)\varphi_i(x)\mathrm{d}x$$

引入阻尼器安装点处集中力产生的静态变形作为形函数，其表达形式如下：

$$\varphi_1(x) = \begin{cases} \dfrac{x}{x_{\mathrm{d}}} & (0 \leqslant x \leqslant x_{\mathrm{d}}) \\ \dfrac{1-x}{1-x_{\mathrm{d}}} & (x_{\mathrm{d}} \leqslant x \leqslant 1) \end{cases} \tag{3.3.5}$$

用该函数与一阶正弦函数进行组合，可近似模拟安装一个线性黏滞型阻尼器后拉索的一阶模态（图 3.3.2）。其他形函数仍采用正弦函数 $\boldsymbol{\Phi}_{j+1}(x) = \sin\pi jx$，根据伽辽金法可得质量和刚度矩阵 $\boldsymbol{M}$ 和 $\boldsymbol{K}$ 分别如式(3.3.6)和式(3.3.7)所示，阻尼矩阵由 $\boldsymbol{C} = c\boldsymbol{M}$ 得到。

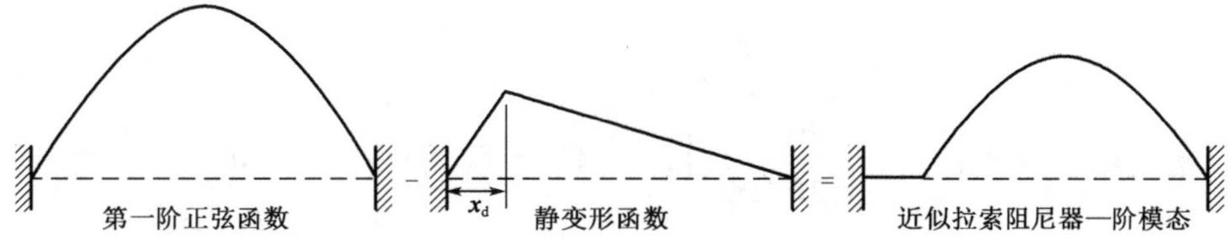

图 3.3.2　第一阶模态特征方程的简单近似组成

$$m_{ij} = \begin{cases} \dfrac{\delta_{ij}}{2} & (i > 1, j > 1) \\ \dfrac{1}{3} & (i = 1, j = 1) \\ \dfrac{\sin k\pi x_{\mathrm{d}}}{x_{\mathrm{d}}(1-x_{\mathrm{d}})k^2 \cdot \pi^2} & (k = \max\{i,j\} - 1) \end{cases} \tag{3.3.6}$$

$$k_{ij} = \begin{cases} (i-1)^2\dfrac{\delta_{ij}}{2} & (i > 1, j > 1) \\ \dfrac{1}{x_{\mathrm{d}}(1-x_{\mathrm{d}})\pi^2} & (i = 1, j = 1) \\ \dfrac{\sin k\pi x_{\mathrm{d}}}{x_{\mathrm{d}}(1-x_{\mathrm{d}}) \cdot \pi^2} & (k = \max\{i,j\} - 1) \end{cases} \tag{3.3.7}$$

系统状态空间可表达为如下形式：

$$\begin{cases} \dot{\boldsymbol{\eta}} = \boldsymbol{A\eta} + \boldsymbol{B}F_{\mathrm{d}}(t) + \boldsymbol{Gf} \\ \boldsymbol{z} = \boldsymbol{C}_z\boldsymbol{\eta} + \boldsymbol{D}_zF_{\mathrm{d}}(t) + \boldsymbol{H}_z\boldsymbol{f} \\ \boldsymbol{y} = \boldsymbol{C}_y\boldsymbol{\eta} + \boldsymbol{D}_yF_{\mathrm{d}}(t) + \boldsymbol{H}_y\boldsymbol{f} + \boldsymbol{v} \end{cases} \tag{3.3.8}$$

式中，$\boldsymbol{\eta} = [\boldsymbol{q}^{\mathrm{T}} \quad \dot{\boldsymbol{q}}^{\mathrm{T}}]^{\mathrm{T}}$，$\boldsymbol{z} = [\boldsymbol{q}^{\mathrm{T}} \quad \dot{\boldsymbol{q}}^{\mathrm{T}} \quad \ddot{\boldsymbol{q}}^{\mathrm{T}}]^{\mathrm{T}}$、$\boldsymbol{y} = [v(x_{\mathrm{d}},t) \quad \dot{v}(x_{\mathrm{d}},t)]^{\mathrm{T}} + \boldsymbol{v}$ 分别表示状态向量、需要控制的振动信号向量和传感信号向量；$\boldsymbol{v}$ 为传感器随机噪声向量。

其他参数表达如下：

$$A = \begin{bmatrix} \mathbf{0} & \boldsymbol{I} \\ -\boldsymbol{M}^{-1}\boldsymbol{K} & -\boldsymbol{M}^{-1}\boldsymbol{C} \end{bmatrix} \quad \boldsymbol{B} = \begin{bmatrix} 0 \\ \boldsymbol{M}^{-1}\boldsymbol{\varphi} \end{bmatrix} \quad \boldsymbol{G} = \begin{bmatrix} \mathbf{0} \\ \boldsymbol{M}^{-1} \end{bmatrix}$$

$$\boldsymbol{C}_z = \begin{bmatrix} \boldsymbol{I} & \mathbf{0} \\ \mathbf{0} & \boldsymbol{I} \\ -\boldsymbol{M}^{-1}\boldsymbol{K} & -\boldsymbol{M}^{-1}\boldsymbol{C} \end{bmatrix} \quad \boldsymbol{D}_z = \begin{bmatrix} \mathbf{0} \\ \mathbf{0} \\ \boldsymbol{M}^{-1}\boldsymbol{\varphi} \end{bmatrix} \quad \boldsymbol{H}_z = \begin{bmatrix} \mathbf{0} \\ \mathbf{0} \\ \mathbf{0} \end{bmatrix}$$

$$\boldsymbol{C}_y = \begin{bmatrix} \boldsymbol{\varphi}^{\mathrm{T}} & \mathbf{0} \\ -\boldsymbol{\varphi}^{\mathrm{T}}\boldsymbol{M}^{-1}\boldsymbol{K} & -\boldsymbol{\varphi}^{\mathrm{T}}\boldsymbol{M}^{-1}\boldsymbol{K} \end{bmatrix} \quad \boldsymbol{D}_y = \begin{bmatrix} \mathbf{0} \\ \boldsymbol{\varphi}^{\mathrm{T}}\boldsymbol{M}^{-1}\boldsymbol{\varphi} \end{bmatrix} \quad \boldsymbol{H}_y = \begin{bmatrix} \mathbf{0} \\ \boldsymbol{\varphi}^{\mathrm{T}}\boldsymbol{M}^{-1} \end{bmatrix}$$

对于被动线性黏滞阻尼器，其阻尼力 $F_{\mathrm{d}}(t) = -c_{\mathrm{d}}\dot{v}(x_{\mathrm{d}},t)$，$c_{\mathrm{d}}$ 代表无量纲阻尼常数，$\dot{v}(x_{\mathrm{d}},t)$ 表示拉索在阻尼器安装位置的无量纲速度，$\dot{v}(x_{\mathrm{d}},t) = \boldsymbol{\varphi}^{\mathrm{T}}\dot{\boldsymbol{q}} = [\mathbf{0}^{\mathrm{T}} \quad \boldsymbol{\varphi}^{\mathrm{T}}]\boldsymbol{\eta}$，系统状态方程为：

$$\begin{aligned} \dot{\boldsymbol{\eta}} &= \boldsymbol{A}_{\mathrm{p}}\boldsymbol{\eta} + \boldsymbol{G}\boldsymbol{f} \\ \boldsymbol{z} &= \boldsymbol{C}_{\mathrm{p}}\boldsymbol{\eta} + \boldsymbol{H}_z\boldsymbol{f} \end{aligned} \tag{3.3.9}$$

其中：

$$\boldsymbol{A}_{\mathrm{p}} = \boldsymbol{A} + \begin{bmatrix} 0 & 0 \\ 0 & -c_{\mathrm{d}}\boldsymbol{M}^{-1}\boldsymbol{\varphi}\boldsymbol{\varphi}^{\mathrm{T}} \end{bmatrix}, \qquad \boldsymbol{C}_{\mathrm{p}} = C_z + \begin{bmatrix} 0 & 0 \\ 0 & 0 \\ 0 & -\boldsymbol{c}_{\mathrm{d}}\boldsymbol{M}^{-1}\boldsymbol{\varphi}\boldsymbol{\varphi}^{\mathrm{T}} \end{bmatrix}$$

对系统状态矩阵进行特征值分析可得出其阻尼比。帕切科（Pacheco）等人已经证明：对于$\frac{x_{\mathrm{d}}}{L}$值较小时，选择适当的坐标轴，可求得一条表示针对任意张紧拉索某个单阶模态的阻尼通用曲线，即阻尼比随阻尼器黏滞系数 c_{d} 的变化规律曲线，如图 3.3.3 所示。该图显示了阻尼器安装位置 $x_{\mathrm{d}} = 0.02$ 时拉索第一阶模态阻尼情况。该通用曲线的最大值与第 n 阶振动模态的最大可获得阻尼比 $\xi_{n,\max}$ 相当，并由下式给出：

$$\xi_{n,\max} = \frac{0.52x_{\mathrm{d}}}{L} \tag{3.3.10}$$

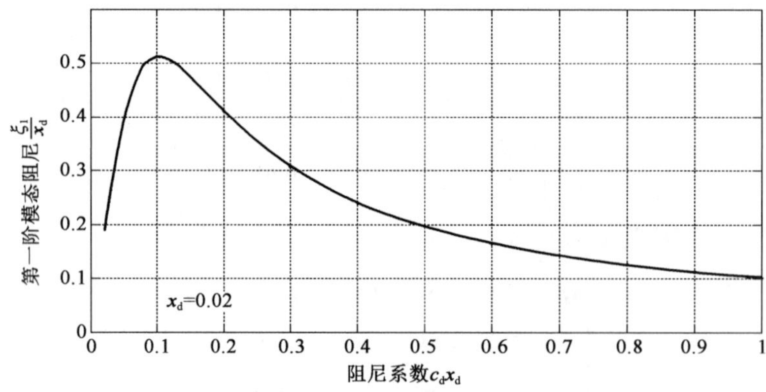

图 3.3.3 模态阻尼比随黏滞型阻尼器阻尼系数的变化规律

图 3.3.3 表明，对于该阶模态存在某线性黏滞阻尼，使得其模态阻尼比最大，一般称该阻尼为最优阻尼。当取其他模态或阻尼器取其他安装位置时，可得类似结果。应注意，此处假定拉索自身阻尼 c 为 0；实际工程中，拉索阻尼 c 确实也非常小，与假设基本一致。不过，

对某一模态的最优阻尼,对另一个模态就不再是最优阻尼,这是被动控制的主要缺点。由于只能对单个模态提供最优阻尼,因此,被动控制不是最优的振动控制方法。

3.3.2　主动控制

最优被动黏滞型阻尼器为半主动阻尼器的减振效果评定提供了一个参考基准,而理想状态的主动阻尼器则是各种控制策略可能(但不一定能)达到的最高目标。不过,主动控制虽然能够获得优异的控制效果,但其造价高昂,且需要消耗较大的外部能量,这样的能量在地震、台风等极端却又最需要控制的情况下很难得到保证。同时,主动控制系统要向系统输入能量,如果控制策略失效,则结构存在失稳的潜在可能。因此,在本小节介绍主动控制理论之后,下一小节将介绍介于被动和主动两者之间的半主动控制理论。

1)阻尼器减振效果的评价

对减振效果进行评估的一个有效手段是使用均方根(RMS)响应或某一(某些)特定位置处的峰值响应。特定的控制策略可能会使得结构某些部分运动减小,但其他部分的振动则可能基本不受该控制策略影响,此时系统整体的振动仍可能和没有控制时相去不远。这意味着整体上该控制策略可能没有什么效果。因此,为了衡量拉索—阻尼器系统整体的减振效果,此处用拉索位移(或速度,或加速度)的均方根响应的减小幅度作为减振效果的评价指标。用 $\boldsymbol{\sigma}_{\mathrm{d}}$、$\boldsymbol{\sigma}_{\mathrm{v}}$ 和 $\boldsymbol{\sigma}_{\mathrm{a}}$ 分别表示拉索的位移、速度和加速度均方根响应,则:

$$\boldsymbol{\sigma}_{\mathrm{d}}^{2}(t) = E\left[\int_{0}^{1} v^{2}(x,t)\,\mathrm{d}x\right] = \mathrm{trace}\{\boldsymbol{M}^{\frac{1}{2}}E[\boldsymbol{q}(t)\boldsymbol{q}^{\mathrm{T}}(t)]\boldsymbol{M}^{\frac{1}{2}}\} \tag{3.3.11}$$

$$\boldsymbol{\sigma}_{\mathrm{v}}^{2}(t) = E[\dot{\boldsymbol{q}}^{\mathrm{T}}(t)\boldsymbol{M}\dot{\boldsymbol{q}}(t)] = \mathrm{trace}\{\boldsymbol{M}^{\frac{1}{2}}E[\dot{\boldsymbol{q}}(t)\dot{\boldsymbol{q}}^{\mathrm{T}}(t)]\boldsymbol{M}^{\frac{1}{2}}\} \tag{3.3.12}$$

$$\boldsymbol{\sigma}_{\mathrm{a}}^{2}(t) = E[\underset{\sim}{\ddot{\boldsymbol{q}}}^{T}(t)\boldsymbol{M}\underset{\sim}{\ddot{\boldsymbol{q}}}(t)] = \mathrm{trace}\{\boldsymbol{M}^{\frac{1}{2}}E[\underset{\sim}{\ddot{\boldsymbol{q}}}(t)\underset{\sim}{\ddot{\boldsymbol{q}}}^{\mathrm{T}}(t)]\boldsymbol{M}^{\frac{1}{2}}\} \tag{3.3.13}$$

其中:$\underset{\sim}{\ddot{\boldsymbol{q}}} = \ddot{\boldsymbol{q}} - \boldsymbol{M}^{-1}\boldsymbol{f}$(即广义加速度减去外部荷载的作用)。一般,设激励向量 $\boldsymbol{f}$ 是一个 0 均值高斯白噪声,用 $\boldsymbol{S}_0$ 代表谱密度矩阵,则:

$$E[\boldsymbol{f}(t)\boldsymbol{f}^{\mathrm{T}}(t+\tau)] = 2\pi\boldsymbol{S}_0\delta(\tau)$$

对于平稳响应,$\boldsymbol{\sigma}_{\mathrm{d}}$、$\boldsymbol{\sigma}_{\mathrm{v}}$ 和 $\boldsymbol{\sigma}_{\mathrm{a}}$ 都是常数,不随时间变化。对于线性系统(被动线性黏滞型阻尼器以及主动型阻尼器),以上方程可通过求解李雅普诺夫(Lyapunov)方程来求得。例如,对于式(3.3.11)可得 $E[\boldsymbol{q}\boldsymbol{q}^{\mathrm{T}}] = [\boldsymbol{I}\quad 0]\Sigma[\boldsymbol{I}\quad 0]^{\mathrm{T}}$,其中,$\Sigma$ 是李雅普诺夫方程 $\boldsymbol{A}_{\mathrm{p}}\Sigma + \Sigma\boldsymbol{A}_{\mathrm{p}}^{\mathrm{T}} + 2\pi\boldsymbol{G}\boldsymbol{S}_0\boldsymbol{G}^{\mathrm{T}} = 0$ 的根,解该方程可得 $\Sigma = E[\boldsymbol{\eta}\boldsymbol{\eta}^{\mathrm{T}}]$。

2)控制策略

主动控制有各种控制方法和策略,本小节介绍较为基本的 4 种线性二次型调节器(LQR)的设计方法。各反馈控制器采用与系统成比例的力来进行控制,且 $F_{\mathrm{d}}^{\mathrm{active}}(t) = -L_k\boldsymbol{\eta}$。此处,$\boldsymbol{L}_k$ 代表使第 k 个目标函数最小时的反馈增益(行向量)。控制器 1、2、3 和 4 的目标分别是位移均方响应 $\boldsymbol{\sigma}_{\mathrm{d}}^{2}$、速度均方响应 $\boldsymbol{\sigma}_{\mathrm{v}}^{2}$、位移均方响应和速度均方响应的同权加权和 $\boldsymbol{\sigma}_{\mathrm{d}}^{2}/2 + \boldsymbol{\sigma}_{\mathrm{v}}^{2}/2$、加速度均方响应 $\boldsymbol{\sigma}_{\mathrm{a}}^{2}$,分别记为 J_1、J_2、J_3 和 J_4。这样,目标函数可统一表达为以下形式:

$$J_k = \lim_{T\to\infty} E\left[\frac{1}{T}\int_{0}^{\mathrm{T}}(z^{\mathrm{T}}Q_k z + RF_{\mathrm{d}}^{2})\,\mathrm{d}t\right] \quad (k = 1,2,3,4) \tag{3.3.14}$$

其中：

$$\boldsymbol{Q}_1=\begin{bmatrix}\boldsymbol{M}&0&0\\0&0&0\\0&0&0\end{bmatrix}\quad \boldsymbol{Q}_2=\begin{bmatrix}0&0&0\\0&\boldsymbol{M}&0\\0&0&0\end{bmatrix}\quad \boldsymbol{Q}_3=\begin{bmatrix}\boldsymbol{M}/2&0&0\\0&\boldsymbol{M}/2&0\\0&0&0\end{bmatrix}\quad \boldsymbol{Q}_4=\begin{bmatrix}0&0&0\\0&0&0\\0&0&\boldsymbol{M}\end{bmatrix}$$

当目标函数 J_k 取最小值时，反馈增益（行向量）为：

$$\boldsymbol{L}_k=(\boldsymbol{R}+\boldsymbol{D}_z^{\mathrm{T}}\boldsymbol{Q}_k\boldsymbol{D}_z)^{-1}(\boldsymbol{B}^{\mathrm{T}}\boldsymbol{P}_k+\boldsymbol{D}_z^{\mathrm{T}}\boldsymbol{Q}_k\boldsymbol{C}_z)\tag{3.3.15}$$

其中，$\boldsymbol{P}_k$ 满足代数黎卡提（Riccati）方程：

$$\boldsymbol{A}^{\mathrm{T}}\boldsymbol{P}_k+\boldsymbol{P}_k\boldsymbol{A}-(\boldsymbol{P}_k\boldsymbol{B}+\boldsymbol{C}_z^{\mathrm{T}}\boldsymbol{Q}_k\boldsymbol{D}_z)(R+\boldsymbol{D}_z^{\mathrm{T}}\boldsymbol{Q}_k\boldsymbol{D}_z)^{-1}(\boldsymbol{B}^{\mathrm{T}}\boldsymbol{P}_k+\boldsymbol{D}_z^{\mathrm{T}}\boldsymbol{Q}_k\boldsymbol{C}_z)=-\boldsymbol{C}_z^{\mathrm{T}}\boldsymbol{Q}_k\boldsymbol{C}_z\tag{3.3.16}$$

3.3.3 半主动控制

1）半主动型阻尼器

与主动型阻尼器不同，半主动型阻尼器（如可变节流孔阻尼器、摩擦力可控阻尼器或者流动性可控阻尼器等）在理论上只提供耗散力，一般情况下均假定其单纯耗能。本质上看，该假定要求由阻尼力与该处索结构的速度反向，即 $F_{\mathrm{d}}(t)\dot{v}(x_{\mathrm{d}},t)$ 必须小于0（图3.3.4）。

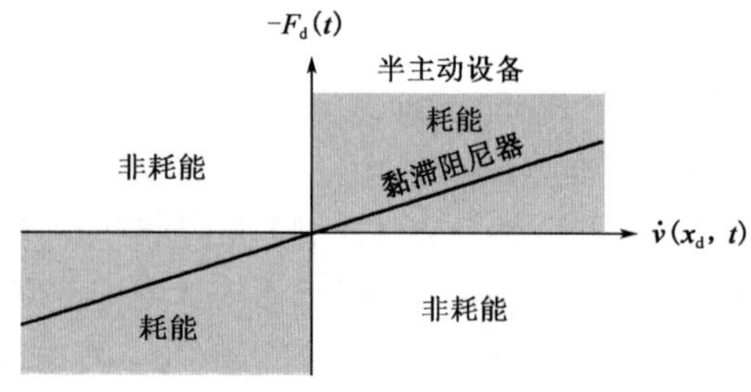

图3.3.4　半主动阻尼单纯耗能（限制条件）示意图

2）控制策略

对于半主动阻尼器，常采用控制策略是截断型最优控制策略（Clipped Optimal Strategy）。这种两阶段策略模式为：控制系统由主控制器和辅控制器组成；对于当前状态，如果采用主动控制，不论是线性二次型调节器（LQR）或者线性二次高斯（LQG）控制需要的控制力符合单纯耗能的条件，则控制策略为主动控制，这就构成了系统的主控制器；在主控制器工作范围之外，为辅控制器的工作范围，其策略取决于阻尼器的非线性特性。在最简单的情况下，可假定辅控制器干脆不提供控制力，也即辅控制器不作为。此时，控制策略可表示为：

$$F_{\mathrm{d}}(t)\begin{cases}F_{\mathrm{d}}^{\mathrm{active}}(t) & (F_{\mathrm{d}}^{\mathrm{active}}(t)\dot{v}(x_{\mathrm{d}},t)<0，\text{主控制器工作范围})\\0 & (\text{其他，辅控制器工作范围})\end{cases}\tag{3.3.17}$$

本质上讲，辅控制器可确保满足“控制系统不产生非消耗阻尼力”这一前提条件。对于实际的半主动阻尼器，这一条件由阻尼器本身的物理特性提供。当然，由于大多数半主动阻尼器的输入（指令）与输出（阻尼力）之间的关系是非线性的，因此，实际半主动阻尼器仍需要辅控制器（算法）。在下面的案例中，假定主控制器的耗散力在物理上总是可以实现。

3）案例

本案例对半主动型、最优线性黏滞型和主动控制型控制策略进行了一系列数值比较。结果表明，截断型最优控制策略可取得良好的振动控制效果。对于被动控制策略和主动控制策略，可根据前文中的方程并通过求解代数李雅普诺夫方程获得稳态均方响应；对于半主动策略，由于半主动阻尼器的动力学特性表现为强非线性，不能再通过求解线性方程来获得其模态或稳态响应特性。因此，拉索—半主动阻尼器系统的动力学响应只能进行数值求解，并利用统计方法获得稳态均方响应的近似解。

通过对拉索在1 600 ~4 000倍基本周期时长内的响应时程进行统计分析，可获得半主动系统平稳均方根响应的近似解(阻尼越小,获得近似解所需要的时间历程就越长)。

现假定拉索自身的黏滞阻尼系数 c 足够小,小到可以忽略的程度,分析时取 $c=0.0001$(相当于第 1 阶模态阻尼比为 0.005%)。阻尼器安装位置 $x_d=0.02$,但当 x_d 取其他小值时,结果是类似的。假定拉索受到某阶模态的激励,如受到第 1 阶模态的随机激励,即:

$$f(x,t)=W(t)\sin\pi x \tag{3.3.18}$$

式中:$W(t)$——0 均值高斯白噪声,且 $E[W(t)W(t+\tau)]=\delta(\tau)$,在无阻尼状态下,该激励会引起拉索第 1 阶模态的响应。

图 3.3.5 为 4 个(1 个被动和 3 个主动控制)系统的分析结果。对于被动线性黏滞型阻尼器,水平轴为集中阻尼的阻尼系数 c_d;对于主动型阻尼器,水平轴为控制权重 R;竖轴均为系统的第 1 阶固有频率、模态阻尼比或均方根响应。其中,被动黏滞型的阻尼比最大值约为 1.03%,略高于 1%;主动型阻尼器可以达到 35% 或更高的阻尼比。

图 3.3.6 为 5 个(1 个被动控制、1 个半主动控制和 3 个主动控制)系统的分析结果。相对于没有阻尼器的情况,最优型黏滞阻尼器使系统位移均方响应明显减小。以最优黏滞型阻尼器的位移均方响应为基准,主动控制和(截断最优)半主动控制分别将其进一步降低了 72.2% 和 71.8%。这表明半主动控制几乎达到了主动控制的效果。速度均方根响应结果是类似的。

3.3.4　混杂系统控制

1)基本概念

定义:简单说,混杂系统(Hybrid System,HS)是同时具有连续动态部分、离散(逻辑)动态部分和两者之间相互关系的一类系统。但混杂系统种类繁多,要给出其准确定义比较困难。混杂系统理论是一种以传统意义上的连续变量动态系统理论和逻辑事件动态系统理论为基础,并根据系统本身所具有的特性,建立起来的理论与方法。混杂系统以系统的建模、性能分析、控制以及系统优化等为主要研究内容。

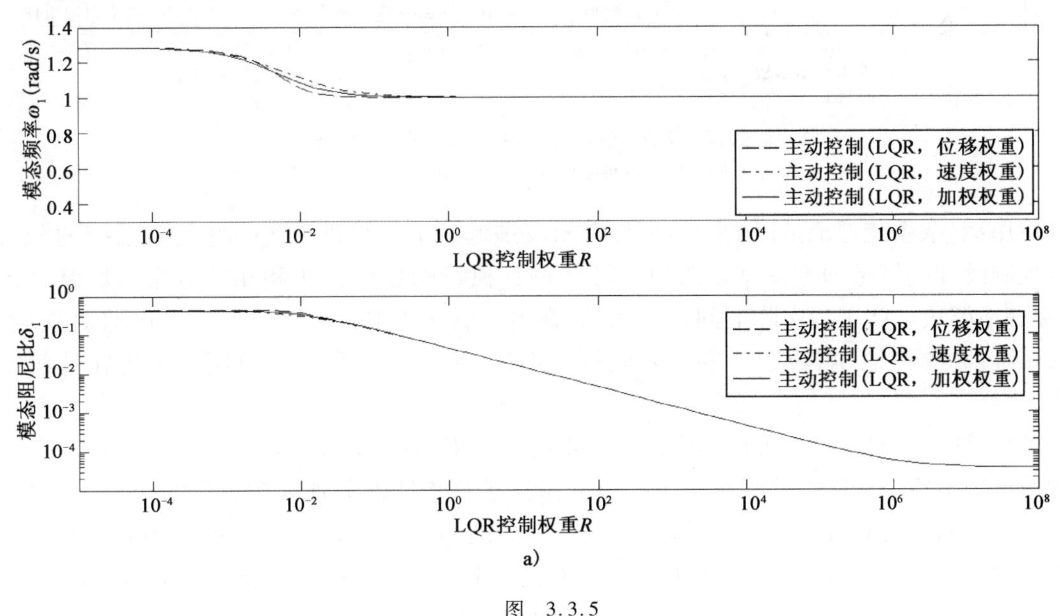

a)

图　3.3.5

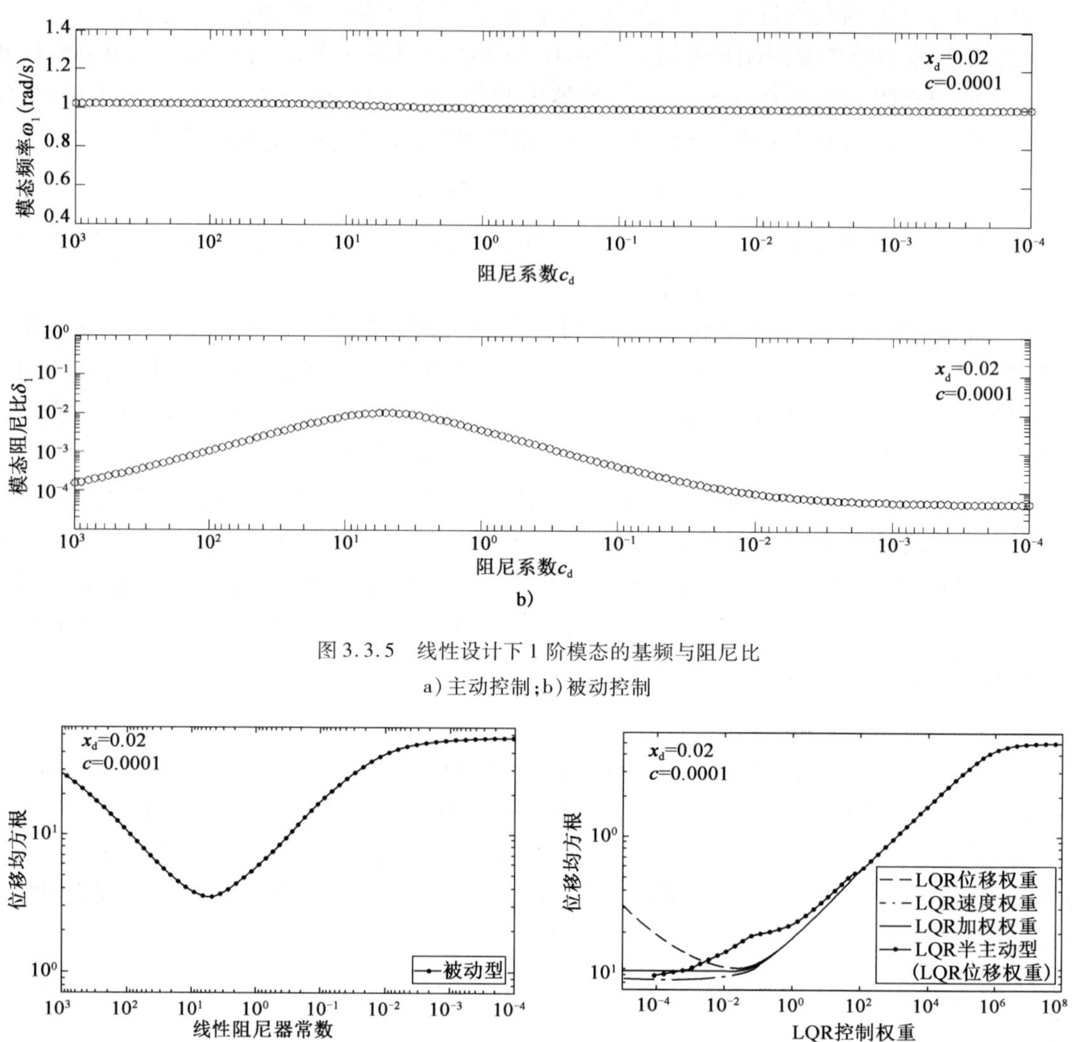

图 3.3.5 线性设计下 1 阶模态的基频与阻尼比

a) 主动控制;b) 被动控制

图 3.3.6 均方根位移响应随控制参数的变化情况

a) 黏滞型阻尼器均方根响应;b) 主动型阻尼器均方根响应

应用:混杂系统理论是以实际的工程背景发展起来的。该理论为一些复杂系统的分析及其控制设计提供了理论依据。该理论可以将其独特的建模方法和相关应用领域结合起来,更好地解决一些工程实际的问题。例如,在电机转矩控制、空中交通、电子电路等领域,混杂系统都“更好地”解决了一些实际问题。不过,该理论自身及其应用技术仍在持续发展中。

类型:同一个研究对象可用不同的混杂系统模型来描述,而具体模型侧重的特性和适宜的领域也就不完全相同。计算机领域的一般做法是将连续部分加入到离散系统模型上,在此基础上推演为具有混杂特性的模型,如混杂自动机、混杂 Petri 网等;而控制领域则是将离散部分加入到连续系统模型上,再推演为具有混杂特性的模型,如混合逻辑动态(MLD)模型、切换系统等。目前,混杂系统的几类代表性模型是:层次结构模型、混杂自动机、混杂 Petri 网、MLD 模型以及切换系统模型等。本书仅涉及 MLD 模型。

2)混合逻辑动态(MLD)模型

混合逻辑动态(Mixed Logical Dynamical,简写为 MLD)模型是由瑞士 Bemporad 和 Morari 等人提出的一种过程控制建模方法。该系统的特点是引入逻辑变量 1、0 来表示命题真假,通过逻辑运算符将命题之间的关系转换成逻辑变量之间的整数线性不等式,将逻辑变量引入系统状态空间方程中,以表示特定的相互作用,即逻辑元件对象与连续动态过程的相互作用。该模型的一般表达式为:

$$\begin{cases}\boldsymbol{\eta}(t+1)=\boldsymbol{A\eta}(t)+\boldsymbol{B}_1\boldsymbol{u}(t)+\boldsymbol{B}_2\boldsymbol{\delta}(t)+\boldsymbol{B}_3\boldsymbol{z}(t)\\ \boldsymbol{y}(t)=\boldsymbol{C\eta}(t)+\boldsymbol{D}_1\boldsymbol{u}(t)+\boldsymbol{D}_2\boldsymbol{\delta}(t)+\boldsymbol{D}_3\boldsymbol{z}(t)\\ \boldsymbol{E}_2\boldsymbol{\delta}(t)+\boldsymbol{E}_3\boldsymbol{z}(t)\leqslant\boldsymbol{E}_1\boldsymbol{u}(t)+\boldsymbol{E}_4\boldsymbol{\eta}(t)+\boldsymbol{E}_5\end{cases}\tag{3.3.19}$$

以下变量解释下角中的 l 和 c 分别表示逻辑(logic)和连续(continious)。$\boldsymbol{\eta}=[\boldsymbol{\eta}_l,\boldsymbol{\eta}_c]^T(\boldsymbol{\eta}_l\in\{0,1\}^{n_l},\boldsymbol{\eta}_c\in R^n)$,$\boldsymbol{y}=[\boldsymbol{y}_l,\boldsymbol{y}_c]^T(\boldsymbol{y}_l\in\{0,1\}^{p_l}$、$\boldsymbol{y}_c\in\boldsymbol{R}^{p_c})$,$\boldsymbol{u}=[u_l,\boldsymbol{u}_c]^T(\boldsymbol{u}_l\in\{0,1\}^{m_l},\boldsymbol{u}_c\in R^{n_c})$,分别为系统的状态、输出和控制输入,其中 n_l、n_c、p_l、p_c 和 m_l、m_c 分别表示 $\boldsymbol{\eta}$、$\boldsymbol{y}$ 和 $\boldsymbol{u}$ 的逻辑变量和连续变量的维数。它们既可以是连续变量,也可以是离散(逻辑)变量,也可以同时包含二者。$\boldsymbol{\delta}(t)\in\{0,1\}^{r_l}$,$\boldsymbol{z}(t)\in R^{r_c}$分别是 MLD 模型引入的辅助逻辑变量与辅助连续变量,其维数分别为 r_l 和 r_c。

辅助逻辑变量$\boldsymbol{\delta}(t)$用于描述系统各部分间的逻辑关系,以表示离散事件、系统的不同运行模态或区域范围。通过辅助逻辑变量,MLD 模型就可以包含与状态无关的逻辑事件,系统运行的一些定性经验知识,以及引入具有优先级次序的系统约束条件。

逻辑变量与连续变量之间的耦合关系可通过引入辅助连续变量 $\boldsymbol{z}=\delta f(x)$来表示,$f(x)$为连续函数。对于某些系统,引入辅助连续变量之后,MLD 模型中的$\boldsymbol{\eta}(t)$、$\boldsymbol{u}(t)$和$\boldsymbol{\delta}(t)$就消失了,系统中的状态、输入矩阵以及表示状态切换的逻辑变量可全部耦合到辅助连续变量中;而对于某些系统,引入辅助连续变量后,与事件(逻辑)切换无关的状态、输入以及与状态无关事件(逻辑)就会分别在$\boldsymbol{\eta}(t)$、$\boldsymbol{u}(t)$和$\boldsymbol{\delta}(t)$中。因此,MLD 模型适用性更为广泛,其标准的计算机编程建模语言更符合现代科技的要求。

MLD 模型的状态演化过程是:给定初始状态$\boldsymbol{\eta}(t)$与输入 $\boldsymbol{u}(t)$,由混合整数线性不等式确定$\boldsymbol{\delta}(t)$和$z(t)$;然后根据 MLD 模型的两个等式,确定输出$\boldsymbol{y}(t)$和下一时刻的状态$\boldsymbol{\eta}(t+1)$;在下一时刻输入 $\boldsymbol{u}(t+1)$作用下,重复以上过程。MLD 模型的状态将依此演化下去。

3)拉索—MR 阻尼器系统与 MLD 模型

结合拉索振动控制的内容,MLD 模型中各参数的具体意义为:$\boldsymbol{\eta}=[\boldsymbol{\eta}_l,\boldsymbol{\eta}_c]^T$ 表示拉索—阻尼器系统的当前状态,包括位移和速度;$\boldsymbol{y}=[\boldsymbol{y}_l,\boldsymbol{y}_c]^T$表示拉索—阻尼器系统的输出状态,可输出系统状态、输入变量和逻辑变量;$\boldsymbol{u}=[\boldsymbol{u}_l,\boldsymbol{u}_c]^T$表示控制输入,如阻尼器提供的阻尼力;$\boldsymbol{\delta}(t)\in\{0,1\}^{r_l}$表示使系统发生状态切换的逻辑事件,如操作人员指令或突发自然灾害;$z(t)\in R^{r_c}$表示状态的切换与连续变化之间的耦合作用,如系统切换为控制状态时,因该切换而使得连续变量(如位移、速度)变化规律的改变。

4)拉索—MR 阻尼器系统的分段线性状态空间模型

半主动控制理论是建立在状态空间基础上的一种控制理论,又是在现代控制理论的基础上发展而来的。为了更好地利用半主动控制理论相关理论知识对拉索振动进行控制,本小节进一步推导基于双黏性模型的拉索—MR 阻尼器系统的状态空间模型,并在此基础上结合具体的拉索—MR 阻尼参数进行数值求解分析。为简化计算,仅用阻尼器安装点处集中力产生的静态变形作为形函数式(3.3.5)近似表达拉索—MR 阻尼器系统,则振动方程式(3.3.4)简化为:

$$m_{11}\ddot{q}_1 + c_{11}\dot{q}_1 + k_{11}q_1 = f_1(t) + \varphi_1(x_d)F_d(t) \tag{3.3.20}$$

下文中,为行文方便,下标“$_{11}$”和“$_1$”均省略。整理得拉索—MR 阻尼器系统状态空间方程:

$$\dot{\boldsymbol{\eta}}(t) = \begin{bmatrix}\dot{q}\\ \ddot{q}\end{bmatrix} = \begin{bmatrix}0 & 1\\ -\dfrac{k}{m} & -\dfrac{c}{m}\end{bmatrix}\begin{bmatrix}q\\ \dot{q}\end{bmatrix} + \begin{bmatrix}0\\ m^{-1}\varphi(x_d)\end{bmatrix}F_d(t) + \begin{bmatrix}0\\ m^{-1}\end{bmatrix}f(t) \tag{3.3.21}$$

式中各参数意义同前。

式(3.3.21)可简化表达为:

$$\dot{\boldsymbol{\eta}}(t) = \begin{bmatrix}\dot{q}\\ \ddot{q}\end{bmatrix} = \boldsymbol{A}\begin{bmatrix}q\\ \dot{q}\end{bmatrix} + \boldsymbol{B}F_d(t) + \boldsymbol{D}f(t) \tag{3.3.22}$$

式中:$\boldsymbol{A} = \begin{bmatrix}0 & 1\\ -km^{-1} & -cm^{-1}\end{bmatrix}$,$\boldsymbol{B} = \begin{bmatrix}0\\ m^{-1}\varphi(x_d)\end{bmatrix}$,$\boldsymbol{D} = \begin{bmatrix}0\\ m^{-1}\end{bmatrix}$。

方程(3.3.22)是拉索—MR 阻尼器系统的状态空间模型。利用 $\dot{v}(t) = \dot{q}_j(t)\varphi_j(x_d)$,$j = 1$,将阻尼器的双黏性模型式[3.3.23a)]改写成式[3.3.23b)]。

$$f_d(t) = \begin{cases} C_R\dot{v}(t) + f_{yd}\operatorname{sgn}(\dot{v}(t)) & |\dot{v}(t)| \geqslant \dot{v}_{yd}(\text{可控域})\\ C_P\dot{v}(t) & |\dot{v}(t)| < \dot{v}_{yd}(\text{不可控域})\end{cases} \tag{3.3.23a}$$

改写为:

$$f_d(t) = \begin{cases} C_R\dot{q}(t)\varphi(x_d) + f_{yd}\operatorname{sgn}(\dot{q}(t)) & |\dot{q}(t)| \geqslant \dot{v}_{yield}/\varphi(x_d)\\ C_p\dot{q}(t)\varphi(x_d) & |\dot{q}(t)| < \dot{v}_{yield}/\varphi(x_d)\end{cases} \tag{3.3.23b}$$

式中:C_R——屈服后的黏性阻尼系数;

C_P——屈服前黏性阻尼系数;

$\dot{v}(t)$——阻尼器活塞的运动速度;

f_d——阻尼器产生的回复力;

f_{yd}——阻尼器的屈服力;

$\dot{v}_{yd}$——阻尼器的屈服速度。

方程(3.3.23)为改写后的双黏性模型,式中参数意义同前。阻尼器对索的集中控制力表示为:

$$F_d(t) = -f_d(t) \tag{3.3.24}$$

将式(3.3.24)、式(3.3.23)代入式(3.3.22)中,记 $\dot{v}_y = \dfrac{\dot{v}_{yield}}{\varphi(x_d)}$,当 $|\dot{q}(t)| > \dot{v}_y$ 时,得:

$$\dot{\boldsymbol{\eta}}(t) = \begin{bmatrix}0 & 1\\ -km^{-1} & -cm^{-1}\end{bmatrix}\begin{bmatrix}q\\ \dot{q}\end{bmatrix} + \begin{bmatrix}0\\ m^{-1}\end{bmatrix}f(t) + \begin{bmatrix}0\\ m^{-1}\varphi(x_d)\end{bmatrix}\left[C_R\dot{q}(t)\varphi(x_d) + f_{yd}\operatorname{sgn}(\dot{q}(t))\right] \tag{3.3.25}$$

当 $|\dot{q}(t)| < \dot{v}_y$ 时,得:

$$\dot{\boldsymbol{\eta}}(t)=\begin{bmatrix}\dot{q}\\ \ddot{q}\end{bmatrix}=\begin{bmatrix}0 & 1\\ -km^{-1} & -m^{-1}(c+C_p\varphi^2(x_d))\end{bmatrix}\begin{bmatrix}q\\ \dot{q}\end{bmatrix}+\begin{bmatrix}0\\ m^{-1}\end{bmatrix}f(t) \tag{3.3.26}$$

式(3.3.25)和式(3.3.26)可进一步简写为:

$$\begin{cases}\dot{\boldsymbol{\eta}}(t)=\boldsymbol{A}_1\boldsymbol{\eta}+\boldsymbol{B}_1F_d(t)+\boldsymbol{D}_1f_q(t) & |\dot{q}(t)|\geqslant \dot{v}_y\\ \dot{\boldsymbol{\eta}}(t)=\boldsymbol{A}_2\boldsymbol{\eta}+\boldsymbol{D}_2f_q(t) & |\dot{q}(t)|<\dot{v}_y\end{cases} \tag{3.3.27}$$

式中:$\boldsymbol{\eta}=\begin{bmatrix}q\\ \dot{q}\end{bmatrix}$,$\boldsymbol{A}_1=\begin{bmatrix}0 & 1\\ -km^{-1} & -cm^{-1}\end{bmatrix}$,$\boldsymbol{A}_2=\begin{bmatrix}0 & 1\\ -km^{-1} & -m^{-1}(c+C_p\varphi^2(x_d)\sin^2\beta)\end{bmatrix}$;

$\boldsymbol{B}_1=\begin{bmatrix}0\\ -m^{-1}\varphi(x_d)\end{bmatrix}$,$\boldsymbol{D}_1=\boldsymbol{D}_2=\begin{bmatrix}0\\ m^{-1}\end{bmatrix}$,$F_d(t)=C_R\dot{q}(t)\varphi(x_d)+f_{yd}\mathrm{sgn}[\dot{q}(t)]$;

其他参数意义同前。

设拉索—MR 系统参数不发生变化,则系统为线性定常系统,所以系统是定常分段线性问题。仅考虑阻尼器安装位置的速度作为系统输出,则系统输出为:

$$y(t)=\boldsymbol{C}_0\boldsymbol{\eta}\quad(\boldsymbol{C}_0=[0\quad 1]) \tag{3.3.28}$$

式(3.3.28)和式(3.3.27)是基于双黏性模型推导出来的拉索—MR 阻尼器系统的分段线性状态空间模型。当$|\dot{q}(t)|<\dot{v}_y$时,阻尼器上没有施加电压,即施加电压为 0,阻尼器的黏性阻尼系数为 C_p,阻尼器的出力为 $C_P\dot{v}(t)$,阻尼器相当于一个被动黏滞阻尼器,此时系统处于被动控制状态;当$|\dot{q}(t)|$继续增大,达到或超过 $\dot{v}_y$ 时,系统开始按照特定算法对阻尼器施加相应的电压,阻尼器发挥控制作用,实现半主动控制。

控制算法采用 LQR 控制算法,式(3.3.14)中的权矩阵 $\boldsymbol{Q}$ 和 $\boldsymbol{R}$ 是两个重要的控制参数,它们决定了控制力和结构反应的大小。由 LQR 算法理论中系统的二次型性能泛函表达式可知:$\boldsymbol{Q}$ 越大,结构反应越小,而控制力越大;$\boldsymbol{R}$ 越小,则控制力越大,结构的反应越小。这里参考欧进萍院士的《结构振动控制》书中权矩阵的设置,设 $\boldsymbol{Q}$ 和 $\boldsymbol{R}$ 分别为:

$$\boldsymbol{Q}=\alpha\begin{bmatrix}\boldsymbol{K} & 0\\ 0 & \boldsymbol{M}\end{bmatrix}\qquad \boldsymbol{R}=\beta\boldsymbol{I} \tag{3.3.29}$$

对分段线性状态空间方程(3.3.27)的分析可知,只有当$|\dot{q}(t)|\geqslant\dot{v}_y$时才进行反馈控制,故将线性二次型调节器(LQR)算法用于式(3.3.27)和式(3.3.28)中,得到半主动控制模型:

$$\begin{cases}\dot{z}(t)=(\boldsymbol{A}_1-\boldsymbol{B}_1\boldsymbol{L})z+\boldsymbol{D}_1\boldsymbol{f}(t) & |\dot{q}(t)|\geqslant\dot{v}_y\\ \dot{z}(t)=\boldsymbol{A}_2z+\boldsymbol{D}_2f(t) & |\dot{q}(t)|<\dot{v}_y\end{cases} \tag{3.3.30}$$

$$y(t)=\boldsymbol{C}_0\boldsymbol{\eta}(t)\quad(\boldsymbol{C}_0=[0\quad 1]) \tag{3.3.31}$$

式中:$\boldsymbol{A}_1=\begin{bmatrix}0 & 1\\ -km^{-1} & -cm^{-1}\end{bmatrix}$,$\boldsymbol{A}_2=\begin{bmatrix}0 & 1\\ -km^{-1} & -m^{-1}(c+C_p\varphi^2(x_d))\end{bmatrix}$;

$\boldsymbol{B}_1=[0\quad -m^{-1}\varphi(x_d)]^{\mathrm{T}}$,$\boldsymbol{D}_1=\boldsymbol{D}_2=[0\quad m^{-1}]^{\mathrm{T}}$。

状态反馈增益矩阵(行向量)$\boldsymbol{L}$ 的求解过程与式(3.1.14)~式(3.1.16)的过程基本一致,在程序实现时则直接由 Matlab 的 *lqr* 函数求解,即 $\boldsymbol{L}=lqr(\boldsymbol{A}_1,\boldsymbol{B}_1,\boldsymbol{Q},\boldsymbol{R})$。

5)拉索—MR 阻尼器系统的混合逻辑动态(MLD)模型

方程(3.3.30)表征的系统体现了输出量对系统的控制作用,实现了反馈控制。该模型

是一个闭环控制系统,其具体工作原理是:当$|\dot{q}(t)| \geqslant \dot{v}_y$时,系统加入了 LQR 反馈控制算法,此时系统是一个闭环控制系统;当$|\dot{q}(t)| < \dot{v}_y$时,系统在本身的阻尼下振动,此时系统处于被动控制状态。随着$|\dot{q}(t)|$的连续变化,整个系统在被动和主动控制状态不停切换,体现出典型的混杂特性:在拉索阻尼器的工作过程中,既包含离散变量动态事件(如电压的施加与否),也包含(连续变量动态系统,如系统的速度、加速度、位移等)。

根据拉索—MR 阻尼器系统控制过程中的典型工况,将整个过程分为三个控制状态,当$|\dot{q}(t)| < \dot{v}_y$时,系统处于被动控制状态,此时阻尼器电压为 0;当$\dot{v}_y \leqslant |\dot{q}(t)| < \dot{v}_{max}$时,阻尼器电压不为 0,系统处于主动控制状态;当$|\dot{q}(t)| \geqslant \dot{v}_{max}$时,需要的阻尼力超过阻尼器能提供的最大阻尼力,此时电压保持为最大电压,系统处于超主动控制状态。下面分四步推导拉索—MR 阻尼器系统 MLD 模型,加上其后的数值分析,形成混杂系统建模和求解的五个步骤。

第一步:系统连续方程离散化。

拉索—MR 阻尼器系统的连续状态空间方程为:

$$\begin{cases} \dot{\boldsymbol{\eta}}(t) = \begin{cases} \boldsymbol{A}_{l1}\boldsymbol{\eta}(t) + \boldsymbol{D}_{l1}\boldsymbol{f}(k) & [0 \quad 1]\boldsymbol{\eta}(t) \leqslant -\dot{q}_0 \\ \boldsymbol{A}_{l2}\boldsymbol{\eta}(t) + \boldsymbol{D}_{l2}\boldsymbol{f}(k) & -\dot{q}_0 < [0 \quad 1]\boldsymbol{\eta}(t) \leqslant \dot{q}_0 \\ \boldsymbol{A}_{l1}\boldsymbol{\eta}(t) + \boldsymbol{D}_{l3}\boldsymbol{f}(k) & [0 \quad 1]\boldsymbol{\eta}(t) > \dot{q}_0 \end{cases} \\ y = \boldsymbol{C}_{l0}\boldsymbol{\eta}(t) \end{cases} \tag{3.3.32}$$

式中:$\boldsymbol{A}_{l1}$,$\boldsymbol{A}_{l2}$——连续系统 2×2 阶状态矩阵;

$\boldsymbol{C}_{l0}$——连续系统的状态输出矩阵;

$\boldsymbol{D}_{l1}$,$\boldsymbol{D}_{l2}$——连续系统 2×1 阶环境干扰力控制矩阵;

$\dot{q}_0$——阻尼器屈服速度的绝对值。

将连续时间的状态方程(3.3.32)对时间离散化,时间步长取 T:

$$\begin{cases} \boldsymbol{\eta}(k+1) = \begin{cases} \boldsymbol{A}_{d1}\boldsymbol{\eta}(k) + \boldsymbol{D}_{d1}\boldsymbol{f}(k) & [0 \quad 1]\boldsymbol{\eta}(t) \leqslant -\dot{q}_0 \\ \boldsymbol{A}_{d2}\boldsymbol{\eta}(k) + \boldsymbol{D}_{d2}\boldsymbol{f}(k) & -\dot{q}_0 < [0 \quad 1]\boldsymbol{\eta}(t) \leqslant \dot{q}_0 \\ \boldsymbol{A}_{d1}\boldsymbol{\eta}(k) + \boldsymbol{D}_{d1}\boldsymbol{f}(k) & [0 \quad 1]\boldsymbol{\eta}(t) > \dot{q}_0 \end{cases} \\ y(k+1) = \boldsymbol{C}_{d0}\boldsymbol{\eta}(k) \end{cases} \tag{3.3.33}$$

式中:$\boldsymbol{A}_{d1}$,$\boldsymbol{A}_{d2}$——离散系统 2×2 阶特性矩阵;

$\boldsymbol{C}_{d0}$——离散系统的状态输出矩阵;

$\boldsymbol{D}_{d1}$,$\boldsymbol{D}_{d2}$——离散系统 2×1 阶环境干扰力控制矩阵。

第二步:引入逻辑变量δ_1、δ_2,并满足以下条件:

$$([0 \quad 1]\boldsymbol{\eta}(t) + \dot{q}_0 \leqslant 0) \leftrightarrow [\delta_1 = 1] \tag{3.3.34}$$

$$([0 \quad 1]\eta(t) - \dot{q}_0 \leqslant 0) \leftrightarrow [\delta_2 = 1] \tag{3.3.35}$$

方程(3.3.33)可以改写成:

$$\begin{cases} \boldsymbol{\eta}(k+1) = [\boldsymbol{A}_{d1}\boldsymbol{\eta}(k) + \boldsymbol{D}_{d1}\boldsymbol{f}_q(k)]\delta_1 + \\ \qquad [\boldsymbol{A}_{d2}\boldsymbol{\eta}(k) + \boldsymbol{D}_{d2}\boldsymbol{f}_q(k)](1-\delta_1)\delta_2 + \\ \qquad [\boldsymbol{A}_{d1}\boldsymbol{\eta}(k) + \boldsymbol{D}_{d1}\boldsymbol{f}_q(k)](1-\delta_2) \\ y(k+1) = \boldsymbol{C}_{d0}\boldsymbol{\eta}(k) \end{cases} \tag{3.3.36}$$

现将线性函数与逻辑变量之间的乘积关系转化为混合整数不等式。不等式可作为参数的约束条件来实现不同状态的切换。一般的约束条件处理中,将操作变量和其变化律的上下界作为系统的硬约束条件;将输出约束作为软约束条件;在有限时域模型预测控制算法中,为保证系统的稳定性而加入终端约束,属于等式约束条件。虽然各种约束条件的加入能保证系统的稳定性,但不能保证约束优化问题一定有解。为了确保系统有解,一般可加入惩罚项使硬约束条件软化成为软约束条件。考虑工程实际总存在误差,对来自专家或者经验知识的启发式规则有所偏移,可加入软化硬约束的松弛因子 ε,以表示对启发式规则的偏移程度。

根据命题逻辑转化为混合整数线性不等式的方法,每引入一个**逻辑变量**,跟着引入两个混合整数不等式的约束条件,然后根据专家经验或知识的启发式规则,并为软化硬约束条件引入非负松弛因子 $0 \leqslant \varepsilon \leqslant 1$,产生的不等式如下:

$$\varepsilon + (m_1 - \varepsilon)\delta_1 \leqslant [0 \quad 1]\boldsymbol{\eta}_p(k) + \dot{q}_0 \leqslant M_1(1 - \delta_1) \tag{3.3.37}$$

$$\varepsilon + (m_2 - \varepsilon)\delta_2 \leqslant [0 \quad 1]\boldsymbol{\eta}_p(k) - \dot{q}_0 \leqslant M_2(1 - \delta_2) \tag{3.3.38}$$

式中:$m_1 = \min([0 \quad 1]\boldsymbol{\eta}(t) + \dot{q}_0)$,$M_1 = \max([0 \quad 1]\boldsymbol{\eta}(t) + \dot{q}_0)$;

$m_2 = \min([0 \quad 1]\boldsymbol{\eta}(t) - \dot{q}_0)$,$M_2 = \max([0 \quad 1]\boldsymbol{\eta}(t) - \dot{q}_0)$。

第三步:引入辅助变量 $\boldsymbol{Z} = [\boldsymbol{Z}_1 \quad \boldsymbol{Z}_2 \quad \boldsymbol{Z}_3 \quad \boldsymbol{Z}_4 \quad \boldsymbol{Z}_5 \quad \boldsymbol{Z}_6]^{\mathrm{T}}$。

$\boldsymbol{Z}_1$、$\boldsymbol{Z}_3$、$\boldsymbol{Z}_5$,$\boldsymbol{Z}_2$、$\boldsymbol{Z}_4$、$\boldsymbol{Z}_6$ 分别代表当前时刻系统的位移和速度:

$$\boldsymbol{Z}_{1,2} = [\boldsymbol{Z}_1^{\mathrm{T}} \quad \boldsymbol{Z}_2^{\mathrm{T}}]^{\mathrm{T}} = [\boldsymbol{A}_{\mathrm{d1}}\boldsymbol{\eta}(k) + \boldsymbol{D}_{\mathrm{d1}}\boldsymbol{f}_{\mathrm{q}}(k)]\delta_1 \tag{3.3.39}$$

$$\boldsymbol{Z}_{3,4} = [\boldsymbol{Z}_3^{\mathrm{T}} \quad \boldsymbol{Z}_4^{\mathrm{T}}]^{\mathrm{T}} = [\boldsymbol{A}_{\mathrm{d2}}\boldsymbol{\eta}(k) + \boldsymbol{D}_{\mathrm{d2}}\boldsymbol{f}_{\mathrm{q}}(k)](1 - \delta_1)\delta_2 \tag{3.3.40}$$

$$\boldsymbol{Z}_{5,6} = [\boldsymbol{Z}_5^{\mathrm{T}} \quad \boldsymbol{Z}_6^{\mathrm{T}}]^{\mathrm{T}} = [\boldsymbol{A}_{\mathrm{d1}}\boldsymbol{\eta}(k) + \boldsymbol{D}_{\mathrm{d1}}\boldsymbol{f}_{\mathrm{q}}(k)](1 - \delta_2) \tag{3.3.41}$$

第四步:状态方程的表示。

$$\boldsymbol{\eta}(k+1) = \begin{bmatrix} 1 & 0 & 1 & 0 & 1 & 0 \\ 0 & 1 & 0 & 1 & 0 & 1 \end{bmatrix}\boldsymbol{Z}(k) \tag{3.3.42}$$

$$y = [0 \quad 1]\boldsymbol{\eta}(k) \tag{3.3.43}$$

根据命题逻辑转化成整数线性不等式的方法,每引入一个**辅助变量**,将会引入 4 个不等式(约束条件),并考虑引入逻辑变量产生的不等式,同时,对于只考虑一个形函数的情况,向量 $\boldsymbol{Z}_1$、$\boldsymbol{Z}_3$、$\boldsymbol{Z}_5$、$\boldsymbol{Z}_2$、$\boldsymbol{Z}_4$ 和 $\boldsymbol{Z}_6$ 均退化为(函)数,因此,在以下公式中不再采用向量形式表示,而采用变量形式表示。整理得:

$$M_1\delta_1 \leqslant -[0 \quad 1]\boldsymbol{\eta}(k) - q_0 + M_1 \tag{3.3.44}$$

$$(m_1 - \varepsilon)\delta_1 \leqslant [0 \quad 1]\boldsymbol{\eta}(k) + q_0 - \varepsilon \tag{3.3.45}$$

$$M_2\delta_2 \leqslant -[0 \quad 1]\boldsymbol{\eta}(k) + q_0 + M_2 \tag{3.3.46}$$

$$(m_2 - \varepsilon)\delta_2 \leqslant [0 \quad 1]\boldsymbol{\eta}(k) - q_0 - \varepsilon \tag{3.3.47}$$

$$-M\delta_1 + Z_i \leqslant 0 \quad (i = 1,2) \tag{3.3.48}$$

$$-M\delta_1 - Z_i \leqslant 0 \quad (i = 1,2) \tag{3.3.49}$$

$$M\delta_1\delta_2 - M\delta_1 + Z_i \leqslant 0 \quad (i = 3,4) \tag{3.3.50}$$

$$M\delta_1\delta_2 - M\delta_1 - Z_i \leqslant 0 \quad (i = 3,4) \tag{3.3.51}$$

$$M\delta_2 + Z_i \leqslant M \quad (i = 5,6) \tag{3.3.52}$$

$$M\delta_2 - Z_i \leqslant M \quad (i = 5,6) \tag{3.3.53}$$

$$M\delta_1 + Z_i \leqslant \boldsymbol{A}_{d1}\boldsymbol{\eta}_p(k) + D_{d1}f_q(k) + M \quad (i = 1,2) \tag{3.3.54}$$

$$M\delta_1 - Z_i \leqslant -\boldsymbol{A}_{d1}\boldsymbol{\eta}(k) - D_{d1}f(k) + M \quad (i = 1,2) \tag{3.3.55}$$

$$-M\delta_1\delta_2 + M\delta_2 + Z_i \leqslant \boldsymbol{A}_{d2}\boldsymbol{\eta}(k) + D_{d2}f(k) + M \quad (i = 3,4) \tag{3.3.56}$$

$$-M\delta_1\delta_2 + M\delta_2 - Z_i \leqslant -\boldsymbol{A}_{d2}\boldsymbol{\eta}(k) - D_{d2}f(k) + M \quad (i = 3,4) \tag{3.3.57}$$

$$-M\delta_2 + Z_i \leqslant \boldsymbol{A}_{d1}\boldsymbol{\eta}(k) + D_{d1}f(k) \quad (i = 5,6) \tag{3.3.58}$$

$$-M\delta_2 - Z_i \leqslant -\boldsymbol{A}_{d1}\boldsymbol{\eta}(k) - D_{d1}f(k) \quad (i = 5,6) \tag{3.3.59}$$

其中：

$$M = \max_{j=1}^{2}(N_j), N_j = \max[\boldsymbol{A}_{dj}\boldsymbol{\eta}(k) - D_{dj}f(k)] \quad (j = 1,2)$$

方程(3.3.42) ~ 方程(3.3.59)就是拉索—MR 阻尼器系统的 MLD 模型,这样就将分段线性模型整合到一个统一的模型里面了,解决了对方程(3.3.30)、方程(3.3.31)进行数值求解分析时缺乏统一数学求解体系的难题。

6)第五步:数值分析

数值分析可采用 Hybrid Toolbox(Matlab/Simulink 中为模拟、数值求解及验证混杂动态系统的一种工具箱)。Hybrid Toolbox 具有以下功能:

(1)混杂动态系统的设计,数值求解以及控制。

(2)线性混杂动态系统的特性分段放射模型在约束条件下的最优控制的设计。

(3)提供线性约束系统以及混杂系统的数值求解控制试验室功能。

(4)多参数程序的二次开发,多参数线性程序的求解,为了获得特定的分段数值求解控制模型的多参数混杂最优控制的求解。

(5)生成实数原型的 C 语言代码。

(6)多面体和多面体单元的操作和可视化。

(7)以上功能的演示。

Hybrid Toolbox 中有一种描述语言 Hysdel(Hybrid System Description Language)来专门描述混杂系统,使 MLD 模型的建立和求解过程变得极为方便。使用 Hysdel 语言时,通过 MLD 命令即可自动进行命题逻辑和混合整数不等式的转换,从而得到系统的 MLD 模型。这就大幅减少建模过程中繁琐的人工推演和编程工作,从而提高了建模的效率和准确性。并且,Hysdel 编译器可以对几种混杂系统模型进行相互转换,如 MLD 和 PWA 模型之间的转换。

在拉索—MR 阻尼器的混合动态逻辑模型式(3.3.36) ~ 式(3.3.59)上,就可以使用 Hysdel 进行数值分析。以下算例中,拉索—MR 阻尼器系统采用文献中的相关参数(表 3.3.1 和表 3.3.2)。

拉索—MR 阻尼器系统的相关参数 表 3.3.1

参数	量值	参数	量值
单位长度的质量 m	0.391kg/m	截面积 A	7.28mm^2
水平长度 L_x	11.31m	直径 D	4.0mm
竖向长度 L_y	3.70m	弹性模量 E	8.242×10^4MPa
静态张拉力 T	150N	轴向刚度 EA	6.0×10^5N

MR 阻尼器的相关参数计算公式（V：MR 阻尼器上的电压，单位：mV）　　表 3.3.2

初始屈服力	$f^{\text{initial yield}}=0.415\text{N}$
屈服力	$f^{\text{yield}}(V)=0.2872V^2+1.3507V+f^{\text{initial yield}}$
屈服前黏性阻尼系数	$C_R(V)=4.762\text{Ns/mm}$
屈服后黏性阻尼系数	$C_p(V)=0.0026V+0.0068\text{Ns/mm}$

假设 MR 阻尼器安装在离索底部 5% 的位置。索本身的阻尼采用两项瑞利阻尼，即 $c=\alpha'm+\beta'k$，其中 α' 和 β' 均取值 0.001。斜拉索的特性取值见表 3.3.3。

斜拉索的特性参数取值　　表 3.3.3

索长 L (m)	索的质量 m (kg)	索刚度 (N/m)	索阻尼系数 c (Ns/m)	阻尼器位置 x_d (m)	振型函数 $\varphi(x_d)$
11.89	2.324 5	62.256	0.064 6	0.594 5	0.156 4

对于式(3.3.29)中控制权矩阵 $\boldsymbol{Q}$ 和 $\boldsymbol{R}$，取 $\alpha=0.1$，$\beta=8\times10^{-2}$，形函数取为阻尼器安装点处集中力产生的静态变形，则分段线性状态空间方程为：

$$\dot{z}(t)=\begin{cases}\left(\begin{bmatrix}0 & 1\\ -26.783 & -0.0278\end{bmatrix}-\begin{bmatrix}0\\ -0.2558\end{bmatrix}\boldsymbol{L}\right)\begin{bmatrix}q\\ \dot{q}\end{bmatrix}+\begin{bmatrix}0\\ 0.4302\end{bmatrix}f_q(t) & (50\text{m/s}\geqslant|\dot{q}(t)|\geqslant v_0)\\ \begin{bmatrix}0 & 1\\ -26.783 & -0.5038\end{bmatrix}\begin{bmatrix}q\\ \dot{q}\end{bmatrix}+\begin{bmatrix}0\\ 0.4302\end{bmatrix}f_q(t) & (0\text{m/s}\leqslant|\dot{q}(t)|<v_0)\end{cases}\tag{3.3.60}$$

$$y(t)=\boldsymbol{C}_0z(t)\quad(\boldsymbol{C}_0=[0\quad 1])\tag{3.3.61}$$

利用 Hysdel 编译器软件建立方程(3.3.60)和方程(3.3.61)的 MLD 模型，对给定初始状态的自由振动进行数值求解。激励力 $f(t)$ 取为 0，让系统在一个给定初始速度的状态下进行自由衰减运动。通过改变系统的屈服速度 v_0 的取值，研究屈服速度对拉索—MR 阻尼器系统的影响。设阻尼器的屈服速度 v_0 的取值为 1m/s，控制权矩阵为：

$$\boldsymbol{Q}=0.1\begin{bmatrix}62.256 & 0\\ 0 & 2.3245\end{bmatrix},R=8\times10^{-2}\begin{bmatrix}1 & 0\\ 0 & 1\end{bmatrix}$$

图 3.3.7 是加入 LQR 算法的 MLD 模型进行数值求解得到的系统速度时程曲线，并加入了系统在同样条件下被动控制的速度时程曲线的对比。加入 LQR 算法和被动控制的数值求解结果对比明显，LQR 控制算法可以有效地抑制系统的振动。和被动控制得到的结果相比，系统的振动速度幅值快速衰减到 0，振动得到很好的控制。

7）混杂系统控制理论与传统方法的比较

混杂系统从结构上看与经典控制领域中的采样控制系统极其相似，但由于引入了一些逻辑操作条件，以及系统本身控制器（由操作规则描述），使系统具有不连续性。通过对系统中各部分模块的不同处理，所形成的 MLD 模型集成了系统的连续动态、逻辑切换规则以及操作约束条件和定性知识。MLD 在统一的框架下进行控制器的设计，使某一性能指标为最优并满足约束条件，使得模型更加标准化、规范化，这是其明显优于经典控制之处。

混杂系统建模语言的模块化和标准化是现代科学技术发展的总体趋势。将混杂系统理

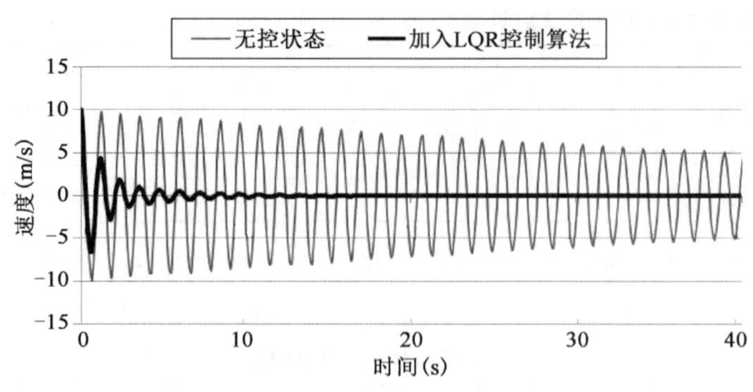

图 3.3.7 $v_0=1\text{m/s}$ 混合逻辑动态模型速度时程曲线

论引入土木工程领域,对于控制理论来说是一个新发展。MLD 模型将几种不同的状态整合到一个统一模型中来分析控制,可从数学层面处理复杂系统的鲁棒性和稳定性问题。由于 MLD 模型中逻辑变量的引入,特别是与状态演化无关的逻辑变量的出现,为人工智能(如专家知识、技术经济权衡和应急决策等)在控制系统中的植入留出了理论接口。

3.4 振动控制技术的工程应用

3.4.1 索结构振动控制简介

就目前而言,实桥上索结构采用的防止或抑制拉索风振的方法主要有以下三种:

(1)改变索的光滑表面形状,具体措施是在索表面开设凹槽或打凹坑等,防止雨线的形成,同时改善索表面的气动力特性。

(2)增加索结构低阶振动模态的阻尼,从而有效地抑制拉索的振动,具体措施是在索上附加阻尼减振器。

(3)增加索的刚度从而提高拉索的振动频率,避免低频率的风致振动,具体措施是将索结构之间用辅助索相互连接,形成一个索网体系。

以上三种方法,第 1 种方法属于空气动力学措施,第 2 种和第 3 种方法属于机械减振措施。这三种控制方式在拉索的四种振动形式中应用情况如表 3.4.1 所示。

振动和控制措施汇总表　　表 3.4.1

振动类型	振动特点	控制措施
涡激共振	振幅较小,一般不具发散性,发振频率过高或特殊情况下振幅过大时,会对索结构及其连接部位造成疲劳损伤	空气动力学措施、配置阻尼器
尾流驰振	发散性的自激振动,振幅较大	空气动力学措施、配置阻尼器
风雨振	振型一般集中在第 1~4 阶,其振动在索面内尤为强烈	空气动力学措施、配置阻尼器、半主动控制
参数共振	某些参数周期性变化引起的自激振动,频率正好等于拉索某阶模态频率的 2 倍时,拉索即发生参数共振	构造措施、配置阻尼器

1)空气动力学措施

所谓空气动力学方法是基于流体与拉索相互作用原理,主要从斜拉索的风雨振动的机理出发,通过在拉索 PE 包裹段增加突起、沿轴向开设凹槽、沿轴向螺旋缠绕钢丝或间隔缠绕带状物等措施(图 3.4.1)改变接触状态,影响流场,起到干扰水流、阻止水线形成的目的,从而保证斜拉索的气动稳定性,抑制风雨振。但由于目前对其减振措施的作用机理还无法进行理论分析,各种减振方案的提出和细节设计都需要试验验证,以避免产生其他不稳定振动。

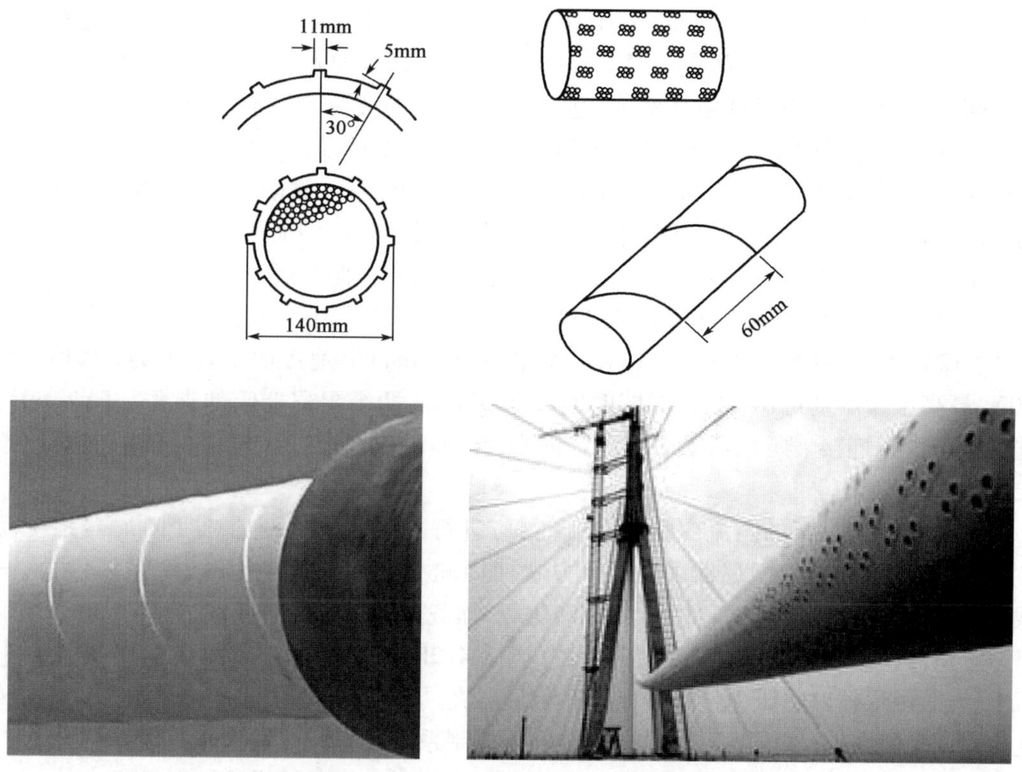

图3.4.1　抑制拉索振动的空气动力学措施

对于吊索,则主要通过调整其截面形状来改善结构气动力性能。长方形截面、切角长方形截面、圆角长方形截面吊索的涡脱落规模逐渐减小,升力逐渐减小。在吊索设计时采取流线型断面,避免钝体断面,将是一种很好的选择,可以减少吊索涡激振动的振幅。

2)构造措施

拉索互连方式是早期抑制卡门涡激振动的一种方法。利用辅助索将拉索连接起来,或者采用连接器将相互并列的两根索连接起来,从而可增加拉索体系整体的刚度,提高索的振动频率,增加拉索的机械阻尼和气动阻尼;同时,由于每根索的振动频率、相位和幅值不同,可使索之间的运动受到制约而达到一定的减振效果。因此,不少工程师提倡用辅助索来进行拉索控制。日本名港西大桥、法国诺曼底大桥和中国香港昂船洲大桥都采用了这种控制措施。

但辅助索在实际工程中的应用并不是很普遍,主要有两个原因:其一,构造较复杂,其作用和机理仍没有确切结论,因而未能形成完整的设计理论,在设计、施工中只能依照经验,由此发生了不少断索事故;其二,辅助索破坏了原有拉索系统独有的美观效果。

3)阻尼器法

采用附加拉索减振阻尼器的方法,相对目前的技术理论条件而言较经济,简单且有效,从而得到了广泛的应用。其减振效果可以通过系统的模态阻尼比的大小进行评价,并且,与主动控制相比,阻尼器系统具有鲁棒性好的特点。常用的阻尼器有橡胶阻尼器、油阻尼器、黏滞剪切型阻尼器和新兴的半主动型阻尼器(电流变或磁流变阻尼器)等。

3.4.2 磁流变阻尼器

磁流变阻尼器利用亚纳米智能材料(磁流变体)在外部磁场的作用下,磁流变体能在几毫秒内由流动良好的牛顿液体变为具有一定剪切屈服强度的宾汉姆体,在液体、黏弹性体、半固体间可逆转换,其力学性能也发生相应变化。通过调节输入阻尼器的电压,可以改变施加给磁流变液的磁场强度和阻尼器的阻尼特性,从而获得振动控制需要的可变阻尼。它具有响应速度快、阻尼连续可调、功耗小、阻尼力大、动态范围广、频响高、适应面大等特点,是被动控制元件的理想替代装置,在拉索振动控制领域具有广阔的应用前景。

一个拉索采用的磁流变阻尼器系统一般由两个磁流变阻尼器构成。由美国 Lord 公司生产的型号为 RD-1005-3 的阻尼器[图 3.4.2a)]在实际工程中得到过应用,其输入直流电压为 0 ~ 12V,相应的电流为 0 ~ 2A,在 1A 电流和 50mm/s 速度时其阻尼力(峰值)大于 2 270N,最高工作温度可达 70℃,响应时间小于 25ms。两个阻尼器间的夹角一般为 60°,并通过索扣与拉索连接。阻尼器安装在距锚固端 1 ~ 3m 的位置,安装时应保证阻尼器与拉索轴线相垂直。

在为实桥设计拉索的磁流变阻尼系统时,应进行下文所述的双磁流变阻尼器系统动力学性能试验:两个磁流变阻尼器采用并联方式使用同一套 0 ~ 12V 稳压电源系统供电;试验荷载可采用 MTS 万能材料试验机施加位移荷载,加载波型可采用正弦波;将两个磁流变阻尼器以一定角度(如 60°)的夹角安装在夹具中[图 3.4.2b)],然后竖向安放在 MTS 万能材料试验机上;安装阻尼器时将压力传感器加装在阻尼器夹具与材料试验机作动杆件之间,压力传感器连接数据采集系统;磁流变阻尼器线路与电压控制系统相接。试验应根据阻尼器工作的频率、电压、振幅等参数进行工况设计。表 3.4.2 是试验设计和试验结果的一个案例。

双阻尼器计算模型拟合参数　　表 3.4.2

工　况	$\tan F_v$	F_1(N)	v_1(mm/s)	v_2(mm/s)	F_c(N)	v_c(mm/s)
1Hz_15mm_0V	900	132	2	13	10	0
1Hz_15mm_0.25V	800	147	2	15	10	1
1Hz_15mm_0.5V	950	179	2	15	10	1
1Hz_15mm_0.75V	1 050	216	2	15	10	1
1Hz_15mm_1V	1 300	246	2	25	11	1
1Hz_15mm_2V	2 200	468	2	22	7	1
1Hz_15mm_4V	4 100	975	2	28	0	0
1Hz_15mm_8V	7 000	1 659	2	37	0	-1
2Hz_10mm_0V	1 400	101	2	24	25	4
2Hz_10mm_0.25V	1 400	123	2	28	16	2
2Hz_10mm_0.5V	1 400	149	2	28	16	2
2Hz_10mm_0.75V	1 650	191	2	28	18	4
2Hz_10mm_1V	1 800	228	2	30	17	4
2Hz_10mm_2V	2 200	292	2	22	-13	2
2Hz_10mm_4V	5 500	1 039	2	58	-13	2
2Hz_10mm_8V	6 500	188	2	72	70	4

3.4.3 有限元模型仿真计算

对于上一小节中的磁流变阻尼器,其阻尼屈服力为 1 500N 时,屈服速度也仅为 0.02m/s 左右。为了计算方便,屈服速度都取同一速度,为 0.02m/s。对阻尼器屈服力为 200N 的力—速度曲线进行数值分析,得到的结果如图 3.4.3 所示。应注意,力—速度图中,±200N 处均出现屈服点,对应的屈服速度绝对值均为 0.02m/s。

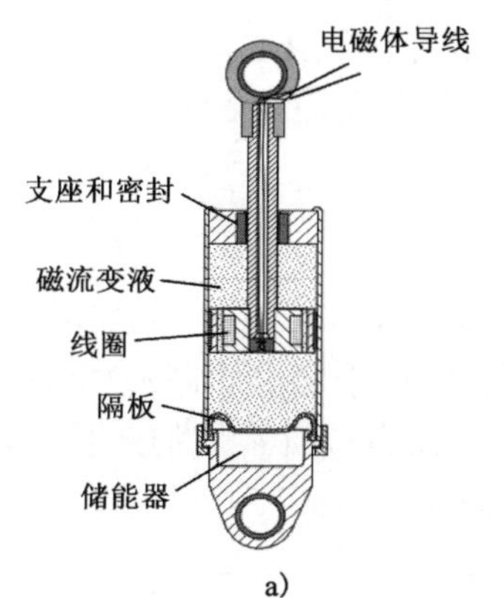

a)

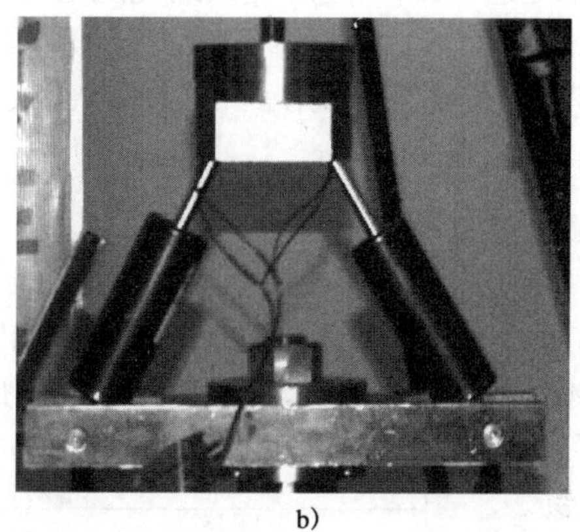

b)

图 3.4.2 双阻尼器竖向安装图

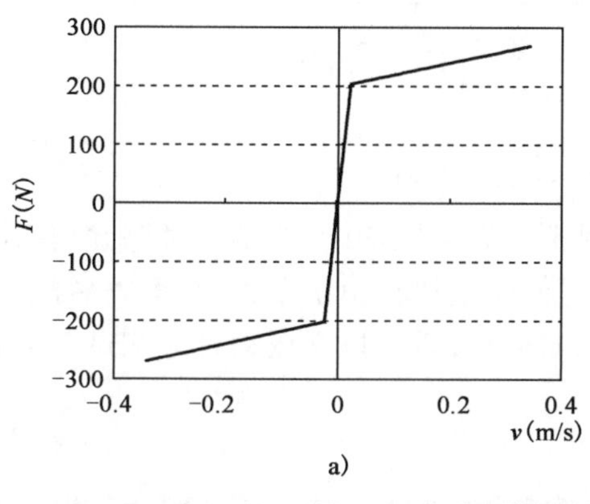

a)

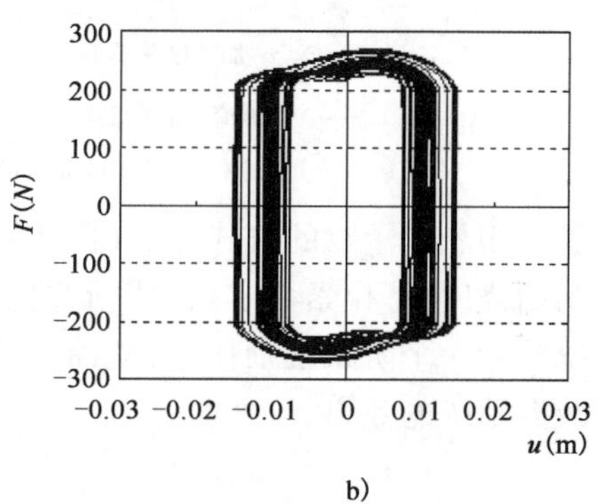

b)

图 3.4.3 阻尼器阻尼力—速度和阻尼力—位移关系曲线

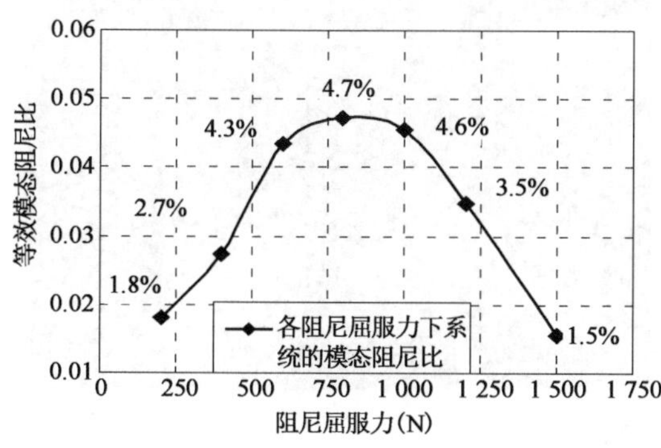

图 3.4.4 拉索等效模态阻尼比—阻尼器屈服力关系曲线

现等效阻尼器的作用为拉索系统的阻尼比。将模态阻尼比换算成第 1 阶自振频率下对应的可变阻尼矩阵因子,从而改变拉索的阻尼矩阵。此时,可对其在外加正弦荷载作用下的强迫振动进行数值模拟;取中间节点的位移响应进行拟合,可得到阻尼比—振幅曲线。将不同阻尼屈服力作用下的拉索中节点的稳态振幅带入阻尼比—振幅曲线,就可得到拉索—阻尼器系统在简谐激励条件下,不同阻尼屈服力对应的等效模态阻尼比,如图 3.4.4 所示。

由图 3.4.4 可以看出：

(1)模态阻尼比随着阻尼屈服力的变化而变化，说明磁流变阻尼器具有良好的可调阻尼特性，改变阻尼屈服力值就可得到对应的模态阻尼比。

(2)存在一个最优阻尼屈服力值，使得系统的模态阻尼比达到最大。在最优阻尼屈服力值左边，随着阻尼屈服力值的增大，系统的模态阻尼比也随之增大，主要是因为阻尼器提供的阻尼力不足造成的；在超过了该最优阻尼屈服力值后，随着阻尼屈服力值的增大，系统的模态阻尼比反而减小，主要原因是阻尼屈服力值太大，相当于在阻尼器作用节点铰支，阻尼器不再起到消能的作用，随着阻尼屈服力值的增大，反而会降低系统的模态阻尼。

3.4.4 减振试验

1)试验设计

为进一步了解拉索—磁流变阻尼器的动力学特性，研究人员设计和制作了足尺模型试验，试验系统布置如图 3.4.5 所示。在试验室内张拉一根热挤聚乙烯高强钢丝拉索，并在拉索上安装磁流变阻尼器装置，构成减振系统。拉索采用在斜拉桥常用的热挤聚乙烯平行钢丝拉索，其规格为 PES(H)7-55，长度为 28.75m，张力为 320kN。

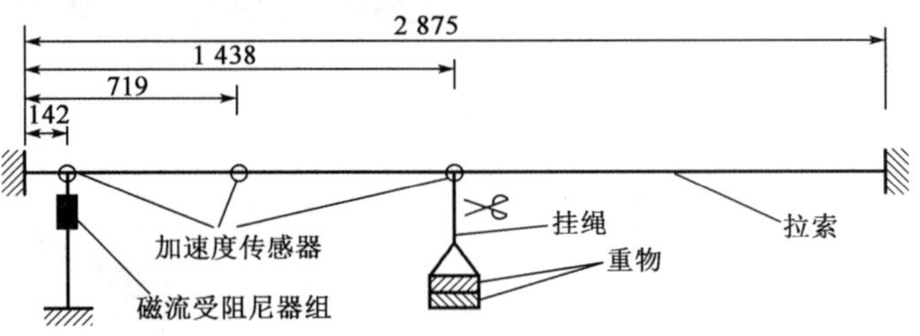

图 3.4.5 试验系统布置示意图(尺寸单位：cm)

试验采用悬挂重物的方式加载(图 3.4.6 和图 3.4.7)：在跨中位置悬挂质量块，使拉索产生一初始挠度，待拉索稳定后，切断挂钩上的挂绳使质量块自由下落，使拉索—磁流变阻尼器系统受到一个阶跃激励作用，从而产生自由衰减振动，通过拉索振动衰减测试和分析，可了解减振系统的效果。

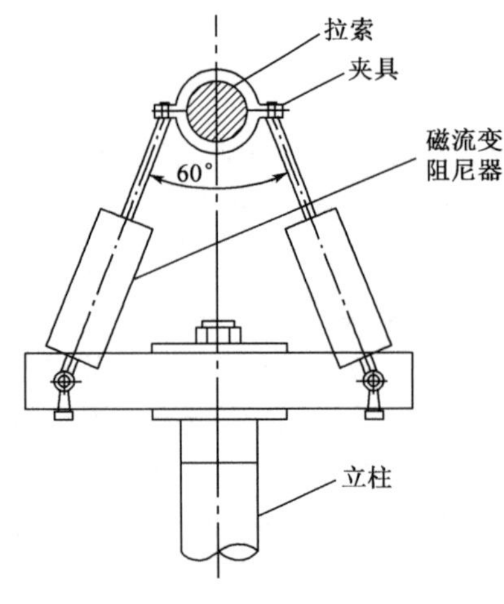

图 3.4.6 阻尼器组合安装示意图

图 3.4.7 阻尼器安装实物图

试验的激励荷载分两个等级，分别采用 25kg × 4 和 25kg × 2 两组质量块加载，记为荷载Ⅰ和荷载Ⅱ。在拉索的阻尼器位置、$L/4$ 跨位置（距安放阻尼器的索端，后文若无特殊说明均与此同）和拉索跨中（$L/2$）位置安装了三个高精度加速度传感器。数据采集采用 DEWE-2010 数据采集系统，采样频率为 100Hz。在不同电压下进行了荷载Ⅰ和荷载Ⅱ的试验，各试验工况的具体情况见表 3.4.3。每个工况均重复三次，以获得振动特征的统计值。

试 验 工 况　　表 3.4.3

试验工况	荷载等级	控制电压(V)	试验工况	荷载等级	控制电压(V)
1	Ⅰ	3	7	Ⅱ	2
2	Ⅰ	4	8	Ⅱ	3
3	Ⅰ	5	9	Ⅱ	4
4	Ⅰ	6	10	Ⅱ	5
5	Ⅱ	0	11	Ⅱ	6
6	Ⅱ	1			

2）试验结果及结论

首先，以试验工况 6（荷载Ⅱ级条件下、阻尼器控制电压为 1V）为例说明试验的可重复性和试验获得的加速度时程的基本特点（图 3.4.8）。

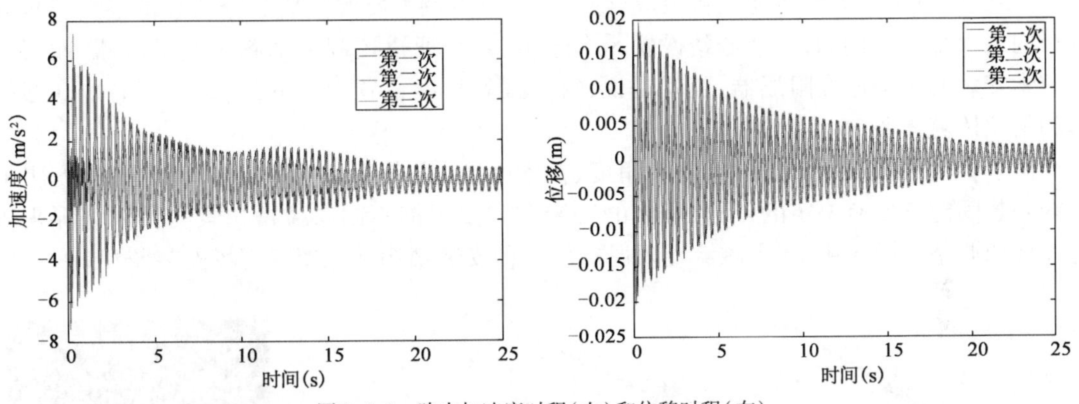

图 3.4.8　跨中加速度时程（左）和位移时程（右）

由图 3.4.8 的加速度时程可知：

①同一试验工况下三次试验得到的各测试点加速度时程曲线均较好吻合，最大值、最小值、加速度变化趋势等均相同，试验具有良好的重复性。

②加速度幅值在前 4s 衰减显著，随着时间的推移加速度幅值的衰减逐渐减弱。

③跨中加速度时程在衰减过程中有一个幅值增加的波动过程（$L/4$ 跨位置也是如此，但阻尼器处的加速度幅值基本随时间单调减小）。对加速度时程进行二次积分，并滤去均值和缓慢变化的趋势项，可得到拉索位移时程。从图中可以看出位移时程也有很好的重复性。

3）拉索—磁流变阻尼器系统自由振动的特点

为了研究位移时程的特点以及位移时程随控制电压的变化，分别将Ⅱ级荷载条件下控制电压为 0V、1V、3V 和 6V 时（即工况 5、6、8、10）四分之一跨（$L/4$）位置的位移时程进行了比较，如图 3.4.9 所示。从图 3.4.9 可以看出位移衰减曲线主要呈现的特点。控制电压较小时，拉索—磁流变阻尼器系统自由振动衰减过程可分为三个阶段：第一阶段，位移以较大的衰减率线性衰减；第二阶段，位移以较小的衰减率线性衰减；第三阶段，位移以非常小的阻尼比呈指数衰减。

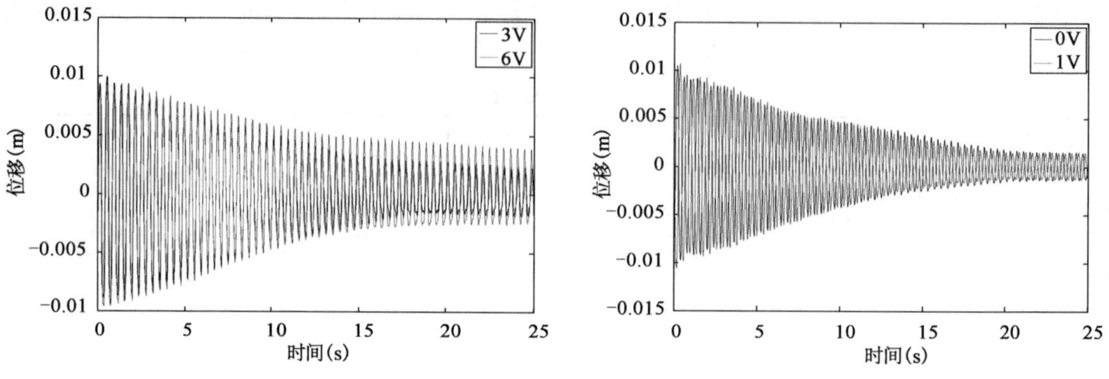

图 3.4.9　不同电压下四分之一跨($L/4$)位置位移时程曲线(荷载Ⅱ)

3.4.5　工程应用

实桥应用时，上述阻尼器系统需要设计控制系统。控制系统由一个主站和多个分站组成，主站由计算机和无线传输设备组成，分站由多路可调恒压源组成。分站数量根据斜拉索数量的多少配置。例如，一个分站设置 8 个通道，每个通道控制一个磁流变阻尼器，而每根斜拉索安装两个磁流变阻尼器，也就是说，每 4 根斜拉索设置 1 个分站，则一座有 200 根拉索的斜拉桥就需要 50 个分站。

由于不同的斜拉桥斜拉索的安装角度、拉索间距、拉索规格等不相同，因此磁流变阻尼器的安装固定支架有一定的差异，具体的安装方式要根据不同斜拉桥拉索的具体情况来进行设计和调整。图 3.4.10 为磁流变阻尼器的三种安装结构示意图和现场安装照片。

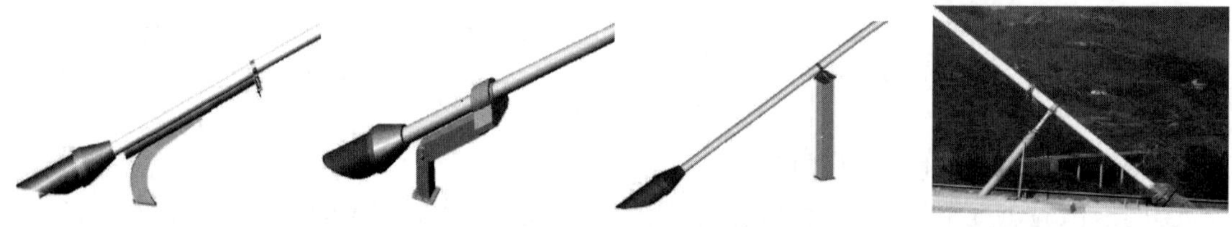

图 3.4.10　系统安装的几种方式和现场安装照片

3.5　小结

在索的动力学基础理论方面，包括 5 个内容：首先介绍张紧弦的振动及其两种解的推导和联系；其次介绍下垂缆索的面内、面外振动的振型和频率的理论计算推导；再次在前面的振动理论基础上，考虑阻尼的影响来推导振动方程的解和动力系数，从而来谈单自由度体系有阻尼振动，进而引出经典阻尼对弦的振动的影响；其后通过特征方程和函数推导出非经典线性阻尼对索结构振动的影响；最后介绍了索结构的非线性振动方程及相关案例。

在索的振动控制技术方面，本章介绍了斜拉桥拉索、拱桥和悬索桥吊索以及悬索桥主缆的振动形式和相应的控制措施，推导了桥梁索结构的混杂系统控制理论，提出了基于混合逻辑动态(MLD)模型、半主动控制元件和非状态依赖逻辑事件(人工智能)的索结构振动混杂控制技术的关键算法,对基于双黏性模型的拉索—MR 阻尼器系统建立了 MLD 模型并进行了数值分析,将分段线性模型整合到一个统一的模型里面,解决了传统状态空间方程在进行数值求解分析时缺乏统一数学求解体系的问题。最后,本章还讨论了桥梁索结构振动的智能控制系统及其工程应用。

由于索结构的振动直接影响超大跨度桥梁的发展,因此,索结构的振动和控制问题将是新世纪桥梁工程中研究的重点。从世界范围看,现今意大利跨越墨西拿海峡的 Messina 桥,采用主跨为 3 300m 的悬索桥方案,即将开工,而连接欧非大陆的直布罗陀海峡通道已经研究了几十年,这些工程中,必然将用到最先进的索结构振动控制技术。

本章参考文献

[1] H Max Irvine. Cable Structures[M]. The Mit Press Cambridage, Massachusetts, and London, England . The Massachusetts Institute of Technology, 1981.

[2] R · 克拉夫, J · 彭津. 结构动力学[M]. 2 版. 王光远, 译. 北京:高等教育出版社, 2006.

[3] 尼尔斯 · J · 吉姆辛(丹麦). 缆索支撑桥梁概念与设计[M]. 2 版. 北京:人民交通出版社, 2001.

[4] Gang ZHENG. Vibration-Based Condition Assessments of Cables in Cable-Supported Bridges [D]. the HongKong PolyU, 2002.

[5] 苏文明. 混杂系统理论在拉索的振动控制中的初步应用[D]. 重庆:重庆交通大学, 2013.

[6] 李东旭. 高等结构动力学[M]. 北京:科学出版社, 2010.

[7] 陈兵. 中、下承式拱桥吊索载荷行为及安全性研究[D]. 成都:四川大学, 2003.

[8] Hikami Y. Rain Vibration of cable in cable-stayed bridge[J]. Wind Eng JAWE, 1986, No27.

[9] 徐刚, 王靖夫, 任文敏. 斜拉桥拉索雨风振机理探讨[J]. 工程力学, 2004(3).

[10] 李胜利. 大跨径悬索桥施工期暂态结构抗风性能及控制[D]. 哈尔滨:哈尔滨工业大学, 2010.

[11] 李胜利, 欧进萍, 王正君. 悬索桥施工期抗风性能及控制研究进展[J]. 建筑技术, 2007(8).

[12] Erik A Johnson, Greg A Baker, B F Spencer. Semiactive damping of stay cables [J]. ASCE Journal of Engineering Mechanics, 2002.

[13] 邬喆华, 陈勇. 磁流变阻尼器对斜拉索的振动控制[M]. 北京:科学出版社. 2007.

[14] 陈政清. 桥梁风工程[M]. 北京:人民交通出版社, 2005.

[15] 何旭辉, 陈政清, 黄方林, 等. 洞庭湖大桥斜拉索减振试验研究[J]. 振动工程学报, 2002(4).

[16] 王修勇, 陈政清, 高赞明, 等. 磁流变阻尼器对斜拉索振动控制研究[J]. 工程力学, 2002(6).

[17] 王修勇, 陈政清, 何旭辉, 等. 洞庭湖大桥风雨振减振试验研究[J]. 桥梁建设, 2002(2).

[18] 陈政清,柳成荫,倪一清,等.洞庭湖大桥拉索风雨振中的风场参数[J].铁道科学与工程学报,2004(1).

[19] 李雄晖,李黎.军山大桥斜拉索减振技术试验研究[J].公路交通科技,2002(3).

[20] 李文勃,林志兴,杨立波.超长斜拉索风阻系数及风雨激振的试验研究[J].振动、测试与诊断,2005(2).

[21] 杨杰,李爱群,丁幼亮,等.苏通大桥结构健康状态评估技术研究与应用(1):拉索损伤识别[J].防灾减灾工程学报,2010(3).

[22] 詹昊,方秦汉,李万平.钢桁拱桥吊索涡激振动仿真分析[J].中国铁道科学,2009(2).

[23] Torrisi F D, Bemporad. A. HYSDEL-A tool for generating computational hybrid models [J]. IEEE Trans. Contr. Systems Technology, 2004, 12(2):235-249.

[24] 顾金钧,赵煜澄,邵克华.九江长江大桥应用新型TMD抑制吊索涡振[J].土木工程学报,1994(3).

[25] M. Kazakebitch, A. Zakora. Cable stabilization for wind and moving load effect[J]. Journal of wind engineering and industrial aerodynamics,1998:74-76.

[26] 李胜利.大跨径悬索桥施工期暂态结构抗风性能及控制[D].哈尔滨:哈尔滨工业大学,2010.

第4章　桥梁索结构的弯曲刚度

前面各章中均假定索结构是完全柔性的。这一假定相当于将其横截面简化为一个理想的无穷小点，索自身则简化一条截面积为0的理想化曲线。在这一假定下，索结构截面特性对应的抗弯、抗扭、抗剪等刚度均已简化为零。尽管已经极其简化，但这个柔性索模型却并未因此不切实际。相反，这一模型不仅具备理论上的正确（解析）性，而且具备解决绝大多数索结构工程问题索需要的准确性和实用性。当工程师在设计、制造或安装斜拉索和悬索桥主缆时，如果正确运用上述柔性索理论模型，那么，工程师们对索结构张力、挠度（线形）、振动分析结果的准确程度将在绝大多数情况下完全满足实际工程的需要。

数学上非常漂亮的柔性索模型很美也很实用，并且足以解决桥梁索结构的总体受力问题。但是，随着缆索支撑桥梁的进一步发展，实际桥梁索结构的一些局部受力问题逐渐为人们所察觉，这就超过了柔性索理论的适用范围，因此必须发起新的探索来解决这些问题。这些探索使得索结构理论体系进一步发展：学者们首先建立了关于索结构整体的均匀弯曲刚度理论；在此基础上，作者所在的研究团队又进一步提出和不断丰富了考虑局部范围内索体钢丝之间滑移的非线性弯曲刚度分析方法，这是本章讲述的两个主要内容。

过去，我国对于索结构弯曲刚度的关注较少，基本上停留于翻译和学习国外的研究成果阶段，本章则加强了对这部分内容的讲述。在悬索桥主缆、斜拉桥拉索、拱桥和悬索桥吊索这三种索结构中，斜拉索的局部受力问题最为突出。悬索桥主缆虽然最长，但其受力变形相对于其长度并不算太大，弯曲变形相对较小，因此主要受整体（受拉）强度的控制。拱桥和悬索桥吊索比斜拉桥拉索短，其刚度和频率明显高于斜拉索，因此其振动引起的弯曲疲劳问题也不突出。实际上，短吊索、短吊杆的主要问题在于主梁水平位移导致的局部疲劳损伤问题。斜拉索则处于最不利的状况，其短索同样因为主梁水平位移而存在与短吊索类似的耐久性问题；而长斜拉索则由于容易发生各类振动而存在以高周疲劳为核心的耐久性问题。因此，尽管本章的理论内容也适用于主缆和吊索，但在论述时均以斜拉索为例。

4.1　考虑均匀弯曲刚度的索结构静力学

理想柔性索理论不能处理拉索端部的局部弯曲应力问题。《缆索支撑桥梁》的作者Gimsing教授等提出了索结构的均匀弯曲刚度理论，为这一问题的解决奠定了理论基础。

4.1.1　均匀弯曲刚度的索结构静力学方程

1）索梁结构

在需要考虑索结构的截面弯曲刚度时，当弯曲刚度在索梁结构的所有横截面上均为同一常数，也即弯曲刚度沿索梁结构轴向保持为常量时（均匀假设），称这样的索梁为均匀索梁，简称均匀索梁结构。

2)索梁结构的静力学微分方程

设均匀索梁受轴力和自身重力的作用,同时考虑由于曲率变化产生的附加弯矩的影响(考虑索结构横截面的抗弯刚度)。对[$x,w(x)$]处索体取微段进行静力分析,如图4.1.1所示。

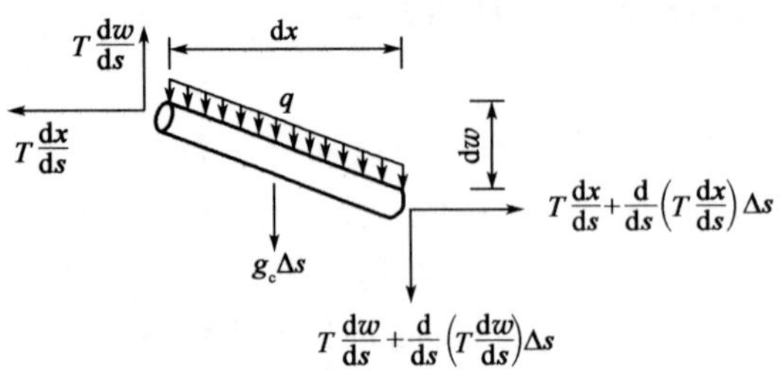

图4.1.1 索梁结构受力示意图

通过建立其竖向力平衡方程,并由Euler-Bernoulli梁的性质和力的分解原理可得:

$$\frac{d}{ds}\left(T\frac{dw}{ds}\right)+q=-g_c \tag{4.1.1}$$

$$q=-\frac{dM}{dx^2}=-EI\frac{d^4w}{dx^4} \tag{4.1.2}$$

$$T\frac{dx}{ds}=H \tag{4.1.3}$$

式中:T——斜拉索内部的张拉力;

$\frac{dw}{dx}$——斜拉索切线与水平线夹角的正弦值;

g_c——斜拉索单位长度的重力;

H——斜拉索拉力的水平分量。

将式(4.1.2)、式(4.1.3)代入式(4.1.1),得到该受力状态下的斜拉索静力平衡方程:

$$-\frac{d^4w}{dx^4}EI+\frac{d^2w}{dx^2}\frac{ds}{dx}H+g_c=0 \tag{4.1.4}$$

当斜拉索垂跨比$\frac{\delta}{l}<\frac{1}{8}$时,$\frac{ds}{dx}\approx1$,方程(4.1.4)可近似为:

$$-\frac{d^4w}{dx^4}EI+\frac{d^2w}{dx^2}H+g_c=0 \tag{4.1.5}$$

4.1.2 索梁结构静力学方程的解

1)索梁结构静力学方程的通解

求解方程式(4.1.5),得其通解为:

$$w=c_1\mathrm{sh}(kx)+c_2\mathrm{ch}(kx)+\frac{g_cx(l-x)}{2H}+c_3 \tag{4.1.6}$$

其中:

$$k^2=\frac{H}{EI} \tag{4.1.7}$$

通解式(4.1.6)中,有三个待定常数,必须用三个独立的约束条件予以确定。通常,索梁上某一点的位移、转角(斜率)或曲率均可作为一个独立的约束条件。一般情况下,取索梁的边界(端部)条件作为约束条件。由于约束条件可能涉及索梁在边界上的转角(斜率)或曲率,因此,可对通解式(4.1.6)分别求导,得到索梁曲线的斜率(转角)和曲率为:

$$\frac{dw}{dx}=kc_1\mathrm{ch}(kx)+kc_2\mathrm{sh}(kx)+\frac{g_c(l-x)}{2H} \tag{4.1.8}$$

$$\frac{\mathrm{d}^2 w}{\mathrm{d}x^2} = k^2 c_1 \mathrm{sh}(kx) + k^2 c_2 \mathrm{ch}(kx) + \frac{g_c}{H} \tag{4.1.9}$$

2）边界条件Ⅰ（两端给定对称转角）的特解

当索梁结构两端固结且给定对称转角时，边界条件为端部固定且给定转角 $\Delta\varphi$，当 $x=0$ 时，$w=0$，$\frac{\mathrm{d}w}{\mathrm{d}x}=\Delta\varphi$。据对称性：当 $x=\frac{l}{2}$时，$\frac{\mathrm{d}w}{\mathrm{d}x}=0$。将其代入式（4.1.6），分别求得 c_1、c_2 的值，得到两端固结时索梁结构的解。

$$c_1 = \frac{\Delta\varphi}{k} - \frac{g_c l}{2Hk} \quad c_2 = -c_3 = -\frac{c_1}{\beta}$$

式中：$\beta = \mathrm{th}\left(\frac{lk}{2}\right)$。

3）边界条件Ⅱ（一端固结且给定转角，另一端自由）的特解

一端固结且给定转角：当 $x=0$ 时，$w=0$，$\frac{\mathrm{d}w}{\mathrm{d}x}=\Delta\varphi$；另一端自由：当 x 趋于无穷大时，$\frac{\mathrm{d}w}{\mathrm{d}x}=0$。将边界条件代入通解式（4.1.6），分别求得 c_1、c_2 的值，得到索梁结构曲线公式为：

$$w = \Delta\varphi\sqrt{\frac{EI}{T}}\exp\left(-x\sqrt{\frac{T}{EI}}\right) \tag{4.1.10}$$

4.1.3　截面抗弯刚度与曲率、弯矩的数学关系

材料力学中，梁截面的抗弯刚度以 EI 表示，设 x 为沿梁轴线方向上的坐标，在 x 处梁截面弯矩为 $M(x)$，曲率为 $\kappa(x)$，其曲率半径为 $R(x)$；则由梁挠曲线的近似微分方程可得 EI 与弯矩 $M(x)$ 和曲率 $\kappa(x)$ 的关系如下：

$$\kappa(x) = \frac{1}{R(x)} = \frac{M(x)}{EI} \tag{4.1.11}$$

$$EI = \frac{M(x)}{\left[\frac{1}{R(x)}\right]} \tag{4.1.12}$$

由上式知，EI 等于截面产生单位曲率所需施加的弯矩，它体现了截面抵抗弯曲变形的能力。

4.2　斜拉索盘圆曲率与悬索桥索鞍曲率

4.2.1　斜拉索端部的弯曲应力分析

1）斜拉索端部连接方式

图 4.2.1 为常见的配有索套的斜拉索锚固端结构图。由于结构承受活荷载的变化，斜拉索垂度会发生改变，使拉索锚固端可能产生转角，这些转角的存在将使斜拉索的应力集中现象更为严重，进而影响到拉索的疲劳寿命。Gimsing 教授在《缆索支撑桥梁》中强调斜拉索局部弯曲应力的重要影响。如果斜拉索与相邻结构刚性连接（图 4.2.2），那么斜拉索横截面被完全锚固，挠曲曲率必然集中在斜拉索的端部，引起应力集中。如果斜拉索在端部是铰接（销接），连接处无摩擦应力或者摩擦应力很小时，斜拉索横截面可以自由转动（图 4.2.3），那么由于曲率变化产生的应力就可以忽略。但是，实际工程中斜拉索通常处于较大的荷载状态下，此时即使在端部采用销接方式，也会有很大的摩擦应力，斜拉索端部就不能自由转

动。张力或转角变化都将引起局部弯曲应力。因此，车辆或风载下产生的斜拉索弯曲应力仍然应该按照固结方式进行计算。

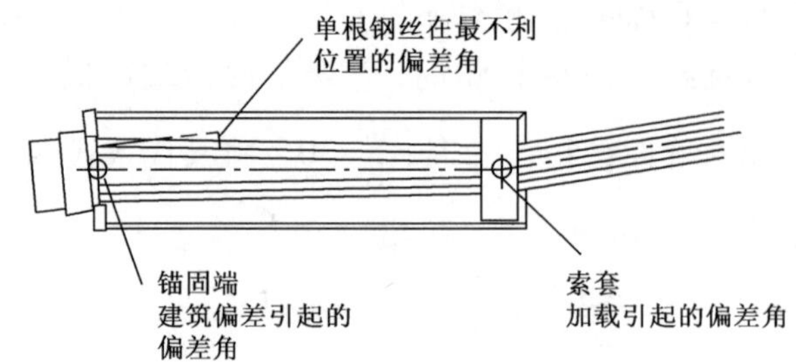

图 4.2.1　配有索套的拉索锚固端结构图

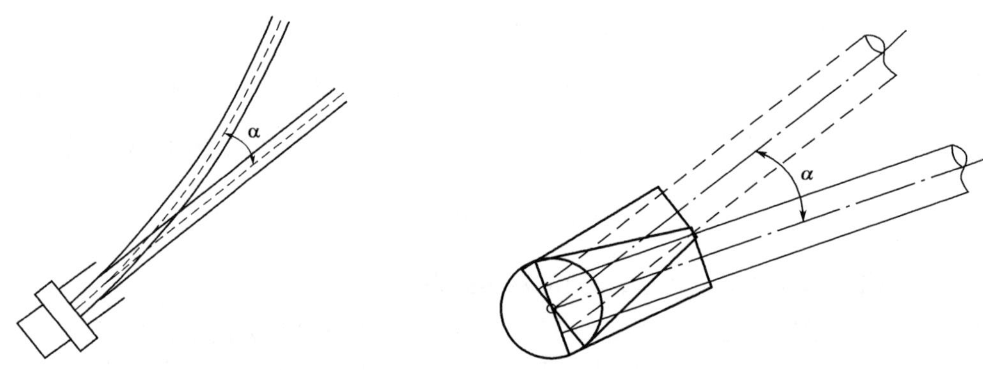

图 4.2.2　索端固结

图 4.2.3　索端铰接(销接)

2）斜拉索端部转角引起的弯曲应力

如图 4.2.4 所示，受水平张力 T 的索结构，在其端部施加转角 $\Delta\varphi$，此时，索结构的各点位移为 $w(x)$，弯矩为 $Tw(x)$。位移 w 由式(4.1.10)确定，则索结构弯矩 $M(x)$ 为：

$$M(x) = Tw(x) = \Delta\varphi\sqrt{EIT}\exp\left(-x\sqrt{\frac{T}{EI}}\right) \tag{4.2.1}$$

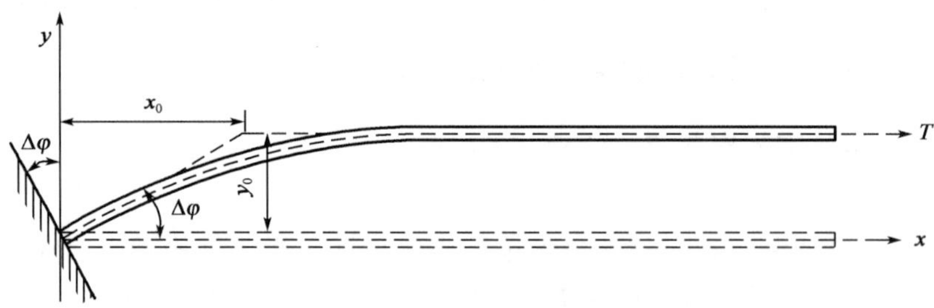

图 4.2.4　端部受到角度变化的斜拉索

最大弯矩发生在缆索的端部($x=0$)，由式(4.2.1)可得：

$$M(0) = \Delta\varphi\sqrt{EIT} \tag{4.2.2}$$

对于高度为 D 的截面，受弯矩 $M(0)$ 时，其外层纤维的应力 σ_{b1} 最大，该应力为：

$$\sigma_{bmax} = \frac{M(0)D}{2I} = \frac{D}{2}\Delta\varphi\sqrt{\frac{ET}{I}} \tag{4.2.3}$$

当斜拉索单独工作时，其曲率将集中在非常小的区域内，这便可视作斜拉索的弯曲应力集中现象。在确定从 $x=0$ 和 $x=\infty$ 处拉索切线的交点与 y 轴的距离 x_0 时(图4.2.4)，就可以看出这一点，式(4.1.10)中，取 $x=0$，可得 $y_0=w_{x=0}=\Delta\varphi(EI/T)^{1/2}$。当 $\Delta\varphi$ 为小值时，$x_0\approx y_0/\Delta\varphi$，于是有：

$$x_0 = \sqrt{\frac{EI}{T}} = \frac{D}{4}\sqrt{\frac{E}{\sigma_{cb}}} \tag{4.2.4}$$

式(4.2.4)中，第二个等号适用于圆截面。注意到距离 x_0 与直径 D 成正比，而与角度变化 $\Delta\varphi$ 无关。对于受水平张力 T 的索结构，如果其截面是直径为 D 的圆形截面，则其截面面积为 $A=\frac{\pi D^2}{4}$，惯性矩为 $I=\frac{AD^2}{16}$，缆索的轴向应力 $\sigma_c=\frac{T}{A}$。将 $I=\frac{AD^2}{16}$ 代入式(4.2.3)得到：

$$\sigma_{bmax} = \left(\frac{D}{2}\right)\Delta\varphi\sqrt{\frac{ET}{\left(\frac{AD^2}{16}\right)}} = 2\Delta\varphi\sqrt{E\left(\frac{T}{A}\right)} = 2\Delta\varphi\sqrt{E\sigma_c} \tag{4.2.5}$$

式(4.2.5)表明，对于受张力 T(张力引起的应力为 σ_c)的索结构，当其端部发生转角时，其最大弯曲应力仅与转角、弹性模量和拉伸应力有关，而与索结构的截面直径 D 无关；这意味着对于不同直径的均匀索梁结构，如果其张力产生的应力相等，则当其各自端部均发生相同转角时，端部的最大弯曲应力是一致的。这一特点与传统梁结构的特点完全不同，在直觉上甚至会令人感到矛盾或困惑。但从上述推导容易理解，索结构与梁结构的弯曲应力在本质上仍然是一致的。只是在形式上，圆形截面索结构的弯曲应力确实变现出与截面直径 D 无关的形式，这是一个极为重要和有用的结论。

3)斜拉索张力变化引起的端部转角变化

对于一根曲线长为 L_s，线密度为 m，横截面面积为 A 的圆形截面斜拉索，其下端点锚固于 S_b 处(梁端)，上端点锚固于 S_t 处(塔端)；斜拉索弦长为 L(即 S_b 与 S_t 的直线距离)，弦长方向与水平面的夹角为 α；斜拉索在下端点 S_b 处的切线与水平面的夹角为 φ。如果其下端点的张力 T 从 T_1 变为 T_2，则下端点处拉索的角度变化 $\Delta\varphi$ 的表达式可以推导如下。

解除拉索在梁端的约束，以 S_t(塔端)为支点建立弯矩平衡方程，则有：

$$T_1L\sin(\alpha-\varphi_1) - mgL_s\frac{L\cos\alpha}{2} = 0 \tag{4.2.6}$$

$$T_2L\sin(\alpha-\varphi_2) - mgL_s\frac{L\cos\alpha}{2} = 0 \tag{4.2.7}$$

当 $\Delta\varphi=\varphi_1-\varphi_2$ 很小时，由式(4.2.6)、式(4.2.7)可以近似得到：

$$\Delta\varphi = \frac{1}{2}mgL_s\left(\frac{1}{T_1}-\frac{1}{T_2}\right)$$

当斜拉索张力大到一定程度时，可以认为其曲线长 L_s 约等于其弦长 L，因此，上式可写为：

$$\Delta\varphi = \frac{1}{2}mgL\left(\frac{1}{T_1}-\frac{1}{T_2}\right) \tag{4.2.8}$$

案例：对于一根弦长为 $L=300\text{m}$，横截面面积为 $A=0.04\text{m}^2$，线密度 $m=367\text{kg/m}^3$ 的斜拉索，轴向应力从 $\sigma_g=540\text{MPa}$ 变化到 $\sigma_{g+p}=720\text{MPa}$ 时，从式(4.3.5)得 $\Delta\varphi=6.25\times10^{-3}$弧度(rad)。以此值代入式(4.2.5)，并取斜拉索弹性模量 $E=205\,000\text{MPa}$，得局部弯曲应力 $\sigma_{bmax}=152\text{MPa}$，这意味着最大缆索应力在考虑缆索的弯曲时增大了20%以上。

这个20%的增大看上去似乎并不是特别严重,但是,应当注意到,从恒载条件到车辆荷载条件下,应力变化范围从单纯考虑纯拉应力的180MPa增大到考虑弯曲应力后的332MPa,这对疲劳寿命将有极大的影响。

4.2.2 拉索盘圆曲率半径

事实上,弯曲应力在钢丝中也有一定量值而不能忽略,这可从如图4.2.5所示的平行钢丝索通过半径 $R=7\mathrm{m}$ 的鞍座(悬索桥索塔鞍座的典型值)的例子来说明。直径为 d 的钢丝,当其发生弯曲时,如果其弯曲半径为 R,则其弯曲应力 σ_b 为:

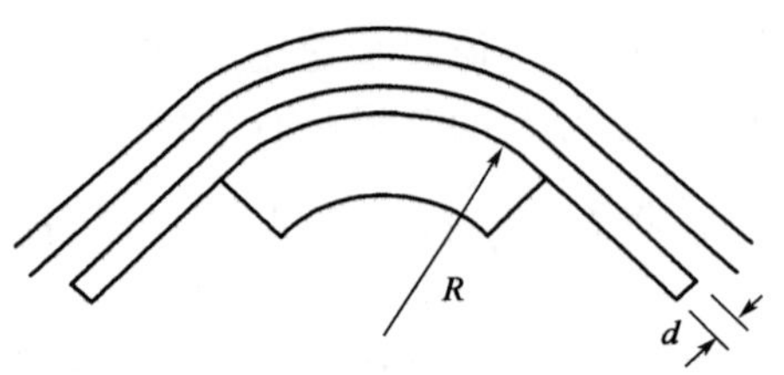

图4.2.5 直径为 d 的钢丝通过半径 R 的索数

$$\sigma_b = E\frac{d}{2R} \tag{4.2.9}$$

式(4.2.9)可用于确定钢丝或钢绞线的最小卷轴半径,以避免在运输和储存中产生塑性应变。

钢丝材料一般需保持弯曲应力在600MPa以下。对于 ϕ5mm 的钢丝,其最小卷轴半径 R_{min} 为:

$$R_{min} = \frac{Ed}{2\sigma_b} = 812.5\mathrm{mm} \tag{4.2.10}$$

《斜拉桥热挤聚乙烯高强钢丝拉索技术条件》(GB/T 18365—2001)第7.2.1条规定:成品拉索以脱胎成盘或钢丝盘绕的形式包装运输,其盘绕内径不得小于20倍的拉索外径,同时不得小于1.6m。应注意"不得小于1.6m"这一规定与式(4.2.10)有较大的关系。

4.2.3 索鞍曲率

悬索桥中,鞍座是在塔顶、支架及锚碇上直接支承主缆,并将主缆的荷载传布于塔和塔台的装置,一般为钢结构槽型构件(图4.2.6)。

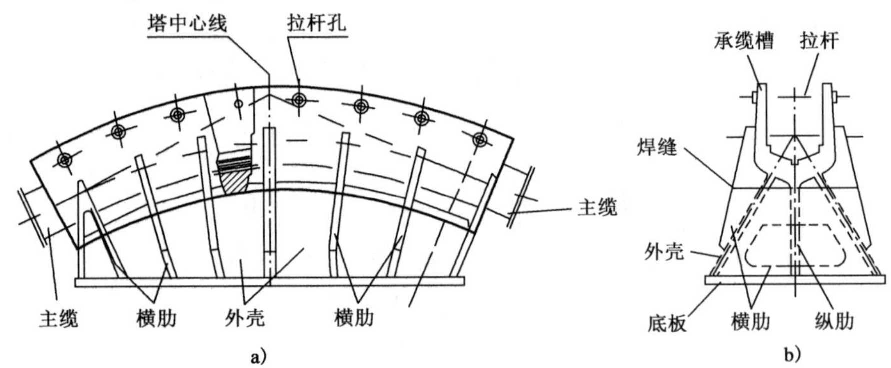

图4.2.6 悬索桥索鞍构造图

对于索鞍设计,《公路桥涵设计手册》中有以下的要求。

1)传力要求

设计时,索鞍要适当地考虑到支承反力、弯曲半径和索槽直径。所有与钢索接触的表面应是光滑的,以避免磨损钢丝。为了避免在索槽末端应力集中和减少过分的弯折,将索槽两端做成适当的圆弧周线,以免擦伤钢索。

2)几何线形要求

承缆槽立面及平面的线形应与全部恒载条件下的主缆线形相吻合;承缆槽底部立面圆弧半径不应小于主缆设计直径8~12倍;散索鞍承缆槽侧壁的平面圆弧半径不应小于立面圆弧半径的1.3倍,且各索股的平弯圆弧段应完全包容在该索股的竖弯圆弧段内;无论在施工状态、成桥状态还是在最大缆力的状态,主缆钢丝(索股)均可与鞍座的承缆槽有效相切,切点不得在承缆槽之外。

3)其他要求

悬索桥主缆的空缆线形与成桥线形有很大差别,因此各段空缆的交点在空缆和成桥时也很不相同,往往在架设主缆前先在鞍座上的设计交点设置一个预偏量,随着永久荷载的增加逐渐将这一预偏量消除(详细内容见本书第2章第2.4节);转鞍座、散索鞍设计时要考虑活载、温度和风的作用,并设置相应的构造;此外还要充分考虑铸造、焊接、热处理、无损探伤和机械加工的可行性,及涂装、防护结构的设计和除湿装置的选择等。

4.3 索结构抗弯刚度的非线性

4.3.1 变化的抗弯刚度

1)索梁结构弯曲刚度的非线性和非均匀性

对于索梁结构,前文不仅采用了"均匀"假设,而且隐含了"恒定"的假设。所谓"恒定",是指发生弯曲时,弯曲刚度不随外力、强制位移或转角的大小发生变化。这两个假设存在以下两个问题:

(1)忽略了截面弯曲刚度的非线性:索梁截面特性不随加载过程改变,截面始终保持整体性(平截面假设),这一假设与工程中索结构的实际情况并不符合。

(2)忽略了截面弯曲刚度的非均匀性:由于索结构各截面上弯矩不同,因此具有不同的弯曲刚度,这进一步造成了弯曲刚度沿其轴向坐标方向的非均匀性。

显然,上述两个问题的根源都在于索结构各截面的整体性(即平截面假设)受到了影响。要解决这两个问题,必须从保持截面整体性的机理入手。据弹性力学可知,该机理在于"纤维"之间的剪切作用,这就涉及索梁结构的剪应力和截面纤维层之间的滑移问题。

2)索梁结构的剪应力

由材料力学可知,截面上距中性轴为 y 处的纤维层,其剪应力 τ 和截面剪力 Q 的关系为:

$$\tau = \frac{QS_z^*}{I_z b} \tag{4.3.1}$$

式中:b——y 处的截面宽度;

I_z——截面惯性矩;

S_z^*——截面上距中性轴为 y 的横线以上截面面积对中性轴的静矩。

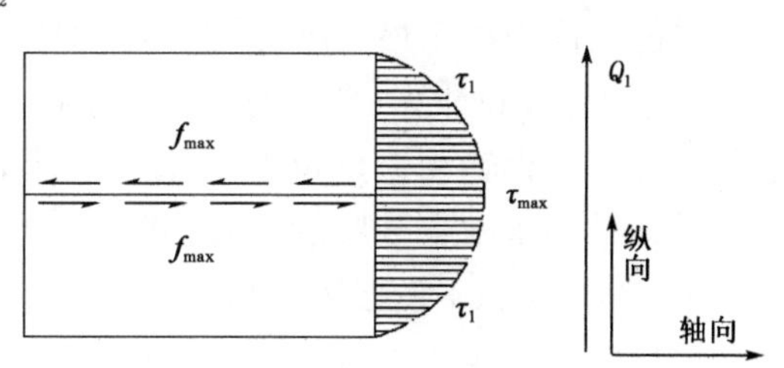

图4.3.1 矩形截面剪应力分布图

对于矩形截面,剪应力沿截面高度按抛物线规律变化(图4.3.1),当 $y=0$(中性轴位置)时,τ 为最大值,即:

$$\tau_{\text{rec}} = \frac{3Q}{2bh} \tag{4.3.2}$$

对于圆形截面,最大剪应力同样出现在中性轴上,其值:

$$\tau_{\text{r}} = \frac{4Q}{3\pi R^2} \tag{4.3.3}$$

将式(4.1.10)代入式(4.1.2),并令 $q = Q$,再将式(4.1.2)代入式(4.3.2)和式(4.3.3),可得索结构在一端固结且给定转角和另一端自由的条件下的剪切应力。

矩形截面:

$$\tau_{\text{rec}}(x) = \frac{3\Delta\varphi T}{2bh}\exp\left(-x\sqrt{\frac{T}{EI_z}}\right) = \frac{3\Delta\varphi\sigma}{2}\exp\left(-x\sqrt{\frac{T}{EI_z}}\right) \tag{4.3.4}$$

圆形截面:

$$\tau_{\text{cir}}(x) = \frac{4\Delta\varphi T}{3\pi R^2}\exp\left(-x\sqrt{\frac{T}{EI_z}}\right) = \frac{4\Delta\varphi\sigma}{3}\exp\left(-x\sqrt{\frac{T}{EI_z}}\right) \tag{4.3.5}$$

由此可知,剪应力随着距离锚固点的距离逐渐增加呈指数减小趋势。因此,当索梁结构承受弯曲作用时,距离锚固端越近,剪应力越大。对于直径(高)$d = 0.12\text{m}$ 的索结构,若弹性模量 $E = 1.95\times10^5\text{MPa}$,当轴向应力 $\sigma = 540\text{MPa}$ 时,以斜拉索内部最大剪应力(即锚固点端中性轴处多分剪应力)为基准,求斜拉索其他位置的弯曲剪应力的相对值,可得到矩形和圆形截面时,剪应力随着距离 x 的变化规律如图 4.3.2 所示。

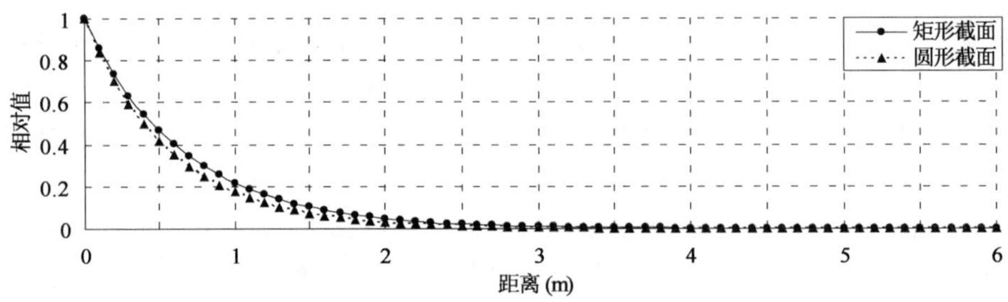

图 4.3.2　不同截面形式下,斜拉索剪应力随距离 x 的变化规律

从图中可以看出,距离锚固点 1m 处,无论哪种截面形式,斜拉索的剪应力都已减小到最初值的 20% 以下;距离锚固点 2m 处更是减小到了 5% 以下。

3)截面纤维层之间的滑移(分层滑移)

对于大量钢丝组成的桥梁索结构,其截面纤维层之间的剪切作用来自钢丝间的摩擦应力。当剪切应力小于最大摩擦应力时,钢丝间不产生相对滑移,弯曲应力可采用经典"平截面"假设进行准确计算;当剪切应力大于最大摩擦应力时,钢丝间必然产生相对滑移,从而引起截面分层使得转动惯量减小,弯曲应力不能再采用经典方法计算。

设索结构未发生分层滑移时,截面上受到的剪力为 Q_1,此时根据式(4.3.1)可以得到剪应力 τ_1,设该状态下的最大剪应力 $\tau_{\max} = f_{\max}$,则斜拉索不会发生分层滑移,此时截面上剪应力分布情况如图 4.3.1 所示;当斜拉索截面受到的剪力增加 ΔQ,该状态下 $Q_2 = Q_1 + \Delta Q$,斜拉索钢丝之间发生相对滑移,出现"分层",不能再视为一个整体,由 ΔQ 引起的截面剪应力增

量为 $\Delta\tau$，截面总的剪应力 $\tau_2=\tau_1+\Delta\tau$，如图 4.3.3 所示。由此可知，索结构实际的截面转动惯量 I 并不是一个独立于作用（外力、强制转角或位移）大小的恒定值，随着剪力不断加大，斜拉索各个横截面的各层之间，剪切滑移不断发生，其各个截面的总转动惯量 I 亦会不断变化。

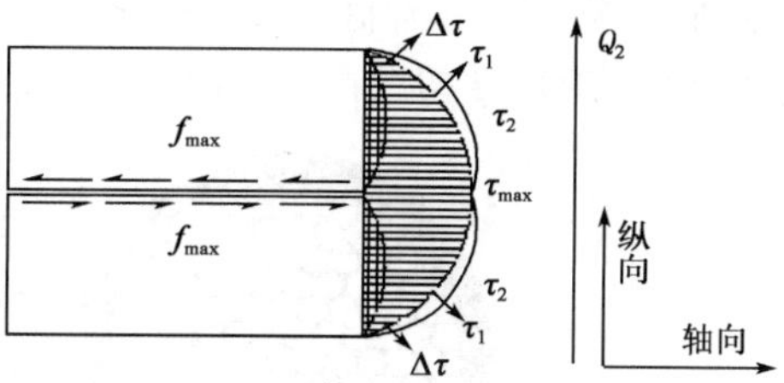

图 4.3.3　滑移后斜拉索截面上剪应力分布

4）索结构弯曲刚度的最大值和最小值

索结构弯曲刚度的最大值：将斜拉索看作是 Euler-Bernoulli 梁，即斜拉索在弯曲后仍符合平面假定。假设斜拉索内部是一个整体，也就是认为极限摩擦剪应力无穷大，不论斜拉索受到多大的弯曲作用，其内部各层之间都不会有滑移发生，如图 4.3.4 所示。

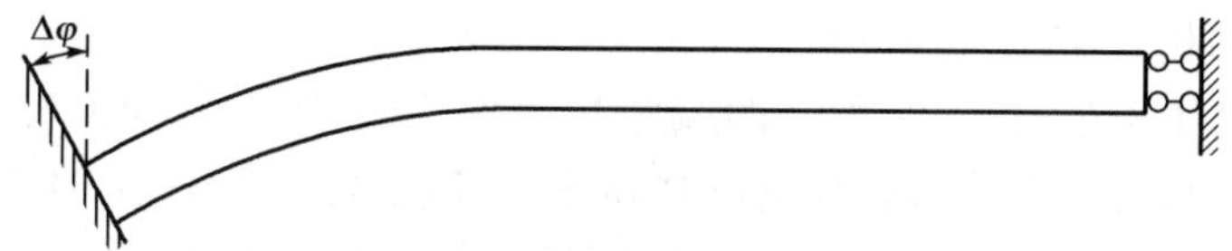

图 4.3.4　索结构最大弯曲刚度图

索结构弯曲刚度的最小值：假设斜拉索内部钢丝层间没有任何摩擦力作用。此时，斜拉索一旦发生受剪弯曲，其剪应力会使索体内部各层钢丝间发生层间滑移，最终刚度变为各层钢丝刚度的代数和，这就是斜拉索弯曲刚度的下限，如图 4.3.5 所示。

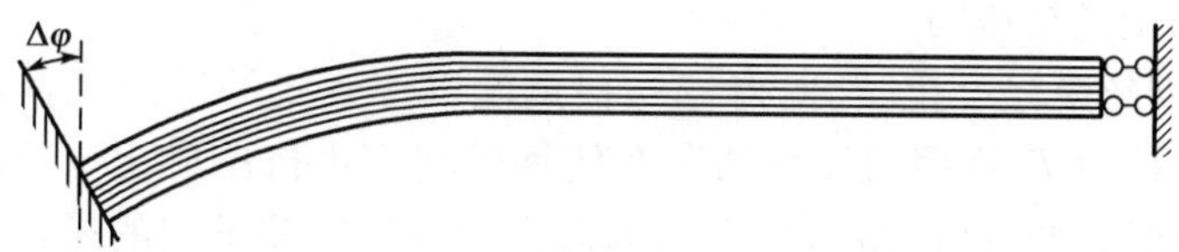

图 4.3.5　索结构最小弯曲刚度图

索结构弯曲刚度最大值和最小值的近似数学关系：设斜拉索内部钢丝直径为 d，钢丝总数为 n，如果将斜拉索按照整体（圆形截面）刚度进行计算，那么首先求出斜拉索钢丝的总面积 A_{int}，然后求出该面积对应的直径 D 以及转动惯量 I_{int}。求解过程如下：

$$A_{\text{int}}=nA_0=\frac{n\pi d^2}{4}\qquad D=2\sqrt{\frac{A_{\text{int}}}{\pi}}=\sqrt{n}\,d\qquad I_{\text{int}}=\frac{A_{\text{int}}D^2}{16}=\frac{A_{\text{int}}^2}{4\pi}$$

按照整体刚度计算：$[EI]_{\max}=[EI]_{\text{int}}=\dfrac{E(A_{\text{int}}\cdot A_{\text{int}})}{4\pi}=\dfrac{n^2\pi Ed^4}{64}$；按照完全发生分层滑移计算：斜拉索 n 根钢丝弯曲刚度的代数和为 $[EI]_{\min}=n[EI]_0=\dfrac{n\pi Ed^4}{64}$，则 $\dfrac{[EI]_{\max}}{[EI]_{\min}}=n$。由此可知，弯曲刚度极限值之比与钢丝数成正比，钢丝越多，两极限弯曲刚度相差越大。

4.3.2　索内钢丝之间的相互挤压力

斜拉桥平行钢丝拉索制作具体的工艺为：高强钢丝初下料后，置于排丝架上，由牵引机牵引，平行并拢，经过扭绞机扭绞、扎紧，然后缠绕细钢丝或纤维增强聚酯带形成轻度扭绞钢丝束，牵引钢丝束进入塑料挤压机挤出，裹以热挤高密度聚乙烯，按设计要求精确下料，两端安装配套冷铸镦头锚制成成品拉索。成品拉索的钢丝束断面呈正六边形或缺角六边形紧密排列，经左旋轻度扭绞而成，扭绞角为2°~4°，如图4.3.6所示。

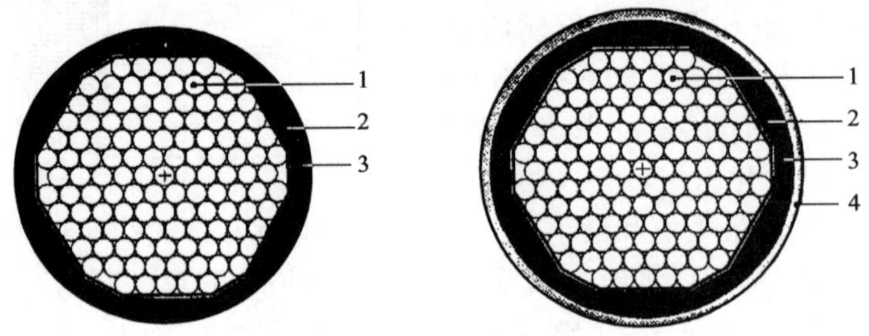

图4.3.6 断面结构示意图

1-高强钢丝；2-缠绕细钢丝或纤维增强聚酯带；3-黑色聚乙烯护套；4-彩色聚乙烯护套

1）索内钢丝的相互挤压机理分析

按照拉索的制作工艺，拉索在承受两端张拉力作用时，因扭绞角的存在，平行钢丝层间会产生紧箍效应；同时，拉索成形时高密度热挤聚乙烯也会因降温而产生紧箍效应。这是钢丝间产生挤压应力的两个主要原因。而同层钢丝的相互作用并不明显，主要是因为工程中常采用的斜拉索形式，通常有以下两个特点：其一，索端弯曲应力集中区域相对整索是非常小的，一般只集中在1m以内的范围；其二，斜拉索成型时的扭绞角也很小，通常只有2°~4°，即钢丝因扭绞形成的“螺距”很长，通常都能达到7~10m，那么在应力集中现象严重的范围之内，截面上钢丝转过的角度并不大。

2）扭角造成的钢丝挤压力

拉索成型时，钢丝束轻度扭绞，使得每一根钢丝以螺旋线的形式绕在内层钢丝上，此时对拉索施加切向张拉力T，将因扭绞角的存在使钢丝间产生挤压应力。显然，由于钢丝束同向轻度扭绞，同层相邻钢丝间的挤压应力将远远小于内外层钢丝间的挤压应力，故在以下推导中，忽略同层钢丝间的挤压力。

当拉索两端受切向拉力时，钢丝间产生正压力以线荷载的形式传递，设其集度为q(kN/m)。基于上述假设，计算时可先取一根钢丝，并认为其以螺旋线的方式缠绕在一定直径的圆柱体表面，如图4.3.7a)所示，当钢丝两端受切向拉力T时，钢丝与柱体之间产生径向压应力，如图4.3.7b)所示。

设螺旋线的螺距为L，缠卷半径为r，螺旋线参数方程为：

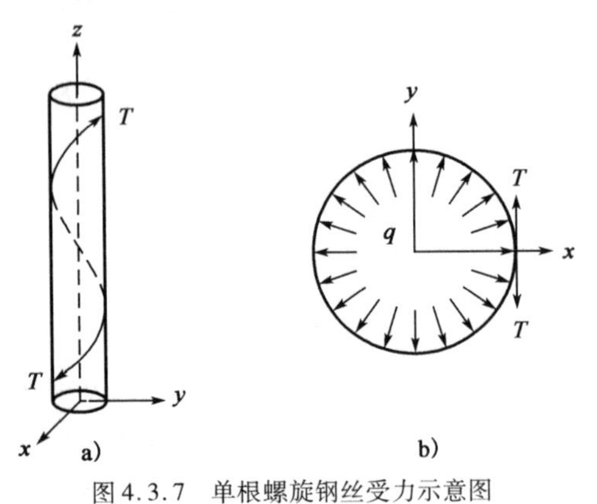

图4.3.7 单根螺旋钢丝受力示意图

$$\begin{cases} x = r\cos t \\ y = r\sin t \quad (t \in [0, \pi]) \\ z = \dfrac{tL}{2\pi} \end{cases} \tag{4.3.6}$$

式中：t——螺旋线旋转角度。

对式(4.3.6)中各项取微分：

$$\begin{cases} \mathrm{d}x = -r\sin t\mathrm{d}t \\ \mathrm{d}y = r\cos t\mathrm{d}t \\ \mathrm{d}z = \dfrac{L}{2\pi}\mathrm{d}t \end{cases} \tag{4.3.7}$$

取半个螺距长来分析受力。设切向拉力 T 与 xoy 面的水平夹角为 α,因钢丝与圆柱体间的正压力方向为圆柱体横截面径向,则投影到 xoy 面上的受力如图4.3.8所示。

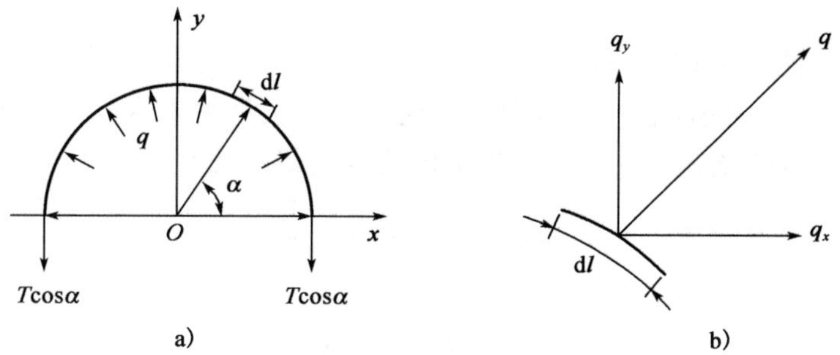

图4.3.8　半个螺距长的单根螺旋钢丝受力示意图

对螺旋线旋转角度 t 处的微段 $\mathrm{d}l$ 进行分析:

$$\mathrm{d}l = \sqrt{\mathrm{d}x^2 + \mathrm{d}y^2 + \mathrm{d}z^2} = \sqrt{r^2 + \left(\frac{L}{2\pi}\right)^2}\mathrm{d}t \tag{4.3.8}$$

那么:

$$\frac{\mathrm{d}l}{\mathrm{d}t} = \frac{\sqrt{4\pi^2 r^2 + L^2}}{2\pi} \tag{4.3.9}$$

微段上所受正应力大小应为 $q\mathrm{d}l$,线两端点受的切向拉力 T 在 xoy 面上的投影均为 $T\cos\alpha$,下面来求解切向拉力 T 与 xoy 面的夹角 α。在线上两端,$t=2\pi$ 处的切向量 $\vec{\tau}=(0,r,\frac{L}{2\pi})$,$xoy$ 面法向量 $\vec{n}=(0,0,1)$,则线面夹角为:

$$\cos\alpha = \frac{2\pi r}{\sqrt{4\pi^2 r^2 + L^2}} \tag{4.3.10}$$

由 $\sum y=0$,可得 $\sum q_y = 2T\cos\alpha$,其中:

$$\sum q_y = \int_0^{\pi} q\sin t\,\mathrm{d}l$$

代入式(4.3.8)、式(4.3.9)可得:

$$\int_0^{\pi} q\cdot\sin t\sqrt{r^2 + \left(\frac{L}{2\pi}\right)^2}\mathrm{d}t = \frac{4Tr\pi}{\sqrt{4\pi^2 r^2 + L^2}} \tag{4.3.11}$$

解式(4.3.11)可得:

$$q = \frac{4T\pi^2 r}{4\pi^2 r^2 + L^2} \tag{4.3.12}$$

若将螺距 L 用 α 表示,$\tan\alpha = \frac{L}{2\pi r}$,那么(4.3.12)也可表示为:

$$q = \frac{T}{r(1+\tan^2\alpha)} = \frac{T}{r}\cos^2\alpha \tag{4.3.13}$$

3)外裹热挤聚乙烯紧箍效应造成的钢丝挤压力

在平行钢丝斜拉索外部裹有高密度聚乙烯套,采用的是挤塑工艺。在该过程中,聚乙烯套冷缩,对内部的平行钢丝产生箍紧作用,产生正压力。设其体积热膨胀系数为 β,温度下降

值为 Δt,由材料力学公式可知:

$$\beta = \frac{1}{V} \cdot \frac{\Delta V}{\Delta t} \tag{4.3.14}$$

由于温度改变使得单位体积的聚乙烯套发生的应变为 $\beta\Delta t$,应力为 $T_t = \beta E\Delta th$,其中,E 为聚乙烯弹性模量,h 为钢丝直径。取单位长度斜拉索为研究对象,求解半圈索截面上因聚乙烯套温度变化而致的紧箍效应,设 q_0 为单位长度上聚乙烯套对钢丝产生的挤压力。则:

$$2T_t = \int_0^{\pi} \sin t \cdot q_0 \mathrm{d}l \tag{4.3.15}$$

由此可计算出:

$$q_0 = \frac{T_t}{r_0} = \frac{\beta E\Delta th}{r_0} \tag{4.3.16}$$

式(4.3.18)表明,外裹聚乙烯套的紧箍效应主要与索径直接相关,索径越小,紧箍效应越明显。

4)钢丝表面的接触应力

固体接触力学指出,任何几何形状的物体在受到荷载作用时均会产生相应的应力与应变。如图 4.3.9 所示为两根钢丝的接触力学模型,半径分别为 R_1 和 R_2,压力为 W。

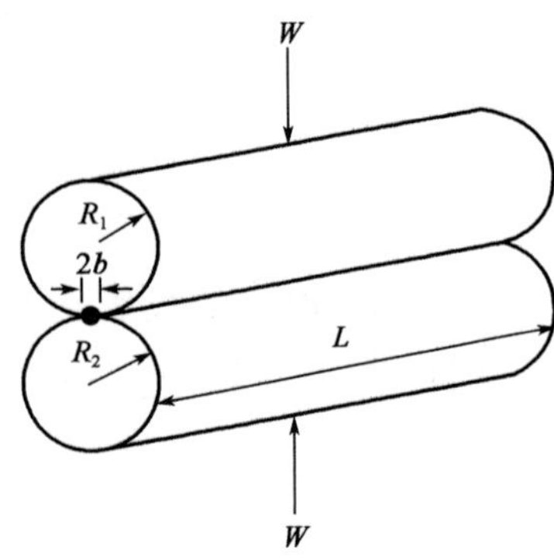

图 4.3.9 两钢丝接触模型

由于接触表面局部变形,形成了 $2b \times L$ 的长方形接触面积,由接触力学 Hertz 公式可知:

$$b = \sqrt{\frac{\frac{4W}{\pi L} \times \left(\frac{1-\nu_1^2}{E_1} + \frac{1-\nu_2^2}{E_2}\right)}{\frac{1}{R_1} + \frac{1}{R_2}}} \tag{4.3.17}$$

式中:E_1、E_2——两圆柱体各自的弹性模量;

ν_1、ν_2——其泊松比。

该面积上的压力分布是不均匀的,其中最大接触应力 σ_{max} 为平均接触应力的 $4/\pi$ 倍,即:

$$\sigma_{Hmax} = \frac{4}{\pi} \times \frac{W}{2bL} = \sqrt{\frac{W}{\pi L} \times \frac{\frac{1}{R_1} + \frac{1}{R_2}}{\frac{1-\nu_1^2}{E_1} + \frac{1-\nu_2^2}{E_2}}} \tag{4.3.18}$$

将式(4.3.13)和式(4.3.16)计算出的均布正压力分别代入式(4.3.17)和式(4.3.18)可得:

$$b = \sqrt{\frac{4R(q_i + q_0)}{\pi} \times \frac{1-\nu^2}{E}} \tag{4.3.19}$$

$$\sigma_{Hmax} = \frac{4}{\pi} \times \frac{q_i + q_0}{2b} = \sqrt{\frac{q_i + q_0}{\pi R} \times \frac{E}{1-\nu^2}} \tag{4.3.20}$$

平均接触应力为:

$$\sigma_H = \frac{q_i + q_0}{2b} = \frac{1}{4} \times \sqrt{\frac{q_i + q_0}{R} \times \frac{\pi E}{1-\nu^2}} \tag{4.3.21}$$

4.3.3　索用钢丝的摩擦系数

摩擦系数是受到相对滑动过程中各种因素的影响，如材料配对性质、静止接触时间、法向荷载大小、摩擦面接触几何特性和表面层物理性质等，一般通过试验测定摩擦系数。

1)小压力下摩擦系数的试验测试

如图4.3.10所示布置试件，用1号、2号两块钢槽固定钢丝，使荷载P通过1号钢槽作用于钢丝上，改变荷载的大小，测试抽出1号钢丝时所需的外力T的大小，考虑钢板的加工误差，计算不同荷载下钢丝的摩擦系数值。在该试验中，压重P(在0～100N/m范围内变)、1号钢槽重量、上层钢丝重量均以线荷载的形式作用在1号钢丝上。试验测得的摩擦系数期望值为0.2108。

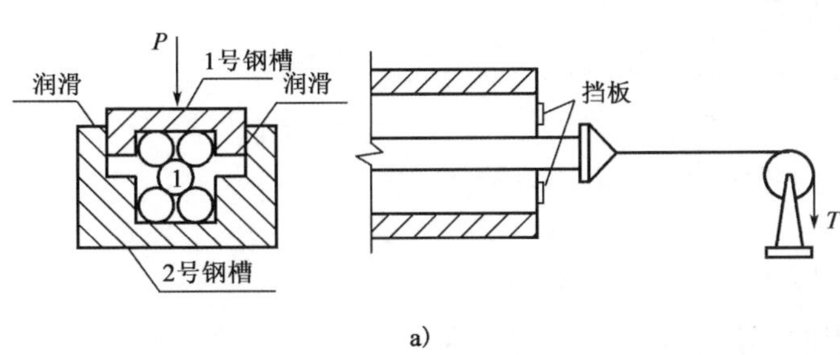

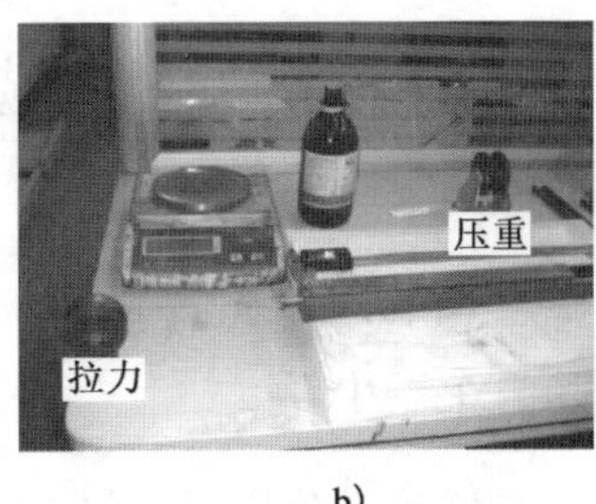

图4.3.10　试验方案布置图

2)较大压力下摩擦系数的试验测试

试验装置如图4.3.11、图4.3.12所示。

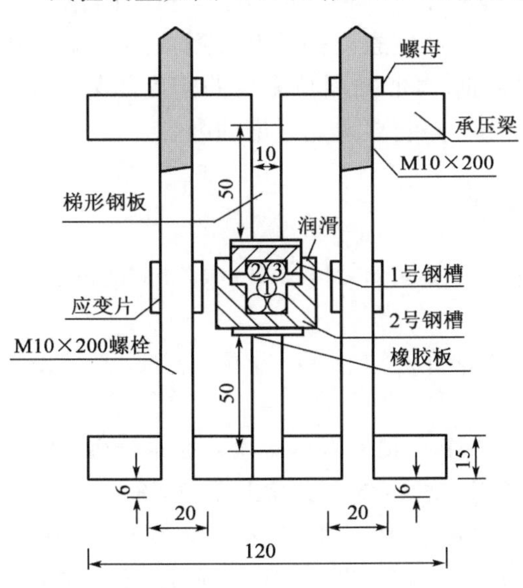

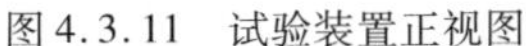
图4.3.11　试验装置正视图

图4.3.12　试验装置的实物图

本试验采用的钢丝长度为10mm，正压力为300～4000N(足以模拟斜拉索实际工作中拉索的实际受力范围)。试验中分17级进行拉拔试验，得出摩擦系数随正压力的变化趋势如图4.3.13所示。从图中可以看出，摩擦系数值随着正压力的增大呈下降趋势，大致从0.21

下降至0.14。该结果与理论预期的表观摩擦系数随正压力增大而减小的规律吻合。

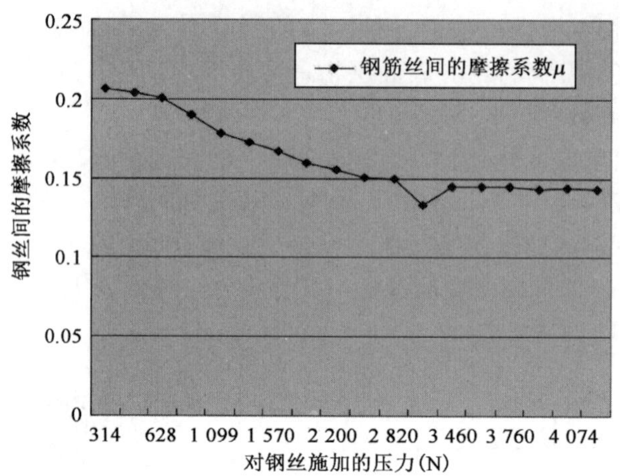

图4.3.13 摩擦系数随正压力变化的变化趋势图

4.4 小结

本章首先分析了索结构均匀弯曲刚度，推导了均匀弯曲刚度的静力学方程及其通解。为揭示拉索弯曲应力的重要性，在第4.2节介绍了实际工程中涉及弯曲应力分析的三种情况。对于实际的斜拉索等索梁结构，由于其由数十乃至数百根钢丝组成，并且这些实际索结构在其端部构造也比较复杂，此时，不宜再采用简单的均匀弯曲刚度理论来计算索结构内部的最大弯曲应力。因此，第4.3节对索结构弯曲应力的非线性特征进行了分析及简化处理，推导了索内钢丝之间的相互挤压应力计算公式，介绍了测定索内钢丝摩擦系数的试验情况，希望为感兴趣的读者提供一点基本的理论和试验数据。同时，斜拉索弯曲刚度的复杂情况使得基于振动的索力测试问题变得比较困难，这是下一章将要重点讨论的内容。

本章参考文献

[1] Gimsing N J. Cable Supported Bridges: Concept and Design[M]. 2nd ed. Chichester: John Wiley and Sons, 1997.

[2] 尼尔斯·J·吉姆森. 缆索承重桥梁——概念与设计[M]. 2版. 戴兢，译. 北京：人民交通出版社，2002.

[3] 郑罡. 斜拉索弯曲和疲劳的理论分析和试验研究[R]. 国家自然科学基金申请书，2007.

[4] 林坤. 考虑分层滑移的斜拉索弯曲应力分析[D]. 重庆：重庆交通大学，2008.

[5] 谢宜. 考虑分层滑移的斜拉索弯曲应力的进一步分析[D]. 重庆：重庆交通大学，2009.

[6] 李红. 斜拉索内钢丝间联合工作模式对局部弯曲应力的影响[D]. 重庆：重庆交通大学，2011.

[7] 陈璨. 斜拉索平行钢丝摩擦系数及正压力分析[D]. 重庆：重庆交通大学，2011.

[8] 燕海蛟. 斜拉索内钢丝间弯曲滑移数值模拟及分析[D]. 重庆：重庆交通大学，2013.

[9] 中华人民共和国国家标准. GB/T 18635—2001 斜拉桥热挤聚乙烯高强钢丝拉索技术

条件[S]. 北京:中国标准出版社,2001.
[10] K L Johnson. 接触力学[M]. 北京:高等教育出版社,1992.
[11] 温诗铸,黄平. 摩擦学原理[M]. 北京:清华大学出版社,2008.
[12] 经柏林,谢华骞. 斜拉桥拉索研究综述[J]. 中国市政工程,2003.
[13] 黄平. 摩擦学教程[M]. 北京:高等教育出版社,2008.
[14] 中华人民共和国行业标准. GB/T 18365—2001　斜拉桥热挤聚乙烯高强钢丝拉索技术条件[S]. 北京:人民交通出版社,2001.

第5章 索力测试

前面各章中,不论是索缆线形、无应力长度、等效弹性模量及弯曲应力等静力学内容,还是频率、振型、振动控制等动力学内容,索力都是其中的关键因素。实际工程中,索结构作为悬索桥、斜拉桥和中下承式拱桥等索缆支撑桥梁的关键受力构件,其索力不仅关系到自身的使用性能和安全,还关系到整个桥梁结构的使用性能和安全。所以,索力测试成为这些特大跨径桥梁施工和运营期最重要的技术工作之一,受到了学者和工程界的普遍关注。

经过数十年的发展,在物理学、静力学和动力学三个领域都形成了一些具体的索力测试方法:在物理学方面,有磁通量法;在静力学方面,有压力传感器(表)和三点弯曲法等方法;在动力学方面,则主要是频率法,该方法的应用最为普遍,也是本章的重点内容。

5.1 基于传统频率法的索力测试:基本方法

5.1.1 基本假设和适用范围

本书第3章中陈述的弦振动理论是传统频率法测索力的基础。在采用弦振动理论进行索力测试之前,首先要将索结构等效为张紧弦,这就需要作出一些基本假定,这些假定包括:

(1)线弹性假设:索材料符合虎克定律,该假设一般总是能较好满足。

(2)线性振动假设:索振动是线性的,该假设在索作微幅振动时总是能较好满足。

(3)小阻尼假设:拉索阻尼很小,以至于可以忽略,该假设一般总是能近似满足。

(4)匀质假设:拉索为均质等截面体,该假设限定了索结构线密度在索体上处处相等。

(5)直线假设:索不受自重影响,即张紧后的拉索为一条直线。

(6)柔性假设:索是理想柔性的,在没有张力时,不能横向抗弯。

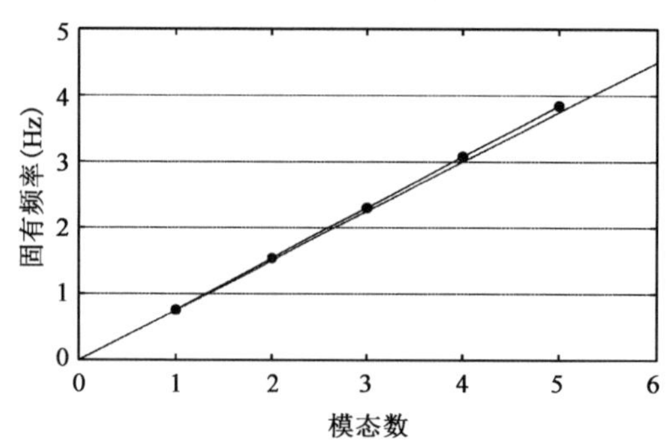

图5.1.1 拉索固有频率和模态数关系

上述假设中,柔性假设隐含了对抗弯刚度 EI 的要求,即 EI 小到可以忽略。马斯(Mars)、哈代(Hardy)和罗伯特(Robert)等学者认为:只要拉索长度不是太短,该理论应用于评估索力是有效的;同时,为了保证弦振动理论在索力测试应用上的精确性,所测前五阶(最好前七阶)频率与模态数拟合曲线对起点切线的偏差不大于0.5%,如图5.1.1所示。

5.1.2 索力与弦自振频率的关系

由本书第3章可知,弦振动的固有频率为:

$$f_k = \frac{k}{2L}\sqrt{\frac{T}{m}} \tag{5.1.1}$$

对于可等效为张紧弦的索，利用其基频f_1来反算其张力T，即由式(5.1.1)可得：

$$T = 4mL^2f_1^2 \tag{5.1.2}$$

当拉索两端有高差时，式(5.1.2)中的T、L和m应分别替换为拉索索力的水平分量H，水平投影长度L_x和质量的水平等效线密度$\frac{m}{\cos\alpha}$，即：

$$H = \frac{4mL_x^2f_1^2}{\cos\alpha} \tag{5.1.3}$$

如果拉索基频较难直接测得，可采用下述的变通办法确定基频：由于张紧弦的各阶频率是其基频的整数倍，从基频到高阶频率之比为1:2:3⋯，因此，基频可表示为如下两种形式：

$$f_1 = \frac{f_k}{k} \tag{5.1.4}$$

$$f_1 = \Delta f = f_2 - f_1 = f_3 - f_2 = f_4 - f_3 = \cdots \tag{5.1.5}$$

因此，只要通过上述两种方法之一测得拉索基频f_1，即可将f_1代入式(5.1.3)算得索力。

5.1.3 传统频率法索力测试的要点和步骤

1)测量系统及技术要求

(1)测量系统由传感器、放大器、信号采集与分析仪器组成。

(2)传感器、放大器系统要有足够的灵敏度，以便测量索在自然环境激励或人工激振下的微弱振动信号。

(3)测量系统的频响范围应能满足不同索的自振频率测量要求，一般需要有0.1～100Hz带宽。

(4)信号采集与分析仪器，应有抗混叠滤波和频率分析功能，以便获得索的前10阶自振频率，频率分辨率应至少能达到0.01Hz，测量时可同时监测记录信号的质量。

2)振动信号测试、记录和分析

(1)索的自振频率测量，可采用随机环境激励的测量方法，测量索在风等环境激励下的振动信号。若由于测试系统灵敏度不够，可采用人工激振。

(2)测量时应临时解除索的外置阻尼器。

(3)将传感器用专门的夹具或绑带固定在索股上(图5.1.2)，测量索的横向振动或竖向振动，安装位置在安装能力范围内应尽量靠近索股中部。

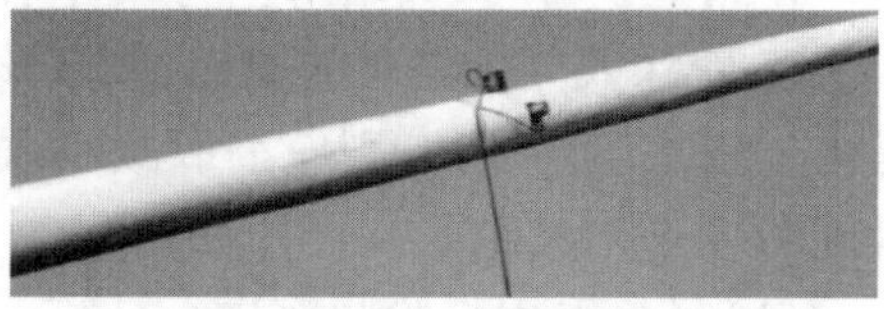

图5.1.2 斜拉索上安装的加速度计

(4)由信号采集仪器记录索股在环境激励或人工激振下的振动信号，采样频率应大于或等于索股第10阶自振频率的4～5倍，一般设置为100Hz，记录时间一般为3～5min，同时注意观察信号质量。

(5)对信号进行频谱分析时，一般采用自谱分析方法，获得索的前10阶自振频率。对信号进行分析时，分析参数的选择按随机信号处理的规定，合理选择分析数据长度、分析带宽、谱线数、重叠率、窗函数及谱平均方法，以减少信号分析的误差和具有不大于0.01Hz的频率分辨率。

(6)对于通过测试数据频谱分析得到的索的自振频率，应对是否存在漏掉某些阶次频率的情况进行判断，从而正确确定每个频率的阶次。可根据前5～10阶自振频率中相邻阶的频率差值来判断,如各相邻阶的频率差值近似相等,且和测得的第一阶频率接近,则不存在漏频现象,如某相邻阶的频率差值约为其他相邻阶的频率差值的倍数,则可判断存在漏频现象,如测得的第一阶频率和频率差值约为倍数关系,则可能漏掉了基频。

3)采用传统频率法进行索力测试的基本步骤

(1)判断待测拉索是否符合5.1.1小节中的基本假设,以确认基于弦振动的简化方法是否适用。

(2)在环境或人工激励下利用加速度计测取拉索的振动信号,然后通过频域分析获取信号的频谱图,据此识别(读取)拉索的各阶固有频率。

(3)把实测基频代入式(5.1.2)或式(5.1.3),算得拉索索力。

由上述步骤可以看出,采用传统频率法的前提是待测拉索是否可以简化为弦,当可以简化时,则索力测试精度主要取决于高灵敏度拾振技术及索力、频率对应关系的准确性。

5.1.4 传统频率法的索力测试误差

在假定弦振动理论完全精确的前提下,可讨论传统频率法测索力的误差。记拉索拉力、基频、索长和单位长度拉索质量的相对误差分别为 ε_T、ε_{f1}、ε_L 和 ε_m,由式(5.1.2)可得:

$$\varepsilon_T = 2\varepsilon_{f1} + 2\varepsilon_L + \varepsilon_m \tag{5.1.6}$$

于是可知,当基频测量值、索长和拉索质量的误差均为已知时,则可利用式(5.1.6)求得频率法估算出的拉索张力误差。例如,当这三者的误差均为1%,则拉索张力的误差为 $\varepsilon_T=5\%$。

但是,要将拉索等效为张紧弦,需要满足5.1.1小节所述的6条假设,也就是需要在6个方面对拉索进行近似简化,而这些简化都将带来索力测试的误差。有时,这些近似带来的误差会比较大,导致索力测量的准确度不能满足工程要求。影响测量准确性的主要因素包括:

(1)柔性假设不能满足。即索的抗弯刚度对其自振频率的影响不可忽略。显然,当抗弯刚度使得索的基频提高2.5%以上时,仅由抗弯刚度导致的索力测试误差就会超过5%。

(2)索两端约束条件以及索长的取值与理论假设的差异。

(3)直线假设不能满足。这一问题可通过测试拉索的面外振动频率来避免。

在测量索力时,其结果应与设计索力数据或最近历史索力测量数据进行对比,若偏离大于5%,应深入分析偏离的原因,判断该偏离是否符合实际,还是由于误差导致。如果该偏离是由于测试误差导致,则应采取减小误差的修正措施。实际工程中常采用如下减小误差的措施和修正办法如下:

(1)尽量采用低阶频率进行计算,一般不超过10阶。其主要目的是减小 ε_{f1}。

(2)在试验索上设置一定标距的两个基准点,安装引伸仪,通过在一定荷载增量下测量的索伸长量,求得索受荷后的索力增量,并与加载前后振动频率法测得的索力增量进行对比分析,确定索力修正系数。其主要目的是减小 ε_L 和 ε_m。

(3)将索按长度分成若干组,对不同长度组,选取1~2根索在其锚下或索股上安装测力传感器,通过振动频率法和测力传感器直接测量法进行对比修正。其主要目的也是减小 ε_L 和 ε_m。

(4)采用更精确的模型修正算法识别索力,此时,可建立结构的解析计算模型或有限元计算模型,把索力、索长、线密度、倾角、抗弯刚度、两端的约束条件(从铰接到固结)等参数作为待定变量,利用实测的结构多阶自振频率,通过优化算法,使计算的多阶自振频率和实测结果尽可能一致,并在此基础上,识别结构的索力。下文将对此进行专门讨论。

5.2　基于改进频率法的索力测试:垂度、弯曲刚度和边界条件

第5.1节中,要测试索结构的张力,首先需要将索结构等效为张紧弦,并做出了6条基本假设,其中前3条假设(即线弹性、线性振动和小阻尼假设)对于索结构一般都是能较好满足的。但是,后3条假设(即匀质、直线和柔性假设)则在许多情况下不能得到较好满足。

当匀质、直线或柔性假设当中的任意一条不能较好满足时,应进行相应的处理:不满足匀质假设的常见情况是拉索边界条件的不明确性,一般通过引入修正系数(等效长度)进行弥补;不满足直线假设的通常情况是拉索垂度对振动(频率)的影响过大,这时可以通过测试面外频率来避免,或者引入对垂度的修正方法;不满足柔性假设的情况最为常见(短索一般都不能满足),这时就必须引入对弯曲刚度的修正方法。

5.2.1　同时处理弯曲刚度和垂度

如果拉索的弯曲刚度效应和垂度效应均比较大,并且只能测试拉索的竖向(面内)振动频率时,就需要同时考虑这两种效应。此时,可运用梅拉比和塔巴拜提出的下述公式,该式是对式(5.1.1)的修正,当$\zeta \geqslant 50$且$\lambda^2 < 3.1$时,其精度较高。该频率修正式为:

$$f'_{kI} = f_k\left[(1+0.039\lambda^2)\left(1+\frac{2}{\zeta}+\frac{4+\frac{k\pi^2}{2}}{\zeta^2}\right)-0.24\frac{\lambda^2}{\zeta}\right] \quad (k\text{阶面内模态}) \tag{5.2.1}$$

式中:λ^2——考虑垂度效应引入的无量纲参数,其计算式见第3章第3.1.3节末尾。该参数一般称为Irvine参数,其反映了索弹性效应和几何效应的相对大小;

ζ——反映弯曲刚度影响大小的无量纲参数;

$$\zeta = \left(\frac{TL^2}{EI}\right)^{\frac{1}{2}}$$

f_k——不考虑弯曲刚度时拉索的第k阶频率。

不过,在实际情况下,除非出于研究的目的,一般都没有必要按式(5.2.1)测算索力。其原因在于:索力可通过不受垂度影响的面外振动频率求得,这就可以避免处理垂度效应。

5.2.2　只需处理弯曲刚度效应的情况

由于拉索的面内振动和面外振动是解耦的(见第3章),而面外振动的固有频率与垂度无关。因此,即使垂度对面内振动频率的影响不可忽略(直线假定不能较好满足),也不会对索力测试造成实质性的影响。实际上,在测试索力时,完全没有必要,也不应去测试拉索的面内振动,而应当测定拉索的面外振动频率。不过,弯曲刚度EI对拉索的面内和面外振动均有影响。因此,如果EI不可忽略(柔性假设不能较好满足),则必须考虑其影响。此时,拉索的平衡微分方程为:

$$T\frac{\partial^2 w}{\partial x^2} - EI\frac{\partial^4 w}{\partial x^4} = m\frac{\partial^2 w}{\partial t^2} \tag{5.2.2}$$

1)简支边界

在简支边界条件下,由式(5.2.2)可得出频率与索力的关系式:

$$T = 4mL^2 \frac{f_k^2}{k^2} - \frac{k^2\pi^2 EI}{L^2} \tag{5.2.3}$$

尽管式(5.2.3)是精确解,且其表达式是极为简洁的显式,但由于拉索往往有巨大的张力,使得实际工程中,斜拉索几乎不可能出现"简支"条件。即使斜拉索在其端部设置有销接或专门的转动支撑构造,但微小振动难以克服消栓或转动构造的摩擦转矩,因此,拉索在端部的边界条件实质上(而不是形式上)仍然是"嵌固"条件。而对于嵌固边界,如下文所讨论的,式(5.2.3)对应的频率方程的求解就困难得多,一般只采用限定范围下的近似解。

2)嵌固边界

有若干论文推导过式(5.2.2)在嵌固边界条件下的准确解,但由于依赖于求解超越方程,该解不能用显式表达,导致其较难应用。但在 $\zeta \geqslant 50$ 的条件下,莫尔斯(Morse)和英格特(Ingard)得到了频率修正值的近似解为:

$$f'_{kO} = f_k\left(1 + \frac{2}{\zeta} + \frac{4 + \frac{k\pi^2}{2}}{\zeta^2}\right) \quad (\text{第 } k \text{ 阶面外模态}) \tag{5.2.4a}$$

式中,ζ 含义同 5.2.1 节。显然,如果已知 EI 及实测频率 f'_{kO},最简便方法就是利用式(5.2.4a)解得 ζ 的值,然后代入下式测算索力 T:

$$T = \frac{\zeta^2 EI}{L^2} \tag{5.2.4b}$$

然而,上述方法的困难在于两点:一是边界条件是简支还是固支,还是介于两者之间,这点很难量化;二是弯曲刚度 EI 的值如何准确确定。通常情况下,EI 只能获得非常粗略的近似值,这是因为 EI 受到拉索类型、防护措施、端部支撑条件以及曲率等因素的影响。根据山际(Yamagiwa)等人的研究,平行钢丝斜拉索 EI 的典型值为等面积实心棒材刚度的 50% ~ 70%;而对于自闭式斜拉索,该值为 65% ~ 85%。本章后面谈到的多参数识别方法中也表明 EI 对索力测试的准确性影响较大,故应重视对 EI 的取值。

5.2.3 同时处理弯曲刚度和边界条件

斜拉索在其端部因为有钢锚固螺杆、钢套筒、灌注的环氧铁砂、高橡胶环或填充材料等局部构造,使得其边界条件不是特别明确(不满足匀质假设)。针对这种情况,在工程应用中,如果条件允许(在新桥建设或换索工程中的拉索施工张拉期间,一般就自然具备条件),技术人员可通过现场标定方法对传统的频率法进行修正。此时,如果弯曲刚度不可忽略,也可以通过同样的办法进行处理。

1)单独处理边界条件

如果弯曲刚度可以忽略,在拉索边界条件不特别明确时,则可将式(5.1.2)修正为:

$$T = a(4mL^2 f_1^2) = aT_s \tag{5.2.5}$$

式中:a——具体拉索在某个索力值下的标定(边界条件修正)系数;

T_s——拉索简化为弦后的由基频算得的索力,$T_s = 4mL^2 f^2$,其中 m 和 L 可直接采用设计值。

但是应该注意,对于每一根具体拉索,标定系数 a 不是一个常数,而是一个随索力变化的变量(索力变化时,其边界条件对振动频率的影响也会变化)。也就是说,在严格意义上,a是一条随索力变化的曲线。不过,该曲线极为平缓。因此,当标定 a 值的索力在10%的范围内变化时,可认为 a 是一个常数。应该注意,当 a 等于1时,就对应着该拉索简化为弦的情况。

在相关文献里,还提到过与标定系数 a 很相似的一个系数,就是索长修正系数。从数值上看,索长修正系数等于标定系数 a 的平方根。不过,从物理或工程意义上看,标定系数 a 的外延更大,而索长修正系数的含义较为局限。或者说,标定系数 a 比索长修正系数更为一般化。从这个意义上看,在索力测试工作中,本书作者推荐采用标定系数这个概念,这有利于扩大标定方法的适用范围。

2)同时处理弯曲刚度和边界条件

如果弯曲刚度不能忽略,在拉索弯曲刚度不特别明确时,研究人员通过实测资料回归,认为可将式(5.1.2)修正为:

$$T = aT_s - \frac{40EI}{L^2} \quad \text{(索力在设计值的50\% 附近时)} \tag{5.2.6}$$

或:

$$T = aT_s - \frac{12EI}{L^2} \quad \text{(索力在设计值的100\% 附近时)} \tag{5.2.7}$$

上述二式中,a 和 T_s 的意义同前。

3)本小节考虑弯曲刚度做法与5.2.2小节的联系和区别

本小节对弯曲刚度的处理方式与上一小节既有联系,又有区别。两者的区别在于:本小节的式(5.2.6)和式(5.2.7)中,用 EI/L^2 对索力的边界条件修正值 aT_s 作进一步修正;但在上一小节中,则是通过 ζ^2 和 EI/L^2 直接测算索力。从形式上看,本小节式(5.2.6)和式(5.2.7)在表达上更为直接,物理意义也容易理解,并且对弯曲刚度 EI 的准确度要求不那么高,这是该方法的三个明显优点。但该方法也有两个缺点:一是只能适用于索力在0.5倍或1倍设计值附近小幅波动的情况;二是只能采用基频进行索力识别。

两者有三个方面的联系:其一,当拉索的标定(边界条件修正)系数 $a=1$,且 $\zeta \geqslant 50$ 时,两者的结果基本一致;其二,可由上一节的式(5.2.3)和式(5.2.4)推导出本小节的两个计算式,也可以推导出索力在0.5倍与1倍设计值之间任意值时相应的计算式;其三,还可以推导出采用高阶频率识别时与式(5.2.3)或式(5.2.4)类似的计算式。

5.2.4　改进频率法测试索力的误差讨论

对于索力测试,本节前面部分介绍了处理垂度、弯曲刚度和边界条件影响的相应方法。这些方法都是对传统频率法的简单修正,此处讨论这些方法的误差。第一,对于垂度效应的单独影响,由于可以通过面外振动方式避开垂度效应,因此垂度效应引起的误差就可以完全消除,当然也就不必采用5.2.1小节的公式进行修正;第二,对于边界条件的单独影响,如果采用标定的办法,则其误差主要由标定参数 a 的误差确定,该误差取决于现场标定的技术条件,一般可控制在5%以内;第三,对于弯曲刚度的影响,则可在假定式(5.2.4a)完全精确的前提下进行讨论。

假定式(5.2.4a)完全精确,并记 ε_ζ、ε_{EI}、ε_L、$\varepsilon_{f'}$ 和 ε_f 分别为 ζ、EI、L 和第 k 阶面外振动频

率f'_{kO}和不考虑弯曲刚度时的第k阶频率f_k相对于各自真值的误差，由式(5.2.4b)确定索力的测试误差为：

$$\varepsilon_{\mathrm{T}} = 2\varepsilon_{\zeta} + \varepsilon_{\mathrm{EI}} - 2\varepsilon_{\mathrm{L}} = -\frac{2}{3}\varepsilon_{f'} + \varepsilon_{\mathrm{EI}} - 2\varepsilon_{\mathrm{L}} \tag{5.2.8}$$

式(5.2.8)中第一个等号的三项误差表明，当ε_{ζ}、$\varepsilon_{\mathrm{EI}}$和$\varepsilon_{\mathrm{L}}$自身的误差绝对值为1%时，则索力误差$\varepsilon_{\mathrm{T}}=5\%$。上式中第2个等号后的第一项来自于$\varepsilon_{\zeta}$与$\varepsilon_{f'}$的一阶增量关系为$\varepsilon_{f'}=-3\varepsilon_{\zeta}$，该增量关系来自于对式(5.2.4a)微分，其含义是：如果ζ由f'_{kO}通过式(5.2.4a)解出，则每1%的频率测试误差将产生0.33%的ζ误差。因此，如果由f'_{kO}、EI和L来估算索力，则当$\varepsilon_{f'}$、$\varepsilon_{\mathrm{EI}}$和$\varepsilon_{\mathrm{L}}$均为1%时，索力的误差为3.67%。

不过，正如5.1节所强调的，通常只能获得非常粗略的EI近似值。实际上，误差ε_{EI}常常在10%左右，甚至达到30%。这表明，就算在一阶近似条件下，弯曲刚度自身误差引起的索力测算误差也将超过5%。因此，要获得工程可以接受的索力，显然必须将ε_{EI}控制在5%以内，最好在1%左右。要达到这个要求，从当前的技术水平看，可考虑采用本章第5.3节的多参数识别方法，将EI本身也作为待识别的参数，利用多阶、十数阶甚至数十阶频率进行参数识别，这样就能获得较为准确的弯曲刚度和索力。

5.2.5　频率法在工程应用中的局限性

葡萄牙学者卡埃塔诺讨论过一个采用频率法测试斜拉桥索力的案例。针对该具体案例，卡埃塔诺指出：对于垂度效应，在Irvine参数不大于1时，弦振动理论提供了良好的拉力估计，但在索的初张拉阶段（此时垂度较大），根据经典弦振动理论计算的拉力误差达到13.5%；至于弯曲效应，在参数$\zeta<100$的情况下，根据修正频率计算所得拉索索力仍有高于5%的误差。

应当注意的是，如果能同时考虑弯曲刚度和垂度效应，并采用有限元模型进行索力识别，则测算所得索力误差比采用本节各个公式计算所得拉索索力误差要小得多。由此可知，过去由于采用过于简化的分析理论，仅用到单阶频率或等效单阶频率，当计及不可忽视的弯曲效应时，根据经典弦振动理论得到的拉力误差将很大，而用前文所述考虑弯曲刚度的简单公式，则又严重依赖于对弯曲刚度EI估值的准确性；当拉索边界条件不太明确时，修正公式的准确性则又必须依赖于其中标定参数的现场测定。因此，如果仅采用传统的频率法或其简单修正公式，在很多情况下不能准确识别索张力。

因此，要在较为复杂的边界条件和弯曲刚度不可忽略的前提下进行便捷的索力测试，就有必要进一步研究基于频率的拉索张力测试方法，发展基于频率的新方法。这是第5.3节和第5.4节的主要内容。

5.3　基于多参数的频率法及其试验验证

5.3.1　拉索多参数识别的优化问题列式

对应于拉索参数识别的优化问题为：

$$\min J = \sum_{j=1}^{n} w_j (f^j_{\mathrm{FEM}} - f^j_{\mathrm{MEAS}})^2 \tag{5.3.1}$$

式中：f^j_{FEM}和f^j_{MEAS}——有限元计算所得和试验测定的拉索的第j阶固有频率；

w_j——对应误差的权重；

n——测量中所得频率的最高阶次。

当所有计算及实测频率与真实频率相比均没有误差时，易知式(5.3.1)中目标函数 $J=0$，此时有限元模型的参数值即为拉索参数的真实值。

工程实际中，由于计算和实测总存在误差，且受到客观限制而不能获得全部固有频率，拉索参数的真值本身也存在一个波动范围，故式(5.3.1)中目标函数值总是大于零，而式(5.3.1)的解也只能是拉索参数的一个近似值。当目标函数 J 足够小时，可认为该近似解即真实值。

5.3.2　计算频率与实测频率

计算频率 f^j_{MEAS} 可由拉索振动方程的特征值得到，拉索动力学方程的有限元表达式为：

$$\boldsymbol{M}\ddot{\boldsymbol{U}} + \boldsymbol{C}\dot{\boldsymbol{U}} + \boldsymbol{K}\boldsymbol{U} = \boldsymbol{F} \tag{5.3.2}$$

式中：$\boldsymbol{M}$——质量矩阵；

$\boldsymbol{C}$——阻尼矩阵；

$\boldsymbol{K}$——刚度矩阵；

$\boldsymbol{U}$——位移向量；

$\boldsymbol{F}$——外力向量。

相应的特征问题为：

$$\boldsymbol{K}\boldsymbol{\varphi}_j = \lambda_j \boldsymbol{M}\boldsymbol{\varphi}_j \tag{5.3.3}$$

这里 λ_j 和 $\boldsymbol{\varphi}_j$ 分别是式(5.3.3)特征问题的第 j 阶特征值和特征向量。拉索的第 j 阶固有频率为：

$$f^j_{\mathrm{FEM}} = \frac{\sqrt{\lambda_j}}{2\pi} \tag{5.3.4}$$

注意到 $\boldsymbol{M}$ 和 $\boldsymbol{K}$ 均为拉索参数的函数，即：

$$\boldsymbol{K} = \boldsymbol{K}(H, EI, L_x, L_y, m, EA, GA, GJ, k) \tag{5.3.5}$$

$$\boldsymbol{M} = \boldsymbol{M}(H, EI, L_x, L_y, m, EA, GA, GJ, k) \tag{5.3.6}$$

则 f^j_{FEM} 也应为拉索参数的函数：

$$f^j_{\mathrm{FEM}} = f^j_{\mathrm{FEM}}(H, EI, L_x, L_y, m, EA, GA, GJ, k) \tag{5.3.7}$$

式(5.3.5)～式(5.3.7)中，H、EI、L_x、L_y、m、EA、GA、GJ、k 分别为拉索张力的水平分量、抗弯刚度、拉索长度的水平投影、拉索长度的竖直投影、线密度、抗拉刚度、抗剪刚度、抗扭刚度、间中支撑刚度。

实测频率 f^j_{MEAS} 可以通过振动测试得到。由于拉索柔度大而阻尼小，环境激励即可激发其数十阶乃至上百阶固有模态的振动。因此，通过环境激励即可经济而准确地获取拉索的数阶、十数阶或数十阶的高阶固有频率，对于斜拉索参数的识别极为有利。

5.3.3　误差分析

基于式(5.3.1)可以派生出两种主要的参数识别方法，即单参数识别和多参数识别。单参数识别是指假定拉索除一个参数未知外，其他参数均为已知的，仅对该未知参数进行识别。在单参数识别法中，又可以采用两种方式，即用单个频率多次识别后求平均值和用多个频率一次识别参数值。多参数识别是指同时对拉索的多个未知参数进行识别。

为简明分析,不考虑设分析模型误差,则当分析模型采用斜拉索参数真值时,计算得频率真值,记为$f_t^j(j=1,2,3\cdots)$;采用参数识别值时计算所得频率识别值,记为f_e^j。则频率误差真值Δf_t^j和识别值Δf_e^j分别为:

$$\Delta f_t^j = f_t^j - f_{meas}^j \tag{5.3.8}$$

$$\Delta f_e^j = f_e^j - f_{meas}^j \tag{5.3.9}$$

将频率识别值展开为频率真值的泰勒级数,为简明起见,仅取一阶泰勒展开式,即:

$$f_e^j = f_t^j + \sum_{i=1}^{8}\left(\frac{\partial f^j}{\partial x_i}\right)_t \Delta x_i + o(\Delta x_i) \tag{5.3.10}$$

将式(5.3.10)代入式(5.3.9),并略去高阶小量,得:

$$\Delta f_e^j = f_t^j + \sum_{i=1}^{8}\left(\frac{\partial f^j}{\partial x_i}\right)_t \Delta x_i - f_{meas}^j \tag{5.3.11}$$

考虑到式(5.3.8),并采用向量表达,可得:

$$(\Delta f)_e = (\Delta f)_t + \sum_{i=1}^{8}\left(\frac{\partial f^j}{\partial x_i}\right)_t \Delta x_i \tag{5.3.12}$$

上式表明,频率误差识别值(向量)包括两个部分:第一部分为频率误差真值(向量);第二部分是频率(向量)对各参数的偏导数在其真值处的取值(向量)与该参数误差Δx_i的乘积之和。频率测试完成后,实测频率与频率真值的误差(向量)是确定的,不能改变。因此,参数识别的过程实际上就是使式(5.3.12)中的Δx_i趋近于0。

5.3.4 试验验证

1)短索足尺模型

足尺模型短索总长4.608m,净长为4.058 5m,锚头为冷铸锚,由重庆万桥交通科技有限公司按照《斜拉桥热挤聚乙烯高强钢丝拉索技术条件》(GB/T 18365—2001)制造,其规格型号为PES(H)7-703,其主要技术参数如表5.3.1所示。

短索主要技术参数(ϕ7mm,σ_b=1 670MPa) 表5.3.1

规格型号	钢丝束公称截面面积(cm^2)	钢丝束单位长度质量(kg/m)	黑色单层结构(H型)			公称破坏力(kN)	设计索力(K=2.5,kN)
			黑色护套厚(mm)	拉索外径(mm)	拉索单位质量(kg/m)		
PES(H)7-073	28.09	22.1	5	78	23.7	4 692	1 877

该足尺模型整体设计如图5.3.1所示。在结构上,该短索由锚杯段、钢套筒保护段和索体(外包PE)段三段构成。

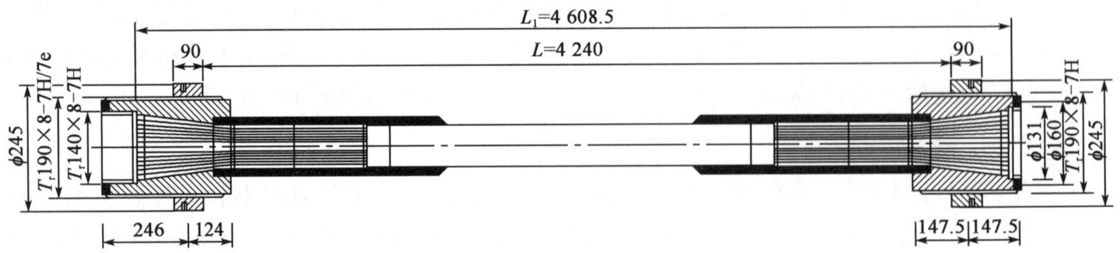

图5.3.1 短索足尺模型设计图(尺寸单位:mm)

2)试验装置

试验装置如图5.3.2所示,包括一对作动器和一对钢箱反力梁。其中一片钢箱反力梁固定于试验室的反力地板,另一片反力梁下设有滑动轨道。短索锚固于两片钢箱梁上,并处于两只作动器的对称轴上。通过两只作动器推拉钢箱梁,即可对短索进行加载。

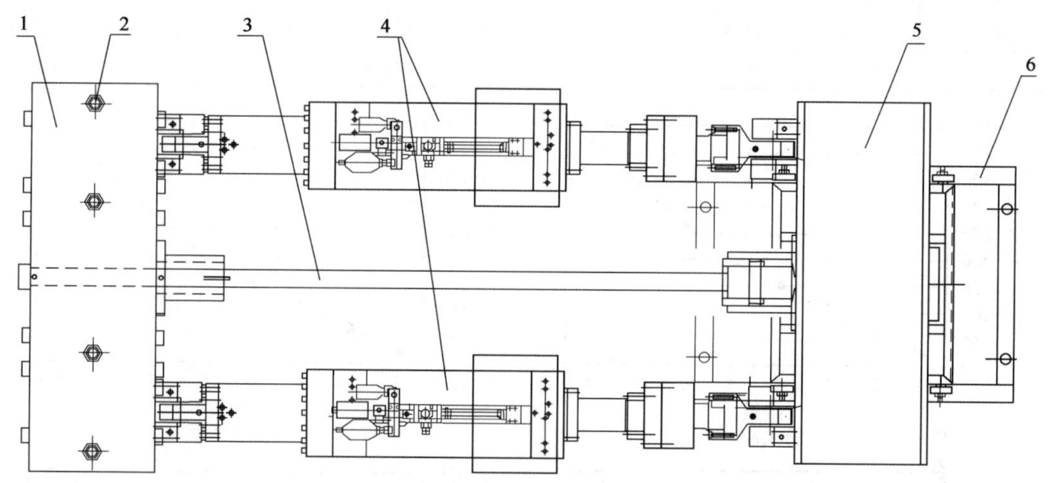

图5.3.2 短索模型试验结构图

1-固定端反力钢箱梁;2-紧固螺杆;3-短索足尺模型;4-作动器;5-活动端反力钢箱梁;6-滑动轨道

3)激励、测点、加载工况和数据采集

激励:利用作动器本身在高油压波动产生的微幅脉冲振动引起短索模型的激振。

测点:每间隔54cm布置测点,各测点均安装水平、竖向及纵向的加速度传感器。

工况:共8个荷载等级,第1、2级分别为30.9t、40.3t,其余每1级增加约20t,如表5.3.2所示。

数据采集:采样频率设为5 000Hz,每次采集时间是1~2min。

短索模型加载工况 表5.3.2

工况号	加载索力(kN)	数据采集时间(s)	工况号	加载索力(kN)	数据采集时间(s)
1	309	106	5	994	66
2	403	137	6	1 201	68
3	598	70	7	1 399	67
4	791	64	8	1 601	68

4)频率分析

对采集到的加速度数据进行快速傅立叶变换,可得到在各荷载等级下的短索各阶横向自振频率,如表5.3.3和图5.3.3(工况1~4)所示。

短索模型水平振动测试频率(Hz) 表5.3.3

工况＼阶数	第一阶	第二阶	第三阶	第四阶	第五阶	第六阶	第七阶	第八阶
1	26.6	62.3	104.1	148.3	195.0	263.4	343.0	428.5
2	28.1	64.7	106.2	150.8	197.8	266.7	345.5	433.4
3	30.5	69.0	111.7	155.6	203.9	272.2	353.4	443.7
4	32.7	72.3	116.6	161.1	210.6	278.9	363.2	450.4

续上表

工况＼阶数	第一阶	第二阶	第三阶	第四阶	第五阶	第六阶	第七阶	第八阶
5	34.8	76.3	120.5	166.3	220.6	284.4	374.2	460.2
6	36.9	79.4	124.2	170.3	224.6	291.8	376.0	468.8
7	38.8	82.4	128.2	174.0	227.7	297.9	386.4	473.6
8	40.3	85.1	132.9	178.0	235.6	305.2	389.4	478.5

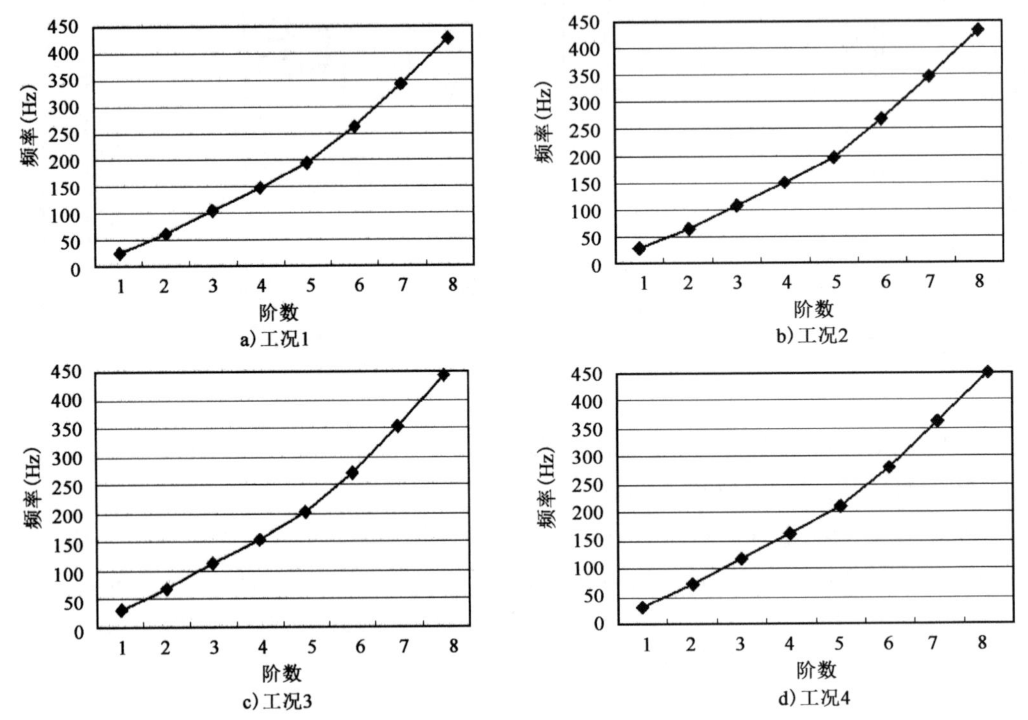

图 5.3.3　各工况频率值与阶次关系

5.3.5　索力识别结果

索力测试与真实值(作动器加载值)之间的比较列于表 5.3.4 中。从表中可以看出,即使对于长度仅为4m 的足尺拉索,在不同荷载等级下,采用前述多参数识别方法测试其索力,最大误差为 3.6%。

索力识别结果　　表 5.3.4

工　况　号	真实索力(kN)	识别索力(kN)	相对误差(%)
1	309	307	-0.5
2	403	402	-0.2
3	598	604	1.0
4	791	776	-2.0
5	994	1 020	2.6
6	1 201	1 244	3.6
7	1 399	1 435	2.6
8	1 601	1 630	1.8

5.4 工程应用实例

5.4.1 振动测试和数据分析

对洞庭湖大桥(图5.4.1)的编号为A11-N的斜拉索(设计参数如表5.4.1所示)进行了两次动力测试。用多个加速度计采集了环境激励下斜拉索多个测点的振动信号。数据采集系统的抗混频率设为100Hz,采样频率为500Hz,采样时间为0.5~2h。通过快速傅立叶变换可获得加速度的功率谱密度。该索某测点的加速度信号功率谱密度如图5.4.2所示。

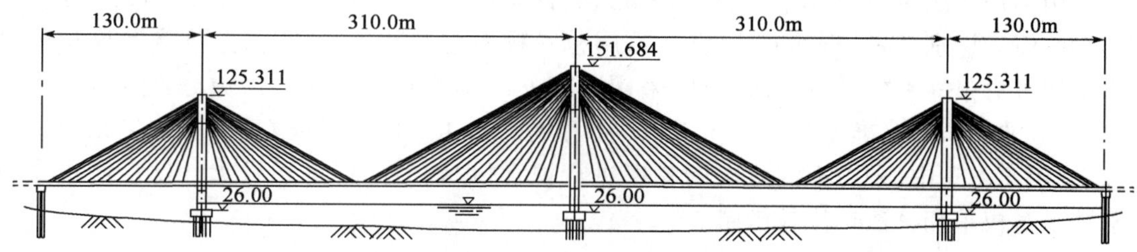

图5.4.1 洞庭湖大桥立面图

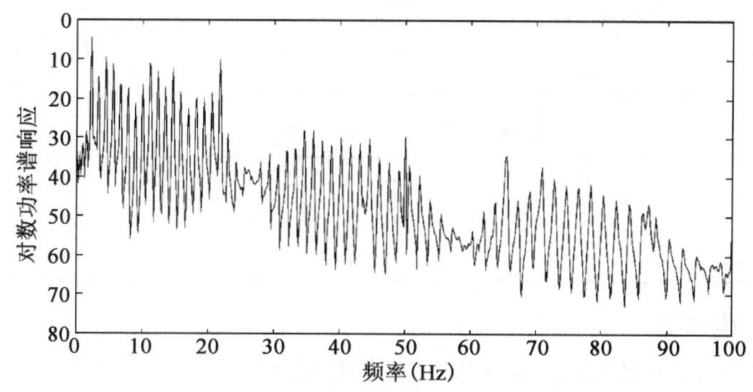

图5.4.2 斜拉索加速度信号的功率谱密度

A11-N号索参数的设计值 表5.4.1

H(kN)	EI(N·m^2)	L_x(m)	L_y(m)	m(kg/m)	EA(N)	GA(N)	GJ(N·m)
2 474	9.36×10^5	91.69	68.94	51.80	1.54×10^9	5.76×10^9	7.04

利用两个不同点的功率谱密度图可确定斜拉索在100Hz以下的全部固有频率。将两次测试结果和依据设计参数值计算所得的固有频率进行了比较,两者间的相对误差示于图5.4.3。从图5.4.3可看出,两次测试的结果相当一致,而有限元结果和实测值已比较吻合,相对误差在-3%~+2%。不过,注意到这些相对误差和固有频率的阶次基本呈线性关系,表明误差中包含了系统误差。

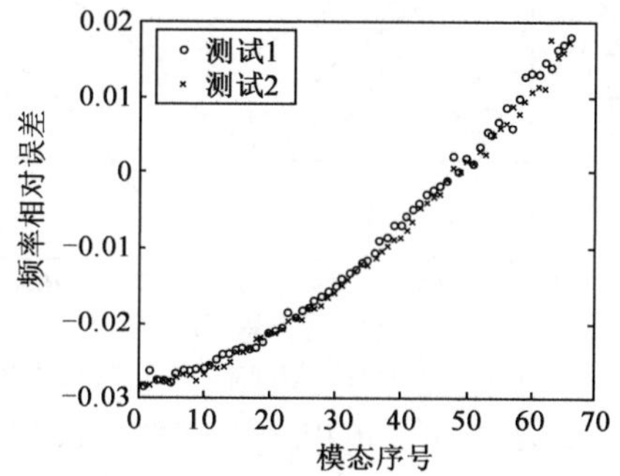

图5.4.3 固有频率计算值和实测值间的相对误差

由于频率测试通常精度较高,且两次测试结果相当一致,而有限元计算中又采用了一个能比较完整地描述斜拉索动力学特性的单元,故系统误差应主要来源于斜拉索参数设计值与真实值之间的误差。因此,可通过求解式(5.3.1)的优化问题,来减小有限元结果和实测值之间的误差,从而使得斜拉索有限元模型中的参数尽可能接近真实值。

5.4.2 单参数识别

1)目标函数值随参数的变化特点

图5.4.4表示出式(5.3.1)中权重取$1/f_i^2$时目标函数随斜拉索参数的变化情况。从图上可看出目标函数对H、EI、L_x、m四个参数比较敏感。对权重为1时也作了计算,结果类似。

采用两种方法对H、EI、L_x、m四个参数进行修正:法一,取图5.4.4中目标函数极小值对应的参数值为识别结果(表5.4.2);法二,用单一频率对参数进行估计,这样实测所得的每阶频率均可对单一参数进行一次估计,采用所有n阶实测频率可对各参数分别进行n次估计,各参数的均值和标准差列于表5.4.3。注意到表5.4.2中,不同权重使得识别结果的差异较大;表5.4.3中,采用不同阶次的频率进行识别,识别值的标准差较大。这说明单参数识别结果对权重和算法均比较敏感。

识别参数值相对于设计值的变化(%)　　表5.4.2

参　数	$\Delta H/H$	$\Delta EI/EI$	$\Delta L_x/L_x$	$\Delta m/m$
$w_i=1$	-0.606	-3.321	0.337	0.769
$w_i=1/f_i^2$	3.280	0.207	0.659	2.003

参数识别值的统计特性(%)　　表5.4.3

参　数	$\Delta H/H$	$\Delta EI/EI$	$\Delta L_x/L_x$	$\Delta m/m$
均值	2.04	-0.487	-1.00	-2.02
标准差	3.73	1.336	1.24	2.79

2)两种现象及其讨论

现以修正索力H的情况为例,说明以上参数修正对于减小测试和计算频率之间差异的作用,图5.4.5表示张力H修正后测试和计算频率之间的相对误差。

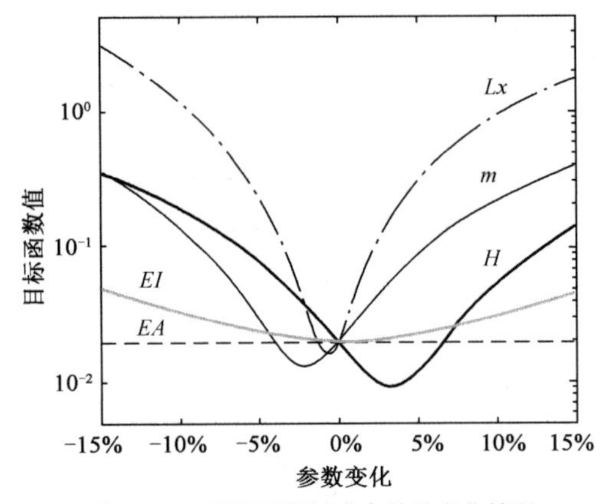

图5.4.4　目标函数随索参数的变化情况

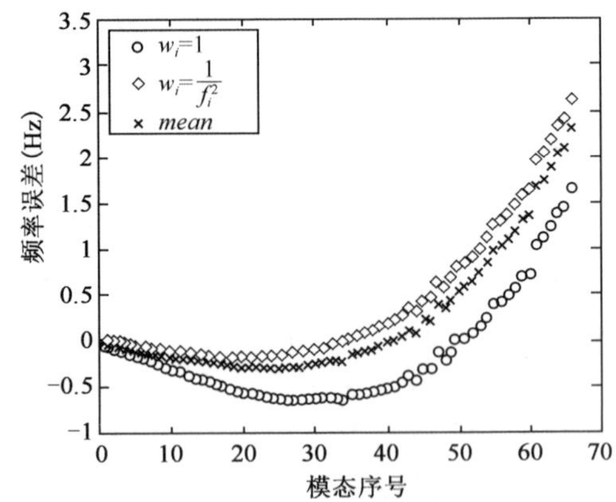

图5.4.5　张力修正后频率测试与计算间的相对误差

从图5.4.5可以观察到单参数修正中很重要的一个现象,即对于选定的某一个待识别参数,不同权重对减小误差的作用,其总体效果是类似的,没有哪一类权重优于其他权重。对这一现象可以解释如下:权重w_j表示第j阶频率误差的重要程度,一个相对于其他权重大得

多的权重 w_j 实际上起到一个罚函数的作用,使第 j 阶频率误差趋近于0,但其他阶频率误差却变大了。从图5.4.5上可以看到,当所有权重均取 $1/f_i^2$ 时,高阶频率因其权重相对减小而表现出较大误差。选取不同的权重实际上是调整误差在各阶频率间的分配。一个极端的例子是过去在识别缆索张力时,大多数情况下仅用到第1阶频率,使第1阶频率的计算值与实际值完全一致。这种做法尽管在工程应用时非常方便,但由于将误差全部分配给其他阶频率,对高阶频率带来较大的误差,其张力识别的准确性和可靠性也较低。

通过分析其他参数,可以得到和图5.4.5类似的结果,并观察到单参数修正的另一个现象,即修正不同参数对减小误差的作用,其总体效果也是类似的,也就是没有哪一个参数比其他参数更"值得"修正。对这一现象可以通过参数识别值的误差分析式(5.3.12)进行解释。由于单参数识别法仅考虑对多个参数中的单个参数 x_i 进行修正,此时可能会出现两种情况:

(1)如果 x_i 取得真值,此时其他参数的误差 Δx_j 对频率造成的误差(向量) $\Delta f_j(j\neq i)$ 仍存在,此时 $(\Delta f)_e$ 不是极小值。如果 x_i 是关心的唯一参数,则这一结果是我们希望得到的。

(2)如果要使 $(\Delta f)_e$ 尽可能小,则可得到式(5.3.1)在约束条件(除 x_i 以外,其他参数取设计值)下的解,但此时 x_i 一般不能取得其真值,这一结果不是我们想要的。

显然,在实际情况下只会得到第二种结果,这时,所有参数均不能取得其真值。本书作者认为这是单参数识别法的一个内在矛盾,是较难解决的一个根本问题。由于测试频率和计算频率间的差异可能来自拉索其他参数,故传统的采用单个频率对斜拉索张力进行识别的方法既不准确也不可靠。因此,在实际工程中,宜采用下文提出的多参数识别方法。

5.4.3 多参数识别

1)不考虑间中支撑

由式(5.3.12)知,当各个参数的 Δx_i 趋近于0时,频率误差识别值 Δf_e^j 趋近于频率误差真值 Δf_t^j。这表明同时修正多个比较敏感的参数可以使计算频率误差趋近于测试误差真值,此时计算模型亦更接近真实情况。表5.4.4列出了采用不同权重时多参数识别的结果。

不同权重时多参数识别结果的影响(%)　　表5.4.4

参　数	$\Delta H/H$	$\Delta EI/EI$	$\Delta L_x/L_x$	$\Delta m/m$
$w_i=1$	7.46	−10.54	1.39	−2.33
$w_i=1/f_i^2$	4.62	−12.24	0.43	−2.31

从表5.4.4可以看出,H 和 L 对权重的敏感性要比 EI 和 m 大。尽管如此,H 和 L 在不同权重下得到的结果差别分别也只有2.8%和1.0%。图5.4.6示出了采用修正参数值后,测试频率和计算频率之间的误差。从图5.4.6可以看出,测试频率和计算频率之间的相对误差均不到0.5%,说明修正后的参数值已经比较接近参数的真实值。多参数识别时索力的相对误差如图5.4.7所示。

2)间中支撑的影响

斜拉索可能有间中支撑,如桥面和索之间的连接及外加阻尼装置等。这些间中支撑也会影响斜拉索的频率,从而影响斜拉索参数的识别结果。将桥面—索连接效应等效为一个弹簧。识别时将弹簧的刚度 k 和斜拉索的参数均作为待识别参数,识别结果列于表5.4.5。考虑和不考虑桥面—索连接对识别结果影响的比较如图5.4.8所示。应注意到考虑桥面—

索连接的影响后,误差范围从 ±0.4% 下降至 ±0.2%。同时,考虑桥面—索连接的影响后消除了误差中存在的明显趋势项,使误差呈现典型的正态分布形式,如图 5.4.9 所示。

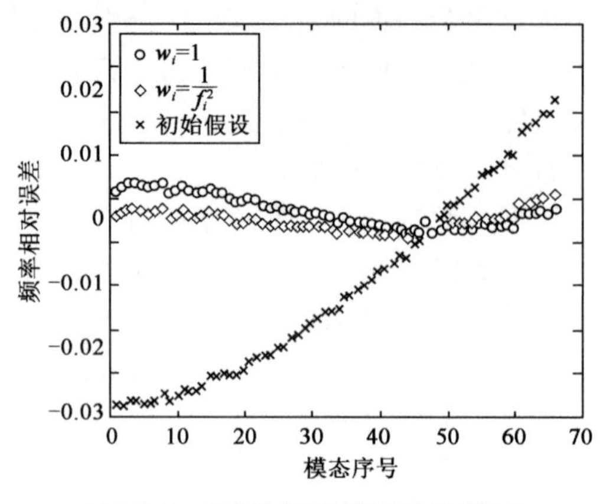

图 5.4.6 多参数识别时频率的相对误差

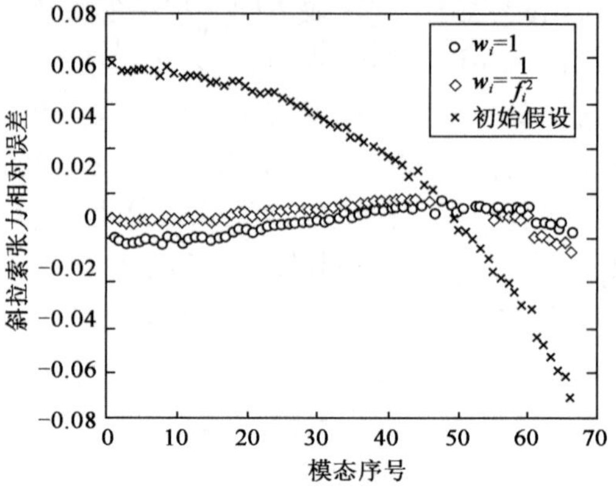

图 5.4.7 多参数识别时索力的相对误差

考虑橡胶支座后的识别结果(%) 表 5.4.5

权重	$\Delta H/H$	$\Delta EI/EI$	$\Delta L_x/L_x$	$\Delta m/m$	k(kN/m)
1	5.61	−7.00	1.28	−0.9	976
$w_i=1/f_i^2$	4.59	−8.33	1.03	−1.38	958

如图 5.4.9 所示,频率相对误差的均值为 1.5×10^{-7},标准差为 0.054%。据中心极限定理,误差的正态分布可理解为索参数、环境激励、测量及数据分析误差、非线性、有限元近似等众多不确定因素微小影响的结果。因此,表 5.4.5 的结果可以作为斜拉索参数的良好近似。应注意到,单参数识别法难以考虑间中支撑的影响。实际上,国内外现有的各种基于振动测试的张力仪几乎无一例外地要求在测试时解除外加阻尼装置等间中支撑,而这一要求有时难以达到。但如果采用多参数识别方法,则不必解除间中支撑。

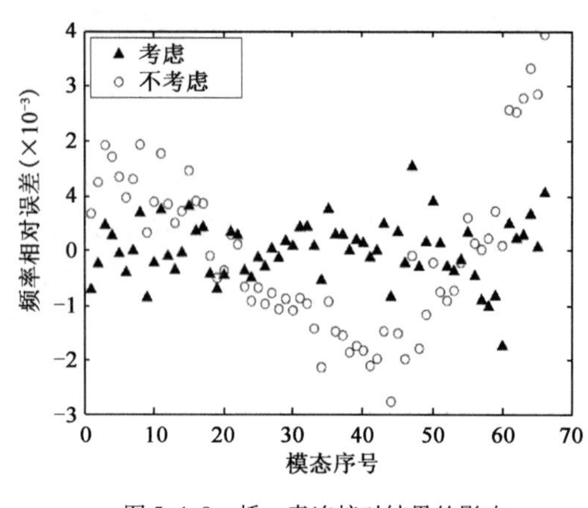

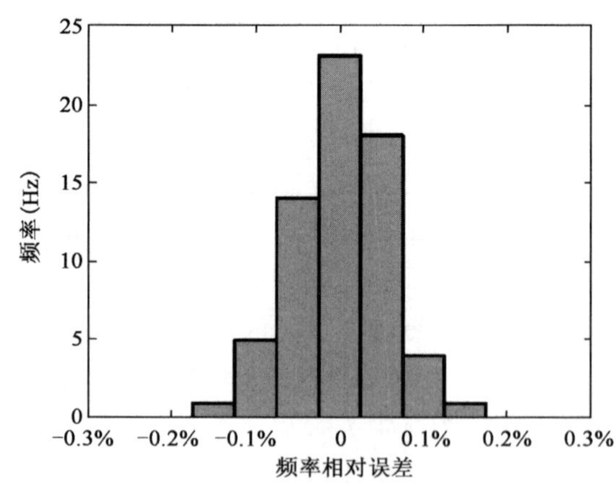

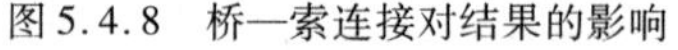
图 5.4.8 桥—索连接对结果的影响

图 5.4.9 频率相对误差直方图

3)误差讨论

当相关参数采用识别值时,张力误差的波动范围仅为 2.8%,而相关其他参数采用设计值时,张力误差的波动范围达 14%,这说明必须将所有对拉索自振频率有明显影响的参数作为未知参数进行识别,才能对索力进行准确识别。这进一步说明,单参数策略在多数情况下都不能准确地测定索力。

5.4.4 工程应用的要点和步骤

(1)确定基本参数:根据设计图获得拉索参数的初值,并建立恰当的有限元模型,该模型应能计及索张力、弯曲刚度、线密度、索长等参数对频率的影响。

(2)频率测试:至少应测出斜拉索面外振动的第1阶至第10阶的全部频率,最好能测定100Hz以内的所有面外振动频率。

(3)多参数识别:获得频率实测值和计算值后,采用高效的优化方法优化(识别)参数,使频率计算值相对于实测值的误差最小。

5.5 动力学以外的其他方法

5.5.1 静力学方法

1)压力传感器法

索结构施工张拉时,可用穿心式压力传感器测量索力。这种方法的精度可达0.5%。但该法须与千斤顶配合使用,所以常用于新桥建设或换索工程施工阶段的索力测试,较难用于已成桥的常规索力测试。同时,如果将压力传感器长期固定于拉索端部,这种方法也可用于索力的长期监测,但应注意压力传感器本身还应满足定期标定的要求。总的来说,由于其自身价格以及其标定费用均较高,因此,压力传感器一般仅在科研或特别重要的桥梁索力测试等特定场合下使用。

2)液压表测定法

目前,斜拉索均使用液压千斤顶张拉。压力表测定法的原理是根据千斤顶张拉油缸中的液压推算千斤顶的张拉力,并认为千斤顶的张拉力就等于拉索索力,所以,只要通过精密压力表或液压传感器测定油缸的液压,就可求得索力。通常使用0.3~0.5级的精密压力表,并应事先对液压系统进行标定,测得索力的精度可达到1%~2%。

3)三点弯曲法

在进行钢索索力测定时,该方法可以在不释放钢索索力的情况下,依据“三点弯曲法”原理设计的钢索索力测定器夹持于承载钢索的任何位置,测出本身不运动或运动的钢索的静、动索力。图5.5.1为钢索三点弯曲的局部变形,在C点相对于A、B两点向下压紧过程中,产生位移信号δ和压紧力信号P。设柔索中心线偏折角为α,被测索视为“完全柔性”,则$T=PL/(4\delta)$。由压紧力信号P和位移信号δ,可以确定钢索索力T。

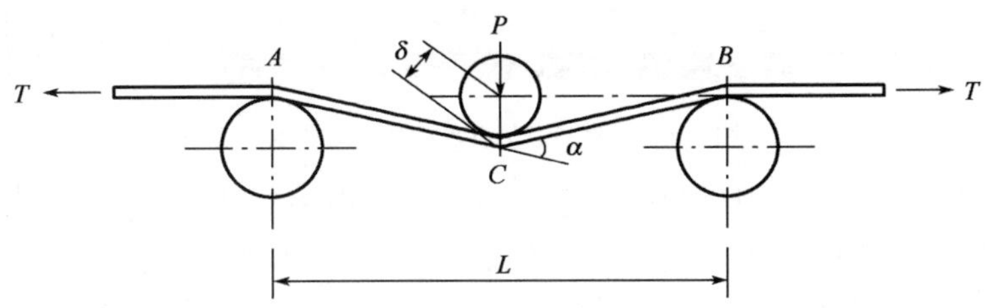

图5.5.1 “三点弯曲法”测试原理图

在上述测试计算中,由于假定钢索为“完全柔性”,没有考虑钢索的抗弯能力,因此对于截面较大抗弯刚度不可忽略的钢索的索力测试,利用上述计算模式会产生较大的误差。对于需要考虑弯曲效应影响的钢索,假定截面弯曲刚度不随荷载变化,同时考虑测力器和钢索自重及支座位置对测试信号的影响,利用材料力学截面平衡原理分析可得索力计算公式:

$$T = \frac{PL}{4\delta} - \frac{P_2\delta_1 - P_1\delta_2}{4\delta(\delta_1 - \delta_2)}L \tag{5.5.1}$$

式中:P_1、δ_1、P_2、δ_2——同一张力水平下,利用同一测定器对同一测量点进行二次测量所得的压紧力和位移,P 和 δ 分别是 P_1、P_2 和 δ_1、δ_2 的均值。

在基于静力学理论的索力测试方法中,压力传感器法主要用于施工阶段的索力测试,可以满足施工控制监测的要求,测量精度高。这种方法的缺点在于受制于传感器的使用寿命及输出结果稳定性受环境因素影响,只能进行中短期测试,不能用于拉索的长期监测,同时压力传感器的售价昂贵,不宜大规模使用,通常只对桥梁中的少数索结构采用压力传感器进行索力测试。液压表测定法主要用于施工过程中斜拉索的张拉,张拉数据直观,操作简便,服务人群大众化。这种方法的不足首先在于千斤顶笨重,可控性较差,装卸过程繁琐,测试耗时长;其次索力测试精度严重依赖于人为操作因素;最后,该法不能测量服役中拉索的索力。三点弯曲法在测试时会对索的护套产生破坏,主要用于测量裸露钢丝绳的索力。

5.5.2 物理学方法

1)磁通量法

磁通量法是一种物理学方法。用磁通量法测定斜拉桥的索力,国外应用较多,多座实际桥梁结构的安全检测表明效果很好,但成本较高,在我国斜拉桥上的应用实例还较少。

磁通量法是利用放置在索中的小型电磁传感器,测定磁通量变化,根据索力、温度与磁通量变化的关系推算索力。该法所用的关键仪器是电磁传感器(EM 传感器),这种传感器由两层线圈组成,除磁化拉索外,它不会影响拉索的力学及物理特性。对任一种铁磁材料,在实验室进行几组应力、温度下的试验,建立磁通量变化与结构应力、温度的关系后,即可用来测定由该种材料制造的拉索索力。EM 传感器布置如图 5.5.2 所示。

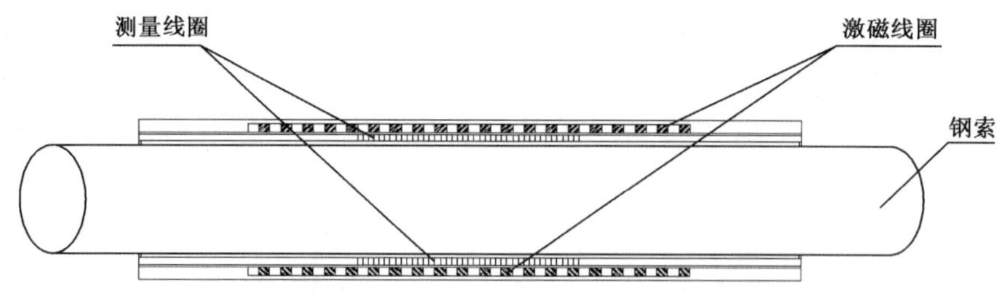

图 5.5.2 磁通量传感器测量索力技术

当通入电流时,在激磁线圈中会引起磁化力。根据电磁感应原理,就会在构件纵向产生磁场,进而在测量线圈中产生感应电压。当磁芯的磁通量变化时,输出电压就会产生变化,所以,只要测量出输出电压,就可以测得磁芯的外加力。铁磁材料的磁通量渗透系数与应力、温度、外加磁场强度有关,其表达式为:

$$L(R,T,H)=1+\frac{A_0}{A_f}\left[\frac{V_{\text{out}}(R,T,H)}{V}-1\right] \quad (5.5.2)$$

式中：A_0——EM 传感器线圈的有效横截面面积；

A_f——拉索的横截面面积；

V_{out}、V——采集线圈中有钢丝和无钢丝时的感应电压；

H——根据工作需要外加的磁场；

R——拉索的应力；

T——温度。

将磁通量渗透系数按泰勒级数展开，当应力为定值时，可得到：

$$L(R_c,T,H)=L(0,0)+m_1R_c+m_2R_c^2+A_1T \quad (5.5.3)$$

式中，m_1、m_2 可从室温下的标定曲线中得到，$L(R_{c0},T_0,H_0)$、A_1 可从拟合曲线中得到。实际工程应用中，通过测量参数 L，就可以推算出拉索的应力。

2)光纤光栅测试法

应用光纤光栅传感器测量拉索索力是一种新兴的索力测试方法，该方法实际上是动力学测试方法。目前该项技术主要应用于桥梁拉索索力的实时监控。

当光纤布拉格光栅周围的温度、应变、应力或其他物理量变化时，将导致光纤光栅周期或有效折射率的变化，从而引起光纤光栅中心波长的漂移，通过检测波长漂移情况即可获得待测物理量的变化情况。光纤光栅传感原理如图 5.5.3 所示。其索力测试过程可概括为：光纤光栅振动传感器将拉索的振动信号转变为光的强度信号，光信号经过电缆传输到监控室由光电调理器转化为电信号，经数据采集卡采集数据输入人工控制计算机，由索力实时监控软件进行频谱分析，并实时提取特征频率，利用式(5.1.2)计算索力。该法在武汉长江二桥索力的实时监控中得到过应用。

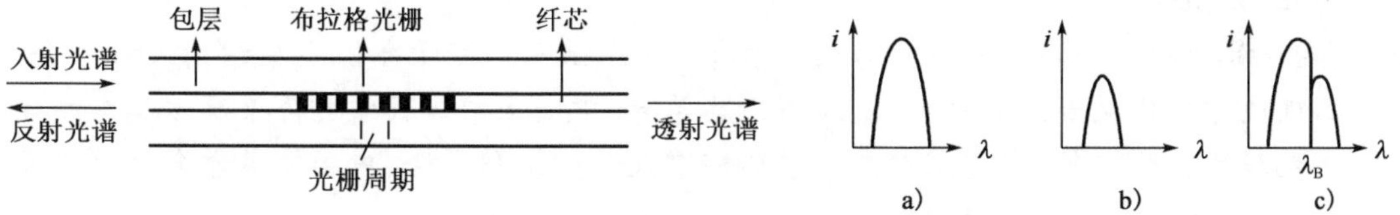

图 5.5.3 光纤布拉格光栅传感原理

a)入射光谱；b)反射光谱；c)透射光谱

基于物理学电磁理论的磁通量法是一种非破坏性方法，适用于已安装到位索股的索力测试，其不足在于：电磁传感器的造价较高，尚难适于大规模应用。因此，在国内的工程应用较少。基于光纤光栅传感器原理的光纤光栅索力测试法主要应用于桥梁拉索索力的实时监控中，但其不足在于：基于光纤传感系统的频率法依据的仍是经典张紧弦理论，其索力测算结果的准确度有赖于张紧弦理论的适用范围。

5.6 小结

传统频率法因其方便经济而在索力测试领域大量应用。但最简单的传统频率法仅用单阶频率来测算索力，采用了多达 6 个基本假设的非常简化的分析理论，导致其测试结果严重依赖于测试者的经验,并受到索长、线密度等参数准确性的影响。因此,尽管许多厂家开发了相应的索力仪,但对于短索、边界不明确或索力偏离设计值较大的长索等,采用这些索力仪都不能准确测算得到索力。如果要用最简单的传统频率法,或者基于该方法的索力仪来测算索力,则应首先确认拉索是否满足线弹性、线性振动、小阻尼、匀质(边界条件明确)、直线(小垂度)和柔性假设6条基本假设,如果这些假设都成立,则该方法可得到较好的结果。在这个前提下,经验丰富的测试人员能够将索力测试误差控制在5%以内。

在最简单的传统频率法的基础上,一些厂家也开发了基于简支条件下弯曲刚度修正的索力仪,但因实际拉索几乎可能存在所谓的简支条件,这些所谓考虑弯曲刚度的索力仪在实际工程中很难成为一个有效的工具,甚至反而误导经验不足的技术人员,造成不良结果。显然,当弯曲效应、边界条件和间中支撑等影响不可忽略时,基于弦理论的频率法或者基于简支索梁的频率法得到的索力测算结果都将不可接受。当拉索参数$\zeta \geqslant 50$时,可采用嵌固边界下弯曲刚度修正的频率计算式来测算索力,但仍然应注意匀质假设的满足和间中支撑条件的解除。

本章重点介绍的基于多参数反演的频率法,不论拉索处于施工或是服役期间都能使用,且能充分考虑抗弯刚度、支撑条件、索长、索密度等众多因素的影响,能够大幅地减小频率测试值和计算值之间的误差。因此,该方法能有效地提高索力测试的准确度和可靠度,并同时准确识别拉索的其他重要参数。同时,该法在处理各种边界条件或其他结构(如间中支撑)因素时,灵活性较大,使得其具有更普遍的适用性,特别适合于实际工程应用。不过,其不足在于对人员要求较高,需进一步简化、仪器化和系统化,才能满足最广泛的工程需求。

本章参考文献

[1] Irvine H Max. Cable Structure[M]. 1981.

[2] 史家钧,章关永.用随机振动法测量曼谷 Rama Ⅸ斜拉桥的索力[J].土木工程学报,1992,02:68-71.

[3] 邱岳,林亚超,韩逸林.斜缆索力测定[C]//中国土木工程学会桥梁及结构工程学会、中国铁道学会桥梁专业委员会、浙江省公路学会.中国土木工程学会桥梁及结构工程学会第九届年会论文集.中国土木工程学会桥梁及结构工程学会,中国铁道学会桥梁专业委员会,浙江省公路学会,1990.

[4] De Mars P, Hardy D. Mesure des Efforts dans les Structures a Cables[J]. ANN TRAV PUBLICS BELG, 1985 (6).

[5] Robert J L, Bruhat D, Gervais J P, et al. Mesure de la tension des cables par methode vibratoire[J]. Laboratoire des Ponts et Chausseés, 1991,173(3):109-114.

[6] Casas J R. A combined method for measuring cable forces: the cable-stayed Alamillo bridge, Spain[J]. Structural Engineering International, 1994, 4(4): 235-240.

[7] Mehrabi A B, Tabatabai H. Unified finite difference formulation for free vibration of cables[J]. Journal of structural engineering, 1998, 124(11): 1313-1322.

[8] 魏建东.斜拉索各参数取值对索力测定结果的影响[J].力学与实践,2004,04:42-44.

[9] Elsa de Sá Caetano E. Cable vibrations in cable-stayed bridges[M]. IABSE, 2007.

[10] 郑罡,倪一清,高赞明,等.斜拉索张力测试和参数评估的理论和应用[J].土木工程学

报,2005,03:64-69.

[11] 廖渭扬.基于动力学方法的桥梁承载短索索力测试与参数识别的程序编制和试验验证[D].重庆:重庆交通大学,2006.

[12] Gang ZHENG, Vibration-Based Condition Assessments of Cables in Cable-Supported Bridges[D]. The HongKong PolyU,2002.

[13] 李盛.基于光纤光栅传感原理的桥梁索力测试方法研究与应用[D].武汉:武汉理工大学,2009.

[14] 张东生,李微,郭丹,等.基于光纤光栅振动传感器的桥梁索力实时监测[J].传感技术学报,2007,12:2720-2723.

[15] 南秋明,姜德生,梁磊.光纤光栅测力环的应用[J].华中科技大学学报(自然科学版),2006,09:63-65.

[16] 埃尔莎·德·萨·卡埃塔诺(葡萄牙).斜拉桥的拉索振动与控制[M].1版,北京:中国建筑工业出版社,2012.

第6章　索结构耐久性与换索工程

在斜拉桥发展的历程里,因为拉索出现问题的斜拉桥国内外均不鲜见。例如,美国 Hale Boggs 桥是第一座跨越密西西比河的斜拉桥,拉索防护系统采用 PE 管注浆,于 1983 年建成通车。由于施工期间留下的隐患,运营后不久护套就出现了裂缝,1990 年将所有拉索包裹了白色防紫外线胶带,1995 年防紫外线胶带也出现了破坏现象。该桥在经过运营 25 年期间频繁的拉索维修、护套和锚固组件维修后,全部换索。

实际上,绝大多数的桥梁拉索和吊索都是可更换构件,其设计寿命一般仅为 20 ~ 50 年我国新颁《公路桥涵设计通用规范》(JTG D60—2015)规定其设计使用年限为 20 年。在实际工程中,由于防护措施欠佳,锈蚀问题一直没有得到彻底解决,钢丝锈蚀发展较快,拉索和吊索的耐久性在 10 ~ 25 年,远低于其他构件。然而,索结构一旦出现问题,则可能导致桥梁受到灾难性的破坏。因此,桥梁索结构知识应包括耐久性这样的偏技术性的内容,这正是本章讲述的重点。索结构破坏的最主要原因是钢丝锈蚀、疲劳及其耦合效应引起的钢丝断裂,许多缆索承重桥梁失效事故都是由索结构失效引起的。可见,就桥梁索结构的耐久性而言,其主要包括两个方面,即耐腐蚀性(包括防护耐久性)和耐疲劳性。由于当前防护耐久性最为薄弱,因此,就提高桥梁索结构的耐久性措施而言,当前的主要工作是索结构的长效防护,防护一旦失效,则耐腐蚀性甚难保证,这种情况下,就必须换索。

6.1　索结构病害

桥梁索结构采用高强钢丝或钢绞线,它们在实际运营过程中,长期处于高应力状态,对外界侵害比较敏感。随着使用年限的增长,逐步产生防护层老化、锈蚀、断丝等病害,严重者出现拉(吊)索断裂,引起桥梁坍塌事故。在我国,吊索或拉索更换时间仅为 3 ~ 18 年,平均使用寿命不到 12 年,远远小于设计使用年限。对此,通常做法主要是围绕防止拉(吊)索腐蚀采取各种防护措施,但实际效果却不十分理想,也不能从根本上解决问题;并且包裹钢丝的 PE 材料耐老化年限虽为 25 年,但实际情况往往达不到这个标准。在安装施工过程中,PE 包裹层就会被施工过程中的剐蹭导致开口,在运营使用前就出现开裂的现象。

影响索结构耐久性的基本因素主要来自两个方面:首先,是索结构直接暴露于大气环境之中,受到大气中腐蚀气体、雨水(特别是酸雨)作用,可能被腐蚀。例如,试验表明钢丝索处在相对湿度高于 60% 的大气环境里 3h 就会受到腐蚀。其次,拉索向桥塔传递由桥面传来的绝大部分恒载和活载,桥面行车、行人、风作用和地脉动等振源使得拉索处于持续的振动中,其应力反复变化,导致拉索还要承受轴向疲劳和弯曲疲劳应力,在这两种因素综合作用下会产生种种病害。而因拉索、吊索与主缆的防护体系不同,其病害表现存在一定差异,以下分别介绍。

6.1.1 拉索和吊索病害

大部分桥梁的拉索系统都存在不同程度的腐蚀现象。对于拉索系统的腐蚀病害,其损伤形式主要表现为:防护层老化及破损、钢丝锈蚀、锚具锈蚀以及拉索与锚具连接部位锈蚀。

1)防护层老化及破损

由于环境、荷载和人为的作用,采用各种防护体系类型的拉索都会存在病害(图6.1.1),主要包括横向及纵向开裂、刮痕、断开、起皱,脱层、凹坑、翘皮等。国内桥梁的拉索病害情况(不完全统计)如表6.1.1所示。

图6.1.1 防护套损伤

拉索防护层破损的原因之一是施工质量失控。拉索安装过程中,由于拉索与孔道的方向很难对准,拉索在进入孔道的过程中会经常出现违规操作。例如,牵引机拉住拉索一头强行向孔道中输送,这个过程中护套和导管很容易发生摩擦,导管的尖锐处就很有可能会划伤护套,从而在这里形成防腐体系的薄弱层。更严重的情况是采用牵引机直接拉住拉索护套进行安装。目前,对索体PE损伤,工程上大多采用补焊,而补焊时PE二次加热成型,导致其耐环境应力开裂性能大幅下降。同时,由于补焊修补作业环境在野外,缺乏良好的控制条件,因此,PE损伤面难以完全修复,这样就留下了先天缺陷。

部分国内桥梁拉索病害情况(不完全统计) 表6.1.1

桥名	建成时间(年)	桥型特点	拉索防护类型	病害时间(年)	病害情况
红水河铁路斜拉桥	1981	双塔、竖琴式、塔梁固结	防腐涂料、玻璃丝布、金属套管护罩	1989	拉索护套有深度裂纹、锚端积有大量的锈水
济南黄河大桥	1982	双塔双索面	铝制套管压水泥浆	1990	部分拉索的套管腐蚀、胀裂;不饱满、钢丝裸露,钢丝表面镀锌层已不存在,钢丝不同程度锈蚀
上海恒丰路立交桥	1987	独塔单索面	PE护套、水泥压浆、彩色玻璃钢	2003	索内空穴,锈蚀非常普遍,拉索上部的锈蚀最为严重;拉索抗拉强度平均下降15%
广州海印大桥	1988	双塔单索面	水泥压浆、黑色聚乙烯套管、环氧玻璃钢	1995	9号索断索、15号索松弛,部分拉索钢丝锈蚀严重,拉索塔端压灌的水泥浆不饱满、不硬化
广东九江大桥	1988	独塔双索面	LDPE护套	1997	70%拉索PE护套不同程度损坏,钢丝严重锈蚀;个别PE护套中有水流出,两端锚头锈蚀严重
重庆石门大桥	1988	独塔、塔墩固结、单索面	聚乙烯护套	1995	锚头漏水。拉索表面破损、裂口(最长裂口达500mm),钢丝严重腐蚀,其中24根超过规范限值,上下锚头部分腐蚀
犍为岷江斜拉桥	1990	双塔双索面	PE护套	2000	10%的拉索PE护套开裂,部分出现锈蚀断丝现象,锚端内有积水,部分锈斑
三达地怒江斜拉桥	1994	独塔、双索面、塔墩固结	PE防护层	2004	筒内密封环和连接筒锈蚀;部分上、下锚具严重锈蚀;部分锚具钢丝镦头严重移位、镦头断裂

续上表

桥　名	建成时间（年）	桥 型 特 点	拉索防护类型	病害时间（年）	病 害 情 况
广东三水大桥	1996	独塔双索面	PE + PU 防护层、双层拉索	2004	导管防护材料老化变质；双层护套外层起皱、开裂并形成存水腔，有积水；内层护套部分出现环形开裂
海口世纪大桥	2003	双塔双索面	双层 PE 护套	2012	密封胶老化开裂；聚氨酯泡沫表层的防水材料失效，发泡料里含有水；内置减振器失效；PE 护套环向裂纹、表面破损；套管内积水、钢丝镀锌层脱落、钢丝锈蚀；锚具腐蚀

拉索防护层破损的原因之二是 PE 护套老化。按照试验室数据推断，目前大量采用的高密度聚乙烯（HDPE）护套材料在大气环境中防腐寿命一般为 25 年左右，若护套在安装或使用过程中人为损伤，则其实际的抗老化寿命会显然不足 25 年。一方面，PE 护套受紫外线的照射或有害溶剂渗透，均会导致其分子黏聚力降低，结果是分子移动，宏观表现为护套老化和龟裂（很多开裂都是从索的迎光面开始的）；另一方面，拉索的静力和动力学变形也会使得其 PE 护套细微裂缝扩大，使得 PE 护套材料出现早期开裂或疲劳开裂。

拉索防护层破损的原因之三是防护结构设计缺陷。许多斜拉桥的索体防护结构设计不够完善，例如护套材料选择不当、护套构造（厚度等）不合理、索端密封不严、减振器连接部位的粗糙处理等，都容易造成后防护层破损。例如，我国大部分桥梁下端预埋管均有进水或冷凝水现象，这样使得预埋管及索体内的湿度增加，锚头及索体受到腐蚀，防护层破损。

2）拉索钢丝及锚具腐蚀

如果防护层完好，则拉索内的钢丝锈蚀就可以完全杜绝，或者即使有锈蚀，也非常轻微，对拉索寿命不会产生实质影响。但如果防护层损伤甚至破坏，钢丝直接或间接地暴露于腐蚀环境中，则其必然会锈蚀。这时，索结构的高应力就会加速其锈蚀，即产生所谓的应力腐蚀，严重时会出现断丝、断索现象（图 6.1.2 ~ 图 6.1.4）。

图 6.1.2　拉索钢丝及锚头锈蚀

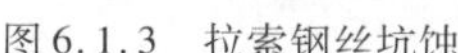

图6.1.3 拉索钢丝坑蚀

图6.1.4 拉索钢丝开裂

钢丝的锈蚀规律和分级是桥梁索结构的重要研究领域,其研究成果是索结构钢丝锈蚀评定工作的基础。同济大学的陈惟珍等提出了钢丝锈蚀进程和分级方法,可供读者参考,见表6.1.2和图6.1.5。

锈蚀进程与等级划分 表6.1.2

等级	腐蚀程度
Ⅰ	钢丝完好,没有任何形式的锈蚀
Ⅱ	钢丝表面出现由镀锌锈蚀产物构成的白粉,但钢丝基体未锈蚀
Ⅲ	钢丝基质开始锈蚀,钢丝表面的白粉泛黄,但无黄色锈斑
Ⅳ	钢丝表面出现黄色锈斑,但较稀疏
Ⅴ	钢丝表面黄色锈斑数量较多,清除钢丝表面锈蚀产物后,可见钢丝表面出现稀疏蚀坑
Ⅵ	钢丝表面出现密集连续黄色锈斑,清除钢丝表面锈蚀产物后,蚀坑占钢丝表面积80%以上
Ⅶ	镀锌耗尽,清除钢丝表面锈蚀产物后,可见钢丝存在明显截面损伤或蚀坑深度超过1.0mm
Ⅷ	断丝

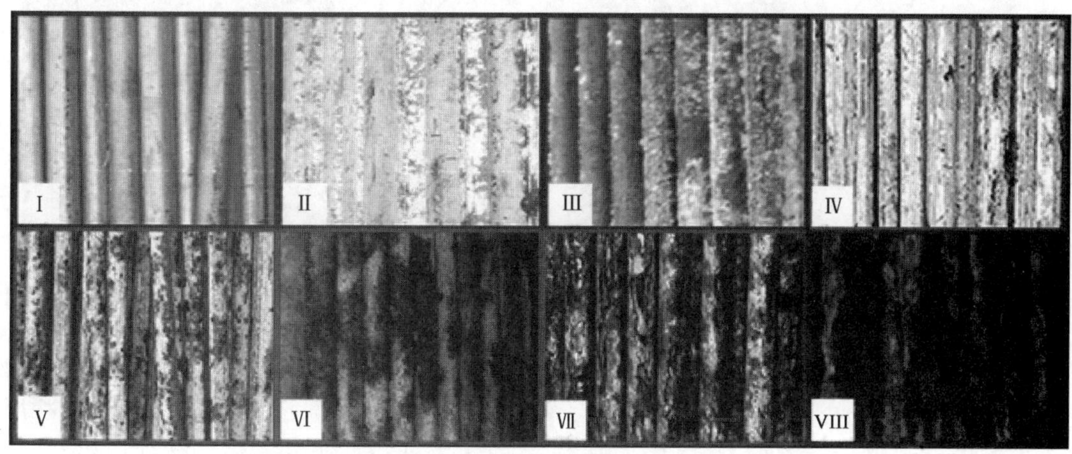

图6.1.5 钢丝锈蚀分级

6.1.2 主缆病害

1）主缆病害特点

国外大量悬索桥检查（如美国的金门大桥、英国的Forth大桥、丹麦的小贝尔特大桥及日本的大岛大桥等）结果表明，在悬索桥多年使用后，其主缆钢丝索股会出现严重腐蚀，威胁大桥安全。

为保证悬索桥的运营安全，掌握主缆的锈蚀情况，发达国家对于悬索桥主缆的运营管理作出了“打开检查”的规定。例如，美国NCHRP534报告规定，悬索桥运营超过30年，需要打开主缆检查。1998年，美国检查结果表明，一些悬索桥桥主缆处于危险之中，主缆的安全系数下降。过去一直作为主缆防护样板的金门大桥，其安全系数也仅为原来的83%，金门大桥主缆亟待大修。所有受检桥梁的主缆无一例外都出现不同程度的腐蚀，腐蚀最为严重的部位主要在缆索的下方和侧面，例如，旧金山的奥克兰大桥的缆索下方和侧面已经大面积腐蚀，见图6.1.6和图6.1.7，需要立即着手进行维修。

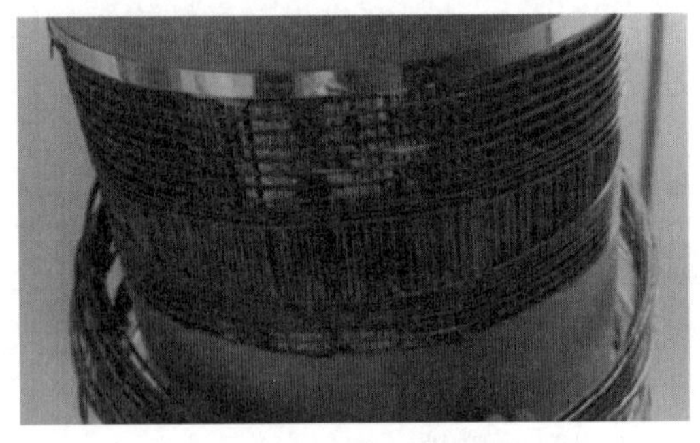

图6.1.6 金门大桥主缆锈蚀情况

图6.1.7 金门大桥主缆下方锈蚀

英国对Forth、Seven、Humber三桥检查发现，表面不存在问题的主缆，其内部钢丝已经严重腐蚀（图6.1.8和图6.1.9），甚至腐蚀到断丝的程度。Forth桥建成于1964年，采用传统的主缆防护体系，2004年检查时，主缆外观仅有个别缺陷，但打开主缆后，其内部已出现腐蚀断丝。预计到2014年，该桥的安全系数会降至2.0。检查结果令人震惊，该桥是否报废就成为一个重要问题。

图6.1.8 Forth桥主缆下方锈蚀

图6.1.9 Forth桥主缆锈蚀侧面情况

日本几座悬索桥的主缆也已发生锈蚀。为了弄清锈蚀机理，调查主缆内部的环境状况，日本进行了镀锌钢丝的锈蚀模拟试验。研究表明，主缆横截面不同部位的锈蚀环境状况不同，侧面最容易锈蚀。

2）主缆病害原因

在国内，悬索桥发展近20年，尚无相关机构对主缆病害进行检测评估，尚未出现将主缆打开检视其内部情况的公开文献。但从国外的研究和经验看，主缆的腐蚀等病害无疑是存在的，且可能危及悬索桥的运营安全。一般而言，悬索桥主缆的腐蚀主要原因有以下三个方面：一是主缆架设的周期较长，往往长达数月或半年以上，由于长时间天气变化的原因使得架设过程中水汽进入主缆的各个部分，导致架设期间即发生腐蚀；二是腻子干硬后开裂、脆化失效，防水性能大大降低；三是在主缆的使用过程中，由于温度变化引起的结露或者雨水大量聚集在主缆的两侧和底部造成电化学腐蚀。

从国外的经验看，悬索桥主缆的劣化主要来源于电化学腐蚀导致截面减小和鼓丝导致的磨损及表面裂纹，以及这些劣化继续发展导致钢丝的破断等。其中，"鼓丝"是指活荷载、风荷载等引起索体弯曲变形，导致丝股间或丝股内钢丝的微小相对滑移（详见本书第4章第4.3节）。由于钢丝间相互接触摩擦，导致磨损或表面产生裂纹。腐蚀的主要部位包括锚固部位附近、主缆缆体下侧、排水不通畅的部位（如主缆的内部、索夹等）。这些问题的严重后果就是腐蚀断丝、主缆安全系数降低直至失效。

3）主缆病害修复

主缆修复的范围决定于其损伤（病害）程度。其损伤程度分类如下：

（1）轻度损伤：一般发生在主缆下侧。存在轻微腐蚀、有小坑和锈斑，用手动工具喷射不会对钢丝造成损伤的材料（如玻璃球、胡桃壳等），可清除表面腐蚀层。

（2）中度损伤：对于中等程度的腐蚀、锈斑和小坑，应首先用钢丝刷刷掉涂料及其他硬结的保护层，然后打入楔子分开单根钢丝进行清理。

（3）严重损伤：对于严重的腐蚀和凹坑，应进行断丝连接，以恢复主缆承载力。

（4）对于更为严重的情况，就需要直接进行换索（见本章6.4.2小节）。

目前，我国汕头海湾大桥、江阴长江大桥和西陵长江大桥等均进行了主缆缠丝外加密封胶和重新涂装的主缆大修，江阴长江大桥还加装了主缆除湿系统。尽管我国建造现代悬索桥的历史较短，但主缆防护和维修工作也已经有较多案例，如表6.1.3所示。

国内主要悬索桥主缆防护和维修　　表6.1.3

桥　　名	建成年份（年）	主跨（m）	主缆防护体系	主缆维修情况
汕头海湾大桥	1995	452	聚异丁烯腻子＋圆形钢丝缠丝＋环氧、聚氨酯涂料涂装	已维修1次
西陵长江大桥	1996	900		
广东虎门大桥	1997	888	聚氨酯密封剂＋圆形钢丝缠丝＋聚氨酯密封剂＋聚氨酯涂料涂装	已维修1次
香港青马大桥	1997	1 377	红丹腻子＋圆形钢丝缠丝＋底漆＋磷酸锌脂类环氧漆＋酚醛面漆	已维修1次
丰都长江大桥	1997	450	涂刷沥青涂料＋包裹玻璃丝布、隔热材料＋包裹钢丝网水泥外防护层	无
厦门海沧大桥	1999	648	聚异丁烯腻子＋圆形钢丝缠丝＋密封剂＋环氧、聚氨酯涂料涂装	无
江阴长江大桥	1999	1 385	锌粉腻子＋圆形钢丝缠丝＋环氧、水性、酚醛、醇酸类涂料涂装	已维修1次，增加除湿系统

续上表

<table>
<tr><th>桥　　名</th><th>建成年份（年）</th><th>主跨（m）</th><th>主 缆 防 护 体 系</th><th>主缆维修情况</th></tr>
<tr><td>重庆鹅公岩长江大桥</td><td>2000</td><td>600</td><td>磷化底漆＋聚异丁烯腻子＋圆形钢丝缠丝＋磷化底漆＋密封剂＋环氧、聚氨酯涂料涂装</td><td>已维修1次</td></tr>
<tr><td>宜昌长江大桥</td><td>2001</td><td>960</td><td rowspan="2">磷化底漆＋聚异丁烯腻子＋圆形钢丝缠丝＋磷化底漆＋密封剂＋环氧、聚氨酯涂料涂装</td><td rowspan="2">已维修1次</td></tr>
<tr><td>忠县长江大桥</td><td>2001</td><td>560</td></tr>
<tr><td>桂林丽君桥</td><td>2001</td><td>70</td><td>热挤PE护套</td><td>无</td></tr>
<tr><td>润扬长江大桥</td><td>2004</td><td>1 490</td><td>S钢丝缠丝＋柔性环氧、含氟聚氨酯涂料涂装＋主缆除湿系统</td><td>无</td></tr>
<tr><td>武汉阳逻长江大桥</td><td>2007</td><td>1 280</td><td rowspan="2">磷化底漆＋聚异丁烯腻子＋圆形钢丝缠丝＋磷化底漆＋密封剂＋环氧、聚氨酯涂料涂装</td><td rowspan="2">无</td></tr>
<tr><td>广州珠江黄埔大桥</td><td>2008</td><td>1 108</td></tr>
<tr><td>四渡河大桥</td><td>2009</td><td>900</td><td>磷化底漆＋聚异丁烯腻子＋圆形钢丝缠丝＋磷化底漆＋环氧云铁＋密封剂＋聚氨酯面漆</td><td>无</td></tr>
</table>

现在继续运营的百年老桥大多通过减轻桥面负荷的结构改造、断丝接长、增加主缆缆索、增设拉索等方法维持运营。文献资料反映，美国多次花费巨资进行悬索桥主缆检查、维护和维修，包括金门大桥。主要方法包括：去除缠丝，锲开主缆内部检查，取样试验和检查评估，除锈去污，断丝叠接处理，锚端锚固和索夹检查等；更换腻子（用锌腻子代替红丹腻子），重新缠丝，增加缠包带，重新涂装；增设除湿设备；应用声控系统监测主缆断丝；灌油保护主缆钢丝（美国较常采用的辅助防护方法）。

6.2　索结构防护

6.2.1　拉索及吊索

拉索及吊索防护需满足防锈蚀、耐日光暴晒、耐老化、耐高温、涂层坚硬、更换容易等要求。防护包括内防护和外防护。内防护裹覆于拉索和吊索钢丝外部，隔绝水分和腐蚀性气体，使内部的材料免遭腐蚀；外防护往往起到防紫外线以及机械性损伤作用，保护内层防护材料不受损伤，间接地起到对索的防护作用。外防护索套按其受力特点的不同，还可以分为刚性索套、半刚性索套和柔性索套。其中刚性和半刚性索套不仅是索的防护构造物，同时也作为全桥结构的一部分而参与受力。一般的防护材料有镀锌、水泥浆、环氧材料、防锈油脂和蜡、聚乙烯护套和环氧涂层等，以下逐一介绍。

1）镀锌

镀锌层防护是阴极保护法，锌层作为阳极，在构件整个的服役过程中牺牲自己保护钢基，少量的局部镀层破损也不影响整个防腐体系的有效性，对工程施工中的表面损伤有较强的弥补作用；镀锌钢丝在镀锌后还要进行稳定化处理，以获得需要的性能（强度、延伸、松弛性能等），特别是可以确保松弛性能；镀锌层与钢基是合金层结合，与钢基为一个整体，锌层对锚固也没有不利影响。镀锌钢丝用于桥梁拉索历史已较长，其可靠性已得到工程验证。

根据相关研究，400g/m^2 均匀镀锌层的估计寿命为21年。但是，由于在实际的生产工艺中，从镀锌钢丝入库到完成成品拉索制作间存在着多道工序，整个过程中的磕碰无法避免，造成部分钢丝表面镀锌层的损伤，同时考虑到镀锌层厚度的均匀度还缺乏严格的控制和检验，因此，镀锌层一般仅作为钢丝从其生产车间出库到拉索生产车间期间的防腐保障，而不作为拉索在使用阶段的防腐保障。

2）水泥浆

在过去，多数拉索和吊索是安装在管道内，并灌注水泥浆以保护拉索钢筋、钢丝或钢绞线免于腐蚀。水泥浆主要以灌注的方式填满护套与钢绞线之间的空隙，从而对钢绞线进行防护，但目前这种防护方法已逐渐被淘汰。主要原因是水泥灌浆压力以及施工温度易使护套开裂，水泥硬化后的开裂降低了防护效果，且形成了渗水通道，水泥浆离析泌水，使拉索上部形成存水空腔，甚至水泥浆可能长期不结硬，直接锈蚀钢丝，压浆时水泥浆沿空隙较大处灌满，而没有水泥浆的索中心，易产生锈蚀。

3）环氧灌浆材料

作为一种化学灌浆材料，环氧灌浆料有如下特点：优于水泥基材料的抗压、黏结等力学性能，早期强度高，韧性高；无收缩特性，确保灌浆层最终成型后与承载面完全接触，保证设备安装的高精确度；抗蠕变特性，在 -40 ~ +80℃冻融交替、振动受压的恶劣情况下长期使用而无塑性变形；可承受酸、碱、盐、油脂等化学品长期接触腐蚀。

4）聚乙烯护套

聚乙烯护套的作用是隔离空气，防止水气对钢丝的侵蚀，其具有良好的机械性能和抗老化寿命，聚乙烯护套的拉伸强度较低，耐冲击性、耐穿刺性、耐温性，而耐环境应力开裂性及抗蠕变性不好。目前采用的护套有聚乙烯（PE）护套和高密度聚乙烯（HDPE）护套。护套通过挤塑而成，或由若干节直管通过镜面焊接、管道连接而成，壁厚不应小于5mm，连接处应具有不低于整根索套管的屈服强度；钢绞线PE护套厚度不应小于0.5mm。HDPE材料应满足《斜拉桥热挤聚乙烯高强钢丝拉索技术条件》（GB/T 18365—2001）和《桥梁缆索用高密度聚乙烯护套料》（CJ/T 297—2008）的技术指标要求（表6.2.1）。

高密度聚乙烯护套料的主要性能要求　　表6.2.1

序号	项　目	指标		序号	项　目	指标	
		黑色	彩色			黑色	彩色
1	密度（g/cm^3）	0.972 ~ 0.978	0.942 ~ 0.978	13.0	耐热老化100℃，168h		
2	溶体流动速率（g/10min）	≤0.45	≤0.45	13.1	拉伸强度变化率（%）	±20	±20
3	拉伸强度（MPa）	≥20	≥20	13.2	断裂伸长率变化率（%）	±20	±20
4	拉伸屈服强度（MPa）	≥10	≥10	14.0	耐臭氧老化	无异常	无异常
5	断裂伸长率（%）	≥600	≥600	14.1	延伸25%，温度24℃ ±8℃		
6	硬度 Shore D	≥60	≥60	14.2	臭氧浓度0.01 ~ 0.15mg/m^3 暴露1h		
7	拉伸弹性模量（MPa）	≥150	≥150	15.0	人工气候老化		
8	冲击强度（kJ/m^2）	≥25	≥25	15.1	老化时间：0 ~ 1 008h		
9	软化温度（℃）	≥115	≥110	15.2	拉伸强度变化率（%）	±25	±25
10	耐环境应力开裂（F_0/h）	≥1 500	≥1 500	15.3	断裂伸长率变化度（%）	±25	±25
11	脆化温度（℃）	< -76	< -76	15.4	老化时间：504 ~ 1 008h		
12.0	炭黑分散性			15.5	拉伸强度变化率（%）	±15	±15
12.1	分散度（分）	≥6		15.6	断裂伸长率变化率（%）	±15	±15
12.2	吸收系数	≥400		16	耐光色牢度（级）		≥7

5)防腐油脂

防腐油脂具有如下特点:水溶性、不可燃,对环境无污染,使用安全;优异的防腐功能,很容易用碱性清洗方法从金属表面清除掉;可直接在钢丝索上进行涂层和喷漆;独特的气相作用,保护未涂层或难以触及的表面;良好的耐硬水性能;热稳定性好,在高温状态时仍具有良好的防锈功能;在金属表面形成疏水性薄膜。防腐油脂、蜡油技术性能指标如表 6.2.2、表 6.2.3 所示。

防腐油脂技术性能 表 6.2.2

项　目		技术指标	试验方法
工作锥入度(1/10mm)		220 ~ 320	JG 3007
滴点(℃)		≥160	JG 3007
水分(%)		≤0.1	JG 3007
钢网分油量	(40℃,72h)(%)	≤2.5	NB/SH/T 0324
	(100℃,50h)(%)	≤4.0	NB/SH/T 0324
耐腐蚀(45 号钢片,100℃,24h)(%)		≤0.5	JG 3007
蒸发量(99℃,22h)(%)		≤2.0	JG 3007
低温性能(-40℃,30min)		合格	JG 3007
湿热试验(45 号钢片,30d)(级)		≤2.0	JG 3007
耐盐雾(45 号钢片,30d)(级)		≤2.0	JG 3007
氧化安定性(99℃,100h,78.5 × 10^4 Pa)	氧化后压力降(Pa)	≤14.7 × 10^4	JG 3007
	氧化后酸值(mg KOH/g)	≤1.0	JG 3007

防腐蜡油技术性能 表 6.2.3

项　目		技术指标	试验方法
滴熔点(℃)		≥77	GB 8026
水分(%)		≤0.1	JG 3007
针入度(-20℃)		无裂缝	GB/T 269
钢网分油量(40℃,7d)(%)		≤0.5	NB/SH/T 0324
耐腐蚀(45 号钢片,100℃,24h)(%)		≤0.5	JG 3007
耐湿热(45 号钢片,30d)(级)		≤2	JG 3007
耐盐雾(45 号钢片,30d)(级)		≤2	JG 3007
氧化安定性(99℃,100h,78.5 × 10^4 Pa)	氧化后压力降(Pa)	≤14.7 × 10^4	JG 3007

6)环氧涂层

环氧涂层钢丝是一种新型防腐方式的预应力高强钢丝材料。其工艺原理为采用静电喷涂工艺,将专用环氧粉末熔融后涂装于钢丝表面,形成一层致密保护膜。其特点在于:涂层附着性强,具有优良的耐碱性、耐酸性和耐溶剂性等化学性能;涂层加工过程不会造成钢丝强度等性能的损失。环氧涂层钢绞线的环氧涂层厚度不应小于 0.6mm,有 PE 护层的填充型环氧涂层钢绞线的环氧涂层厚度不应小于 0.4mm。国家标准《缆索用环氧涂层钢丝》

(GB/T 25835—2010)对环氧涂层钢丝的技术性能指标做出了具体要求。

6.2.2 主缆

悬索桥主缆主要采用如下防护措施:

(1)主缆腻子钢丝缠绕涂层法,在19世纪40年代由美国开创,百余年来长期应用,并不断改进完善。

(2)合成护套防护法,在20世纪60~70年代由美国开发,包括玻璃纤维树脂涂料复合防护和橡胶缠带或涂层防护。

(3)主缆内部干燥空气除湿法,在20世纪末由日本开发。

(4)主缆锚(鞍)室防护,包括锚(鞍)室封闭清洁和除湿等防护方法。

其中,主缆腻子钢丝缠绕涂层法(图6.2.1)是最传统的主缆防护体系,该体系是由钢丝镀锌及其防锈油膜、腻子、缠绕钢丝和表层涂料(涂装)四个保护层构成的铠装防护。这一主缆防护体系的改进和完善包括:防腐性能更好的镀锌钢丝(或钢绞线)、新的腻子材料、新的缠包带和密封剂等密封措施。如图6.2.2所示为主缆缠S形钢丝抽湿防护方法图。

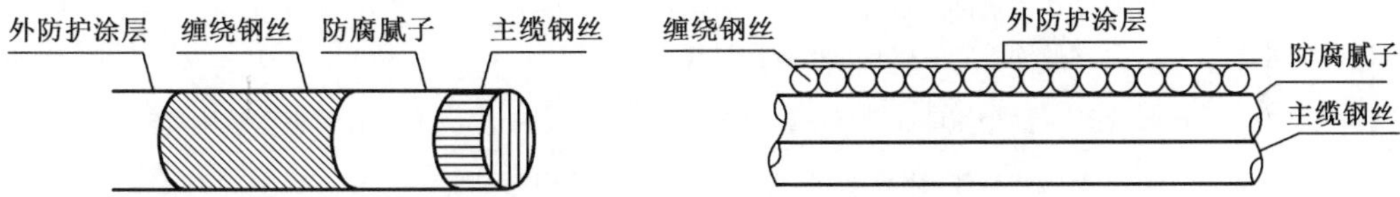

图6.2.1 传统主缆腻子缠丝涂料涂装防护方法

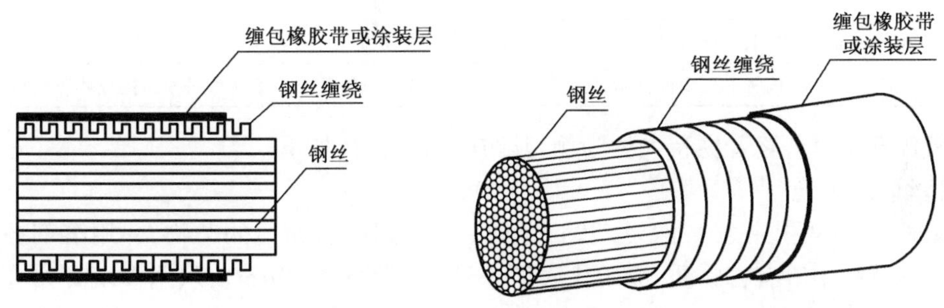

图6.2.2 主缆缠S形钢丝抽湿防护方法

1)防腐涂装体系

我国《悬索桥主缆系统防腐涂装技术条件》(JT/T 694—2007)对主缆防腐涂装体系作出了规定,其中涂装材料配套体系见表6.2.4。

主缆涂装材料配套体系 表6.2.4

序号	防护涂装部位	涂装材料	涂装厚度(μm)
1	主缆缠丝区	磷化底漆	均有着色
		非硫化型阻蚀密封膏	2 000~3 500(以填满结构裂缝为准)
		缠绕钢丝	圆钢丝或S形钢丝
		磷化底漆	均有着色
		环氧底漆	≥80

续上表

<table>
<tr><th>序号</th><th colspan="2">防护涂装部位</th><th>涂 装 材 料</th><th>涂装厚度(μm)</th></tr>
<tr><td rowspan="2">1</td><td rowspan="2" colspan="2">主缆缠丝区</td><td>硫化型橡胶密封剂</td><td>1 500 ~ 2 500(可根据结构或环境条件调整)</td></tr>
<tr><td>丙烯酸聚氨酯面漆或氟碳面漆</td><td>80 ~ 120 或 60 ~ 90(可根据结构或环境调整)</td></tr>
<tr><td rowspan="5">2</td><td rowspan="5" colspan="2">主缆非缠丝区</td><td>磷化底漆</td><td>均有着色</td></tr>
<tr><td>环氧底漆</td><td>≥80</td></tr>
<tr><td>硫化型橡胶密封剂</td><td>3 500 ~ 6 000</td></tr>
<tr><td>高强度玻璃布或橡胶涂胶布</td><td>500 ~ 2 000</td></tr>
<tr><td>丙烯酸聚氨酯面漆或氟碳面漆</td><td>80 ~ 120 或 60 ~ 90(可根据结构或环境调整)</td></tr>
<tr><td rowspan="6">3</td><td rowspan="6">钢丝绳吊索</td><td rowspan="3">公称直径 <40mm 时</td><td>磷化底漆</td><td>均有着色</td></tr>
<tr><td>环氧底漆或硫化型橡胶密封剂</td><td>≥160 或 500 ~ 2 000(可根据结构或环境调整)</td></tr>
<tr><td>丙烯酸聚氨酯面漆或氟碳面漆</td><td>80 ~ 120 或 60 ~ 90(可根据结构或环境调整)</td></tr>
<tr><td rowspan="3">公称直径 ≥40mm 时</td><td>磷化底漆</td><td>均有着色</td></tr>
<tr><td>硫化型橡胶密封剂或高强度玻璃布或橡胶涂胶布 + 硫化型橡胶密封剂</td><td>1 000 ~ 2 000 或(500 ~ 2 000) + (2 000 ~ 5 000)</td></tr>
<tr><td>丙烯酸聚氨酯面漆或氟碳面漆</td><td>80 ~ 120 或 60 ~ 90(可根据结构或环境调整)</td></tr>
<tr><td rowspan="2">4</td><td rowspan="2" colspan="2">结构缝</td><td>非硫化型橡胶密封腻子</td><td>结构缝内密封</td></tr>
<tr><td>硫化型橡胶密封剂</td><td>结构缝内密封</td></tr>
<tr><td rowspan="3">5</td><td rowspan="3" colspan="2">其他钢构件表面</td><td>磷化底漆</td><td>均有着色</td></tr>
<tr><td>环氧底漆</td><td>≥120</td></tr>
<tr><td>丙烯酸聚氨酯面漆或氟碳面漆</td><td>80 ~ 120 或 60 ~ 90(可根据结构或环境调整)</td></tr>
</table>

以云南普宣高速公路普立特大桥为例，其防腐涂装设计如下。

(1)缠丝区段主缆

涂抹腻子：紧缆捆扎并安装索夹，手工清洗主缆上因施工而留的杂物，并用溶剂擦净主缆表面的油污及沙尘等有害物质，涂磷化底漆一道(干膜厚度 10μm)，从主缆端开始在索夹之间的主缆表面手工涂抹非硫化型阻蚀密封膏 2 800μm，要求填满并且表面涂抹均匀。

缠丝：腻子固化前，用缠丝机向上坡方向密缠 4mm 直径的低碳钢丝(先边跨后中跨)。首先将钢丝端头焊在索夹上，在索夹外进行缠丝，再用特制工具逐圈将钢丝推入索夹槽中就位(钢丝嵌入索夹空隙至少 3 圈)至缠丝机能到位后，即可进行正常的缠丝工作。缠丝拉力为 2kN，必须保证缠丝紧密。缠丝后用非硫化型阻蚀密封膏对索夹进行嵌缝。

防护涂装：清除缠丝后挤出表面的密封腻子，用溶剂擦洗缠丝表面的油污等杂质，涂磷化底漆一道(干膜厚度 10μm)；然后刷涂环氧云铁底漆，干膜厚度 120μm；刮涂硫化型橡胶密封剂，平均厚度 2 000μm，并用密封剂对索夹端口进行嵌缝；刷涂聚氨酯面漆 3 道，总干膜厚度 120μm，每道涂装时间间隔 8 ~ 24h；并在主缆顶面 30cm 宽范围内复涂聚氨酯面漆防滑涂装。

(2)不缠丝区段主缆

涂刷底漆：涂刷磷化底漆一道(干膜厚度 10μm)；然后刷涂环氧云铁底漆，干膜厚度

120μm;刮涂硫化型橡胶密封剂,平均厚度5 000μm,缠高强玻璃布两层2 000μm;涂刷面漆:涂刷聚氨酯面漆3道,总干膜厚度120μm,每道涂装时间间隔8~24h。

2)主缆除湿体系

主缆除湿是去除施工架设及运营期间索股中的水分残留及索夹处的水分渗漏。基本做法是将干燥空气吹进成型索股的空隙中,由其带走水分。主缆除湿系统工作流程(图6.2.3)为:粗过滤空气→精过滤处理→除湿机除湿→高压风机送风→冷却→送气管输气→送气罩送气→主缆内除湿→排气罩排气。除湿系统包括除湿装置、自控与监控系统、气夹与气管系统等。

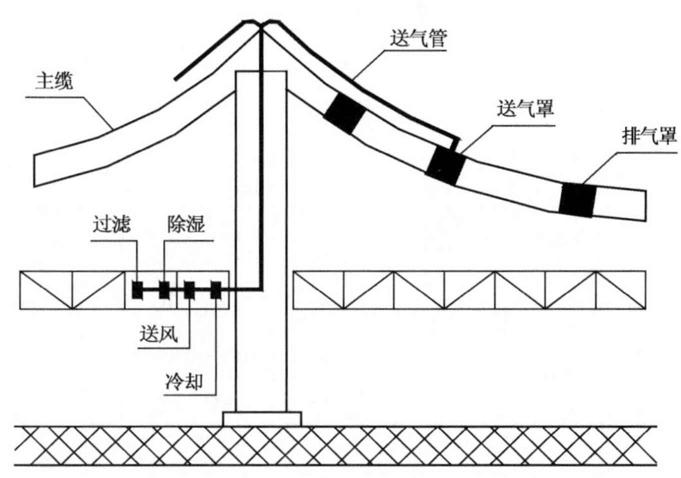

图6.2.3　主缆除湿系统的工作流程

此处简要介绍两座悬索桥的主缆除湿体系。

(1)丹麦小贝尔特桥:该桥是世界上第一座使用内部除湿方法防止主缆腐蚀的悬索桥,1996年,该桥主缆表面涂装层即将达到其设计寿命,需寻求腐蚀防护的最佳方案,经过一系列试验后,确定用人造橡胶缠包带,采用缠包和除湿进行相合防护,2003年,该桥主缆除湿系统完工,目前的数据表明该系统运行良好。

(2)润扬长江大桥:该桥是国内首次设置主缆除湿系统的悬索桥,其除湿系统运行一年后,主缆内平均湿度由93.5%降为40.3%;排气口位置湿度也显著下降,低于设计规定的60%。

日本对检查发现主缆锈蚀的早期建设的悬索桥都增加了主缆除湿系统(表6.2.5)。

日本主要悬索桥主缆防护维修　　表6.2.5

桥名属地	建成或通车年份(年)	主跨长度(m)	防护方案			近期维修或现状
			腻子材料	缠丝材料	面层涂料	
若户大桥	1962	367	亚铬盐酸、亚麻油	圆钢丝	树脂涂料	1989年检查无异常
关门大桥	1973	712	高分子有机铅	圆钢丝	树脂涂料	1993年检查主缆腐蚀,拟增加主缆除湿
平户大桥	1977	465	高分子有机铅	圆钢丝	橡胶涂料	1992年检查轻度腐蚀,已增加主缆除湿
因岛大桥	1983	770	高分子有机铅、铅酸钙	圆钢丝	橡胶涂料	1991年检查腐蚀,已增加主缆除湿

续上表

桥名属地	建成或通车年份（年）	主跨长度（m）	防护方案			近期维修或现状
			腻子材料	缠丝材料	面层涂料	
大鸣门桥	1985	876	高分子有机铅、铅酸钙	圆钢丝	环氧、聚氨酯	1993年检查腐蚀，已增加主缆除湿
濑户大桥	1988	1 100	高分子有机铅、铅酸钙、螺旋钢丝绳	圆钢丝	环氧、聚氨酯	1993年检查腐蚀，已增加主缆除湿
大岛大桥	1988	560	高分子有机铅、铅酸钙	圆钢丝	环氧、聚氨酯	1992年检查腐蚀，已增加主缆除湿
彩虹大桥	1993	570	磷酸铝	圆钢丝	橡胶涂料	2003年检查主缆积水，在考虑是否除湿
明石海峡大桥	1998	1 991	缠带加涂料	圆钢丝	主缆除湿	主缆除湿
来岛海峡大桥	1999	1 030		S钢丝	软性涂料	主缆除湿
白鸟大桥	1998	720	磷酸铝	S钢丝	软性涂料	后增加主缆除湿
安芸滩桥	2000	750		S钢丝	软性涂料	主缆除湿
丰岛大桥	2008	540		S钢丝	软性涂料	主缆除湿

3）主缆检测

悬索桥主缆设计的一项重要工作是明确主缆的检测要求（美国已颁布了悬索桥主缆平行钢丝索股检查与强度评估指南）。主缆检测主要包括外观检查、涂层与锈蚀检查和索力测量。

外观检查：沿主缆步行检查，用肉眼观察油漆、缠丝或其他保护系统，同时检查索夹填缝和吊索连接。主缆横截面的底部可以在主缆上手持反光镜或在桥面上用望远镜进行检查；锚室内或主塔鞍座处的裸露丝股和预应力锚固系统可不用支架而直接用肉眼检查。主缆表面产生的劣化现象可通过高空作业车和主缆检测车等近距离目测检查确认损伤部位。腐蚀或鼓丝导致的变形不仅发生在主缆表面，内部也存在。主缆内部水滞留等也会促进腐蚀。另外鼓丝导致的变形是由于相邻钢丝间的相对位移和邻接索股接触部位的相对位移产生的，检查索箍等接触主缆表面的部位，以确认主缆内部是否发生损伤。

涂层与锈蚀检查：应通过剥开主缆保护层或其他非破损方式确定涂层完好程度和钢丝锈蚀程度。如在主缆的不同位置打入楔子，用带有摄像系统的管道镜（可视无损检查光学仪器）对钢丝做检查，但涂层检查只需在某些特定位置进行。锈蚀的检测方法有电磁诱导法、全磁通量法等，利用通过钢材截面的磁通量或电流的强度改变，确认截面缺损量的方法。破断的检测通常采用磁通量法，测量缺损部位产生磁通量的变动和泄漏，以检测钢丝破断。

索力测量：这是确认悬索桥主缆有害劣化的非常重要的手段，应测量每根索股的索力，并与理论值比较，以判断主缆的整体安全性。测量索力一般采用振动法，在实际的测量中，在主缆上安装加速度传感器，通过频率分析器量测固有频率，从而测定索力。

目前,发达国家的主缆检测工作已经日益装备化。主缆检测的先进设备由传感器、传输线路、控制器、通信线路、特种工具等模块中的一个或多个组合而成,其检测可信度高,效率高、质量高。这也是我国悬索桥主缆检测工作的发展方向。

6.2.3　防护技术的新发展

提高索结构的耐久性,对于保证桥梁的安全运营和延长桥梁的正常使用年限等都有重要的意义,这方面已有一些新的发展。

(1)钢丝防护:目前,桥梁缆索钢丝多采用镀锌涂层。但锌涂层的技术局限性也逐渐得到深入认识。锌铬涂层、锌铝合金涂层(Galfan)、环氧涂层及镀钛银涂层是镀锌涂层的竞争者。例如,Zn-5% Al-RE 锌铝合金镀层是锌铝合金的共晶体,具有较低的熔点,仅为 382℃。它除兼有 Zn 和 Al 的抗蚀优点外,还因其合金生成了金属化合物,形成了隔离大气的坚固屏障(物理保护)和低电极电位的电化学保护,使其具有双重保护作用。

(2)防护构造:防护构造对防护效果也有一定影响。最新的环氧喷涂钢丝拉索以及其改进型的索体有望被广泛应用,其中 PES(FD)(图 6.2.4)索体为改进型 PES(图 6.2.5)拉索索体,采用双层 HDPE 防护,其特点在于:①双层 HDPE 之间设置一隔离层,静荷载作用时,外层 HDPE 能有效释放应力,因此其始终在较低应力状态下工作,有效地解决外层 HDPE 的应力开裂问题;②索体钢丝内注防腐介质,全封闭防腐,以提高索体的耐久性。

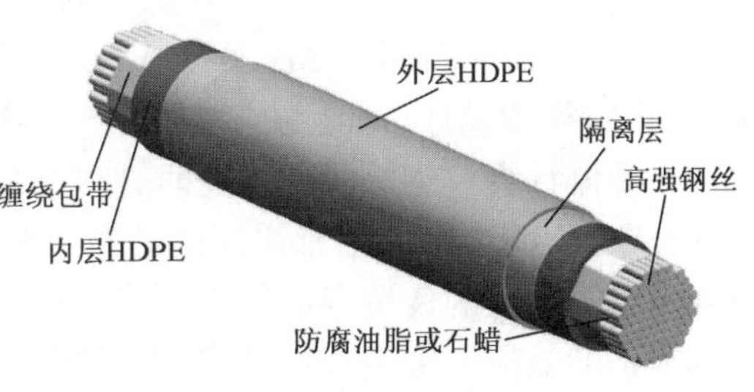

图 6.2.4　新型低应力防腐拉索 PES(FD)

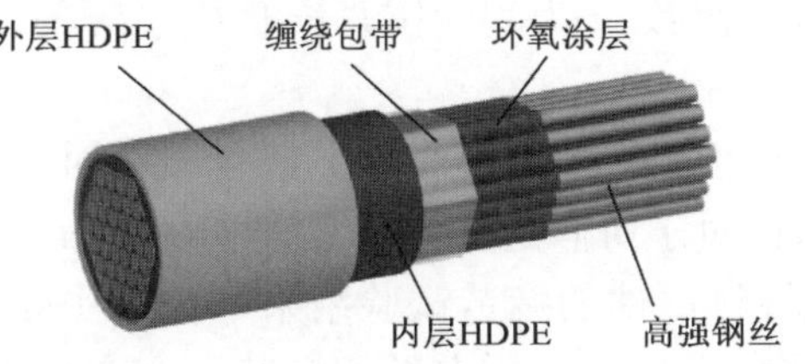

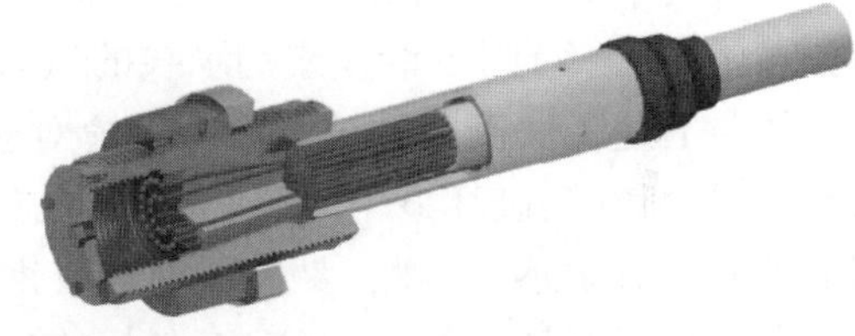

图 6.2.5　环氧喷涂钢丝拉索(PES)

(3)斜拉桥拉索除湿系统:其工作原理与悬索桥主缆类似(图 6.2.6、图 6.2.7)。

图 6.2.6　上锚头预埋送气管

图 6.2.7　下锚头温湿度传感器

6.3 索结构疲劳耐久性

6.3.1 疲劳强度与疲劳荷载

1)轴向疲劳强度

严格意义上的拉索疲劳强度应由疲劳试验获得的 *S-N* 曲线来确定。但疲劳试验是一项耗费较大的工作,我国现在仍缺少系统的数据,也没有拉索的疲劳强度计算公式,这就给设计人员带来较大的盲目性。我国《公路斜拉桥设计细则》(JTG/T D65-01—2007)关于拉索的疲劳强度是采用通过200万次的常幅反复加载试验来验证,其实质上是无限寿命设计,即构件的反复应力作用足够小,以至于不产生疲劳破坏。我国公路、铁路桥梁规范中有关疲劳设计较多采用此方法。

一般情况下,由于不可能对实际全长的拉索进行试验,所以常根据钢丝或钢绞线的疲劳试验结果,用到概率统计的方法来估算拉索的疲劳强度。这样,拉索疲劳强度的保守近似值就可通过对钢丝疲劳强度的折减来得到。例如,瑞士的 Birkenmaier 认为,拉索的疲劳强度 $\Delta\sigma_{拉索}$ 由钢丝的疲劳强度 $\Delta\sigma_{钢丝}$ 按 $\Delta\sigma_{拉索}=\Delta\sigma_{钢丝}/1.6$ 确定;国际后张法协会斜拉桥委员会颁布的《斜拉桥设计、试验与安装条例》规定 $\Delta\sigma_{拉索}=\Delta\sigma_{钢丝}-100\text{MPa}$。

在具体计算拉索的疲劳强度时,一般都需要对钢丝或钢绞线试件的疲劳强度选择一种概率分布(先验分布),通常采用的分布主要为威布尔(Weibull)、极值Ⅲ型和对数正态分布;拉索中单根钢丝的疲劳寿命等于组成该拉索的 n 段钢丝中最短的寿命。这种最弱环节的特性称为长度效应。由于长度效应,在破坏概率相同时,长拉索钢丝的寿命比短钢丝的疲劳寿命短。长拉索钢丝寿命的累积分布函数可用最小值的分布表示为:$F_s(N)=1-[1-F(N)]^n$,其中 $F(N)$ 为长度 L_0 钢丝寿命的累积分布函数,n 为实际拉索长度 L 与 L_0 的比值,而分布函数 $F(N)$ 则由钢丝或钢绞线的试验数据来确定。

按照上述做法确定的拉索疲劳寿命对应于其钢丝或钢绞线试件在高破坏概率时的循环次数。因此,在高破坏概率时,计算获得的拉索寿命对于所假定的钢丝或钢绞线寿命分布区间的差异十分敏感。因此,要采用钢丝或钢绞线材料试件的疲劳试验结果来推算实际拉索的疲劳寿命,则材料时间不仅应该有长的平均寿命,而且还应该有低的疲劳寿命变异性,否则将会对估算的拉索疲劳寿命产生很大误差,甚至失去实际意义。

2)弯曲疲劳强度

在受到横向(剪)力或端部转动作用时,拉索会产生局部弯曲应力,这在本书第4章已进行过专门讨论。对于实际桥梁中的拉索,由于其端部的反复变位或转动,以及其自身的振动,使得其端部受到反复的弯曲应力作用,这就可能造成拉索的弯曲疲劳破坏。

但是,由于拉索的弯曲刚度具有非均匀性和非线性,因此,其弯曲疲劳强度不再能像轴向疲劳强度那样,由钢丝或钢绞线的疲劳强度来推算。实际上,拉索的弯曲疲劳强度只能通过试验来进行测定,这方面的详细内容见本章6.3.3小节。

3)疲劳荷载

拉索的疲劳荷载主要包括拉索振动、主梁振动和桥面移动荷载三种类型,这三种荷载均会引起反复的轴向应力和弯曲应力。各种原因导致的拉索振动会造成缆索的长度产生周期变化,从而导致轴向力变化;主梁振动时,会引起拉索端部支点发生位移,从而导致拉索轴向力变化；车辆等移动荷载作用于桥梁时，也直接造成拉索轴向力。对于弯曲疲劳荷载，首先，这三类荷载产生的轴向应力变化都将在拉索端部引起弯曲应力变化，其次，主梁在端部的微小转动也将直接造成拉索端部产生的弯曲应力变化。因此，拉索的疲劳荷载谱主要由拉索振动、主梁振动和桥面移动荷载三种荷载确定，而其他荷载的疲劳效应则可通过对该疲劳荷载谱的幅值乘以一个大于 1（实际取 1.5）的安全系数予以反映和保障。

6.3.2　疲劳试验

拉索疲劳试验的方法有多种，不同的试验方法得到的结果也有差异。欧洲一些国家规范对拉索的疲劳性能考虑较为全面，不仅考虑拉索轴向拉伸疲劳，同时也考虑拉索横向弯曲疲劳性能。《法国预应力委员会拉索标准》规定：高强钢丝拉索疲劳试验的轴向应力幅（峰值）为 200MPa，峰值应力为 $0.45f_{class}$（钢丝标准强度），并且应考虑弯曲应力效应，在锚固端同步产生的转角幅值 $\Delta\alpha$ 为 10mrad。疲劳试验结果的评判标准为钢丝断丝数不大于总数的 2%。欧洲混凝土委员会与国际预应力混凝土协会（CEB-FIP）2005 年公布的《预应力拉索标准》规定：高强度钢丝拉索疲劳试验对应 200 万次的轴向应力幅为 200MPa，并且考虑弯曲应力影响，可采用固定偏转角 α 为 10mrad 的方法，也可采用同步变化偏转角 ±5mrad 的方法。

美国和日本也分别有各自的疲劳试验方法和装备。1992 年，美国 CTL 试验室对伊利诺伊州跨径为 230.4m 的克拉克（Klark）斜拉桥拉索体系进行了轴向疲劳和弯曲疲劳试验（图 6.3.1 和图 6.3.2），取得了翔实的试验结果。20 世纪 80 年代末，日本对多多罗大桥的拉索

图 6.3.1　克拉克桥拉索弯曲疲劳试验

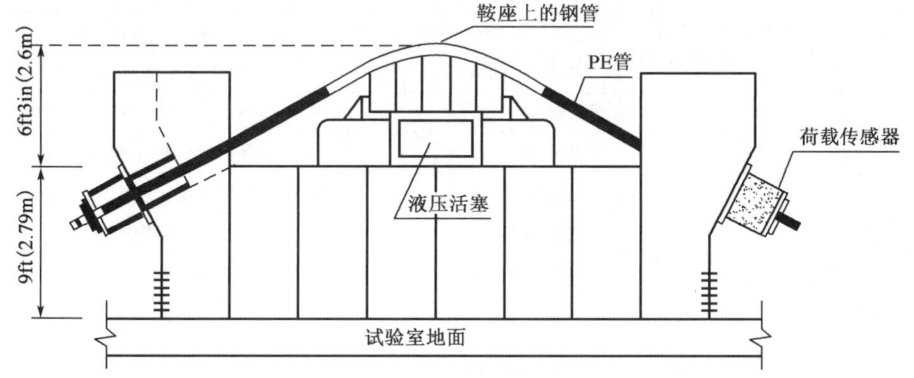

图 6.3.2　克拉克桥拉索弯曲疲劳试验示意

锚固系统做了足尺试件的疲劳试验，以便确定合理的结构形式；同时，也对拉索的轴向疲劳和弯曲疲劳也进行了试验。该拉索弯曲疲劳试验用2个液压作动器施加在两端固定的拉索中部提升和降落，以施加弯曲周期荷载(图6.3.3)。

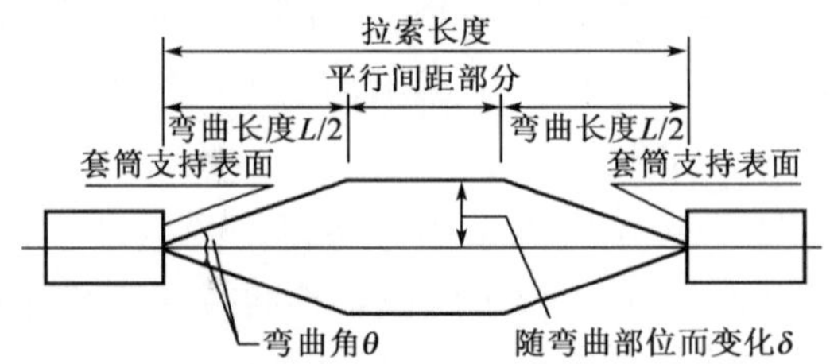

图6.3.3 多多罗大桥拉索弯曲应力疲劳示意

目前，招商局重庆交通科研设计院有限公司(桥梁结构动力学国家重点实验室)研发一种新的拉索疲劳试验技术，称为拉弯耦合疲劳试验技术(图6.3.4)，也即同步进行轴向拉伸和横向弯曲疲劳试验。尽管对试验设备要求较高，但由于能更好地模拟拉索的实际工作条件，且试验周期较短、结果更为严格和可靠，因此，该技术在许多重大桥梁工程中得到应用(表6.3.1)。

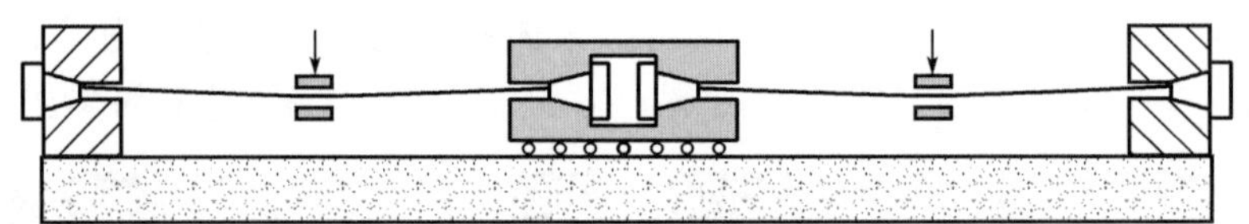

图6.3.4 拉弯耦合疲劳试验技术原理示意

我国部分斜拉桥拉索疲劳试验表 表6.3.1

序号	类　型	规格	应力均值(MPa)	试验类型	疲劳后承载力	工 程 对 象
1	平行钢丝索	7-73	751.5	单轴疲劳	$>0.9f_{pk}$	重庆菜园坝长江大桥(公轨两用桥)
2	平行钢丝索	7-61	568	单轴疲劳	—	重庆彭溪河特大桥
3	平行钢丝索	7-283	600	拉弯疲劳	$>0.95f_{pk}$	苏通长江公路大桥
4	平行钢丝索	7-379	543	单轴疲劳	—	武汉天兴洲长江大桥(公铁两用桥)
5	平行钢绞线索	15-15	1169	单轴疲劳	—	产品形式试验
6	平行钢丝索	7-139	568	单轴疲劳	$>0.95f_{pk}$	重庆武陵山大桥
7	平行钢丝索	7-253	568	单轴疲劳	$>0.95f_{pk}$	重庆观音岩长江大桥
8	平行钢丝索	7-91	568	单轴疲劳	$>0.95f_{pk}$	重庆梅溪河特大桥
9	平行钢丝索	7-91	568	单轴疲劳	—	郑州市中心区铁路跨线桥主桥
10	平行钢丝索	7-283	568	单轴疲劳	—	青岛海湾大桥工程航道桥
11	平行钢丝索	7-301	568	单轴疲劳	—	渝利铁路韩家沱长江大桥(铁路桥)
12	挤压钢绞线索	15-37	737	单轴疲劳	—	产品形式试验
13	平行钢绞线索	15-27	737	单轴疲劳	—	重庆双碑嘉陵江大桥
14	平行钢丝索	5-127	600	单轴疲劳	—	产品形式试验
15	平行钢丝索	7-241	568	单轴疲劳	—	厦漳跨海大桥(北汊桥)

注：轴向应力峰峰值公路桥为200MPa，铁路或公轨两用桥为250MPa。

6.3.3　疲劳设计流程(案例)

显然,同一座桥的所有拉索应具有相同的疲劳可靠度。对于实际桥梁的斜拉索,可采用有限疲劳寿命设计,也可采用无限疲劳寿命设计。但采用有限疲劳寿命设计显然更为经济。斜拉索疲劳设计流程如图 6.3.5 所示,下文以苏通大桥为例,陈述该流程的具体操作。

苏通大桥拉索采用 ϕ7-1 770MPa 平行钢丝拉索体系,全桥共 272 根拉索,最长 577m,最大规格为 PES7-313,单根最大质量为 59t;拉索设计寿命为 50 年,索振动的允许幅值控制在其长度的 1/1 700 以内。取该桥最长索 J32 号斜拉索(283 丝)进行分析。为确定其疲劳设计荷载,需采用如下两个基本假定:①缆索的最大振幅峰峰值应符合设计文件的规定,当设计文件未作规定时,最大振幅峰峰值可根据 CEB-FIP 规范确定,取索长的 1/1 700 拉索振幅限制一阶和二阶振动,振幅呈正态分布,且高阶振动的影响可以忽略;②索梁结合部位主梁抖振响应参考大桥风致振动分析或研究的相关成果,并考虑振幅峰峰值呈正态分布,其最大振幅峰峰值取为 0.346m。

1)轴向疲劳荷载之一:缆索自振

拉索振动时的曲线长度为:$s=\int_0^l\sqrt{1+\left[\frac{an\pi}{l}\cos\left(\frac{nx\pi}{l}\right)\right]^2}\mathrm{d}x$,根据近似公式:$\sqrt{1+x}\approx 1+\frac{1}{2}x$,得:$s\approx\int_0^l\left\{1+\frac{1}{2}\left[\frac{an\pi}{l}\cos\left(\frac{nx\pi}{l}\right)\right]^2\right\}\mathrm{d}x=l+\frac{1}{4}\frac{(an\pi)^2}{l}$。所以,拉索在振动过程中,其索长随振动而不断发生变化。在振幅最大时,拉索的伸长量也最大,此时由振动造成的斜拉索轴向应力变化为:$\Delta\sigma=\frac{1}{4}E\left(\frac{an\pi}{l}\right)^2$。根据上式和 J32 号斜拉索(283 丝)最大振幅峰峰值为 545 × 1/1 700 = 321(mm)的设计条件,前 2 阶振动的轴向应力幅如表 6.3.2 所示。由该表可知,即使考虑第 2 阶振动,该索自身振动而引起的轴向应力幅也仅为0.68MPa。该应力幅非常小,因此可以忽略不计。

2)轴向疲劳荷载之二:主梁抖振(图 6.3.6)

斜拉桥主梁振幅为 c 时,其斜拉索应变增量为:

$$\varepsilon_{\mathrm{cable}}=\frac{\sqrt{(a+c)^2+b^2}-l}{l}\tag{6.3.1}$$

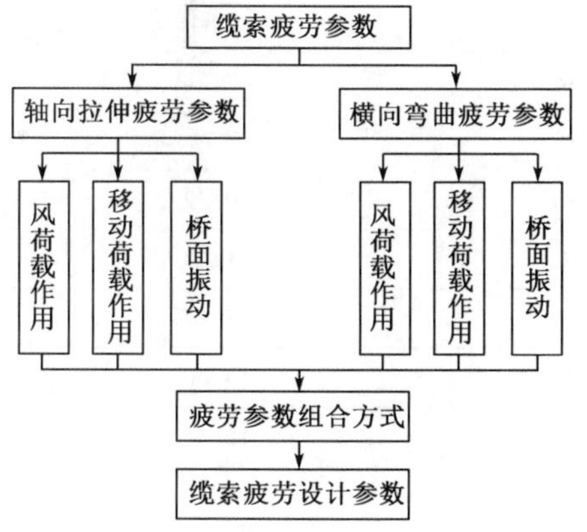

图 6.3.5　疲劳参数设计流程图

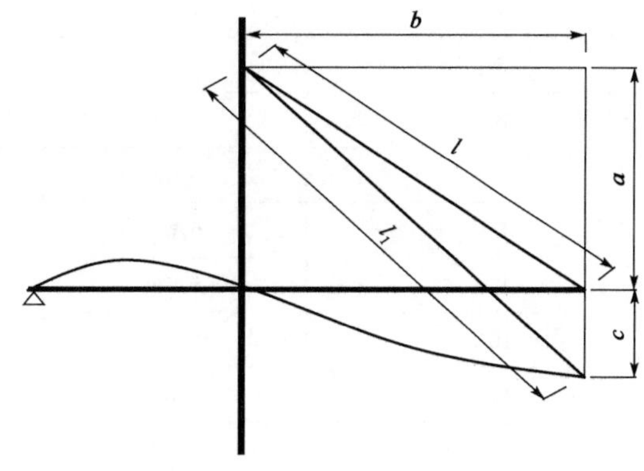

图 6.3.6　斜拉桥主梁挠度振动引起斜拉索几何形状的改变

前 2 阶振动轴向应力幅　　表 6.3.2

振动幅值或应力幅值	斜拉索振动阶次		振动幅值或应力幅值	斜拉索振动阶次	
	1	2		1	2
最大振动幅值(mm)	321	321	轴向应力幅(MPa)	0.17	0.68

根据式(6.3.1)计算,主梁振幅从 5 ~ 50cm 造成斜拉索 J32 的应力和应变增量如表 6.3.3 所示。

主梁振幅从 5 ~ 50cm 造成斜拉索 J32 的应力和应变增量　　表 6.3.3

箱梁振幅峰峰值(cm)	50	45	40	35	30	25	20	15	10	5
长度变化峰峰值(m)	0.20	0.18	0.16	0.14	0.12	0.10	0.08	0.06	0.04	0.02
轴向应变峰峰值(με)	366	329	293	256	219	183	146	110	73	37
轴向应力峰峰值(MPa)	73.1	65.8	58.5	51.1	43.8	36.5	29.2	21.9	14.6	7.3

主梁抖振呈零均值正态分布。根据苏通大桥设计方提供的《苏通大桥成桥状态风荷载计算分析报告:抖振部分》,桥位基本风速为 19.55m/s 时,主梁跨中竖向位移响应为 0.346m。取主梁最大容许振幅峰峰值为 30cm,其超越概率取值与标准正态分布 3.0 超越概率一致(即单边 0.13%,双边 0.26%)。主梁位移振幅主要受低频模态控制,考虑 0.1Hz 以下的全部模态,并偏保守地认为主梁在 50 年内以 0.1Hz 的频率不间断地发生抖振,则累计抖振次数为:

$$50 \times 365 \times 24 \times 3\,600 \times 0.1 = 157\,680\,000(\text{次}) = 157.68\ \text{百万次}$$

则主梁抖振振幅峰峰值的正态分布统计参数表述为:振动 1.576 8 亿次,30cm(峰峰值)振幅的超越概率为 0.13%。以 1cm 为区间,这 30cm 可划分为 30 个统计区间,根据正态分布假设,可确定这 30 个振幅区间内主梁抖振的次数和对应的轴向应力(表 6.3.4)。

主梁抖振对应的拉索轴向应力谱　　表 6.3.4

主梁振幅峰峰值(cm)	百分比(%)	次数(百万)	拉索轴向应力幅峰峰值(MPa)
1	7.96	12.551	1.46
2	7.90	12.457	2.92
3	7.72	12.173	4.38
4	7.50	11.826	5.84
5	7.22	11.384	7.30
6	6.84	10.785	8.76
7	6.46	10.186	10.22
8	6.02	9.492	11.68
9	5.56	8.767	13.14
10	5.08	8.010	14.60
11	4.60	7.253	16.06
12	4.12	6.496	17.52
13	3.66	5.771	18.98

续上表

主梁振幅峰峰值(cm)	百分比(%)	次数(百万)	拉索轴向应力幅峰峰值(MPa)
14	3.20	5.046	20.44
15	2.80	4.415	21.90
16	2.40	3.784	23.36
17	2.04	3.217	24.82
18	1.74	2.744	26.28
19	1.44	2.271	27.74
20	1.18	1.861	29.20
21	0.98	1.545	30.66
22	0.80	1.261	32.12
23	0.64	1.009	33.58
24	0.50	0.788	35.04
25	0.40	0.631	36.50
26	0.30	0.473	37.96
27	0.24	0.378	39.42
28	0.18	0.284	40.88
29	0.14	0.221	42.34
30	0.12	0.189	43.80

根据上表,可采用疲劳累计损伤换算到疲劳试验的200万次疲劳应力为:

$$\Delta\sigma_{e2} = \left[\frac{\sum n_i \times (\Delta\sigma_i)^6}{2\,000\,000}\right]^{\frac{1}{6}} = 46.38\text{MPa}$$

3)轴向疲劳荷载之三:车辆(车道)荷载

我国公路桥梁设计规范没有明确的疲劳荷载规定,虽然铁路桥涵设计规范有关于疲劳加载的规定,但由于铁路荷载与公路荷载相差甚大,尤其对于疲劳问题差别更大,所以不能直接套用。国外规范如美国公路桥梁设计规范AASHTO、英国规范BS5400以及欧洲规范EuroCode1中均有关于公路桥梁疲劳荷载的规定,都采用线性疲劳积累损伤理论,通过估算桥梁设计寿命期内能够引起疲劳损伤的车辆的通过数量及荷载循环次数,计算这些车辆产生的疲劳积累损伤。参考国外规范的方法,可采用单一标准疲劳车和车道荷载折减的方法对苏通大桥缆索疲劳试验参数进行综合分析。但由于苏通大桥跨径大,采用单一标准疲劳车进行缆索的疲劳荷载参数研究不符合实际情况,故采用车道荷载折减的方法进行分析。

欧洲规范EN1991-2:2003规定第一类疲劳荷载是将进行强度验算的车道荷载乘以一个折减系数,对于集中力的折减系数为0.7,均布荷载的折减系数为0.3。现采用《公路桥涵设计通用规范》(JTG D60—2004)中公路Ⅰ级车道荷载,并且考虑欧规第一类疲劳荷载的折减系数确定苏通大桥J32斜拉索在移动荷载作用下的疲劳应力幅值。

车道荷载集中力为:

$$P = 0.7 \times 360 = 252(\text{kN})$$

车道荷载均布力为：

$$q = 0.3 \times 10.5 = 3.15(\text{kN/m})$$

车辆横桥向布置如图 6.3.7 所示。

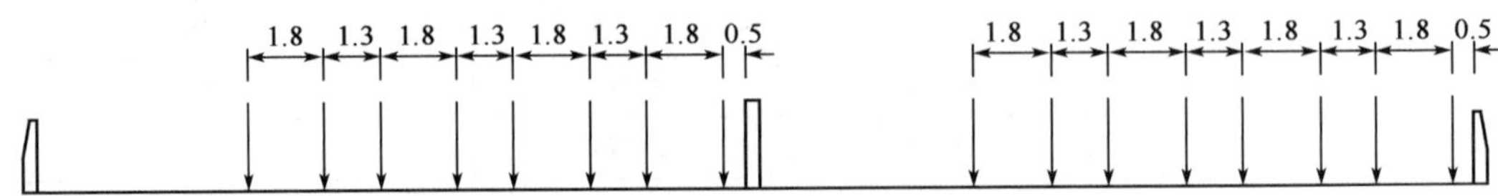

图 6.3.7　苏通大桥车辆横向布置示意图(尺寸单位:m)

将车道荷载在苏通大桥 J32 斜拉索轴向应力影响线上布载。计算结果如表 6.3.5 所示。

折减后各车道对拉索产生的应力幅值　　表 6.3.5

布载位置	应力幅值(MPa)	布载位置	应力幅值(MPa)
车道 1	11.09	车道 6	7.50
车道 2	10.43	车道 7	6.99
车道 3	9.84	车道 8	6.48
车道 4	9.26	合计	69.59
车道 5	8.00		

车道折减系数采用《公路桥涵设计通用规范》(JTG D60—2004)中 8 车道所对应的横向折减系数 0.5，因此，由于移动荷载造成的轴向疲劳应力幅值为：$\Delta\sigma_1 = 0.5 \times 69.6 = 34.8\text{MPa}$。

斜拉索 50 年疲劳寿命内，车道荷载的次数可保守地按照如下方式估计：

(1)车道疲劳荷载由平均速度 x(km/h)的车队产生。

(2)车队以 y(m)影响线长度为间隔，50 年间不间断地通过。

(3)车队产生的车道荷载呈正态分布。

根据以上假设，取 $x = 80\text{km/h}$，影响线长 $y = 500\text{m}$，则车队通过影响线的时间为：

$$\frac{0.5}{80} \times 3\,600 = 22.5(\text{s})$$

则 50 年间，可能产生的疲劳荷载次数为：

$$\frac{50 \times 365 \times 24 \times 3\,600}{22.5} = 70\,080\,000(\text{次}) = 70.08\ \text{百万次}$$

假设这 0.7 亿次的疲劳荷载均达到设计的车道荷载值，则由线性疲劳损伤累计原理，推算 200 万次试验作用循环对应的等效疲劳应力幅值。

$$\Delta\sigma_{\text{el}} = 34.8 \times \left(\frac{70\,080\,000}{2\,000\,000}\right)^{\frac{1}{6}} = 62.95(\text{MPa})$$

实际上，上述计算对疲劳次数的估计偏于保守，而且认为对应疲劳次数的疲劳荷载均达到了设计的车道荷载，这显然过于保守。假设车队产生的车道荷载呈正态分布，其统计参数为：34.8MPa 的超越概率 0.13%，疲劳次数为 0.7 亿次。以 1.16MPa 为区间，这34.8MPa 可划分为 30 个统计区间，根据统计参数，可确定这 30 个应力幅区间内的疲劳次数(表 6.3.6)。

移动荷载对应的拉索轴向应力谱　　表 6.3.6

应力振峰峰值(MPa)	百分比(%)	次数(百万次)	应力振峰峰值(MPa)	百分比(%)	次数(百万次)
1.16	7.96	5.578	18.56	2.40	1.682
2.32	7.90	5.536	19.72	2.04	1.430
3.48	7.72	5.410	20.88	1.74	1.219
4.64	7.50	5.256	22.04	1.44	1.009
5.80	7.22	5.060	23.20	1.18	0.827
6.96	6.84	4.793	24.36	0.98	0.687
8.12	6.46	4.527	25.52	0.80	0.561
9.28	6.02	4.219	26.68	0.64	0.449
10.44	5.56	3.896	27.84	0.50	0.350
11.60	5.08	3.560	29.00	0.40	0.280
12.76	4.60	3.224	30.16	0.30	0.210
13.92	4.12	2.887	31.32	0.24	0.168
15.08	3.66	2.565	32.48	0.18	0.126
16.24	3.20	2.243	33.64	0.14	0.098
17.40	2.80	1.962	34.80	0.12	0.084

由线性疲劳损伤累计原理，按移动荷载对应的拉索轴向应力谱(表 6.3.6)，推算 200 万次试验作用循环对应的等效疲劳应力幅值为：

$$\Delta\sigma_{e2} = \left[\frac{\sum n_i \times (\Delta\sigma_i)^4}{2\,000\,000}\right]^{\frac{1}{4}} = 31.24\text{MPa}$$

4)轴向疲劳荷载的理论值

由以上分析知，忽略拉索自振的疲劳效应，则拉索轴向疲劳应力主要由主梁振动和桥面移动荷载产生。桥面移动荷载造成斜拉索的 200 万次等效轴向疲劳应力幅值(峰峰值)为 31.24MPa，主梁振动引起斜拉索的 200 万次等效轴向疲劳应力幅值(峰峰值)为 46.38MPa。取交叉作用系数为 1.2，将这两部分等效为 200 万次轴向疲劳应力幅值，如下式：

$$\Delta\sigma_e = 1.2 \times [(\Delta\sigma_{e1})^4 + (\Delta\sigma_{e2})^4]^{\frac{1}{4}} = 1.2 \times 48.60 = 58.32(\text{MPa})$$

上式计算的结果为 J32 斜拉索(283 丝)轴向疲劳应力幅的理论值。但在进行疲劳试验时还不能直接采用该值，须再乘以一个安全系数 f_s。该安全系数考虑如下几个因素：

(1)试验索比实际斜拉索要短得多，其疲劳寿命也比实际斜拉索长，而拉索越长，其出现疲劳破坏的概率越大。

(2)拉索的疲劳试验周期较长，成本也比较高，试验索一般是 3 根一组，要由此统计出疲劳寿命的准确规律难度较大，为了确保试验的可靠性，需要提高疲劳试验应力幅值。

(3)斜拉索疲劳试验属于加速疲劳过程，时间比斜拉索的使用寿命短得多，试验条件比斜拉索实际现场的条件也要优越一些，因此需考虑试验时间和试验条件不同造成疲劳结果的不同。

(4)理论计算假设与实际斜拉索所承受的作用有所不同,为了安全起见应提高试验荷载。

法国公路局颁布 CIP 规范中,第 14.6.3 条建议的安全系数为 1.5,若按该系数计算,则该索疲劳试验的应力幅为 87.58MPa。国际后张预应力协会出版 PTI 规范中,规定对应 200 万次的斜拉索试验应力与斜拉索设计应力之差为 34MPa。为了安全起见,该斜拉索的轴向疲劳试验应力幅值峰峰值的理论值为:

$$\Delta\sigma_{\text{test}} = \Delta\sigma_{\text{e}} + 34 = 92.32(\text{MPa})$$

5)轴向疲劳荷载的最终确定

根据以上分析可知,J32 号斜拉索的轴向疲劳试验应力幅值的理论值仅为 92.32MPa,不到国内外规范统一采用的 200MPa 的一半。这主要是因为国内外规范对拉索的疲劳荷载规定同时针对了铁路桥和公路桥,通常,铁路桥的疲劳荷载比公路桥要大得多。由于苏通大桥是公路桥,因此,其轴向疲劳荷载试验的理论值小于国内外规范的规定是正常的。针对这种情况,并考虑到该桥的极端重要性,对该桥拉索的应力幅值可额外考虑 1.5 的安全系数。此时,该索的 200 万次轴向疲劳试验应力幅值(峰峰值)取为:

$$1.5 \times 92.32 = 138.5(\text{MPa})$$

6)弯曲疲劳荷载之一:拉索振动产生的弯曲疲劳

从满足斜拉索的二次弯曲强度、疲劳强度和使用者的视觉安全三方面考虑,苏通大桥设计文件要求斜拉索振动容许幅值控制在其长度的 1/1 700 以内。此项规定与欧洲混凝土委员会与国际预应力混凝土协会 CEB-FIP2005 公布的 *Acceptance of Stay Cable Systems Using Prestressing Steels* 中规定的容许幅值相类似,但并没有像该规范一样明确振动幅值针对拉索前两阶固有模态的振动。苏通大桥所采用最长的 PES7-283 型号斜拉索为 J32,其长度为 546m。根据上述规定,该索的振动幅度峰峰值为 321mm(即 ±160.5mm)以内。考虑前两阶固有模态,如果没有端部的转动约束,则斜拉索的振型函数为:

$$y = a\sin\left(\frac{nx\pi}{l}\right) \quad (n = 1,2)$$

式中:l——斜拉索长度;

a——斜拉索振幅。

根据此式可以推算出斜拉索在最大振幅峰峰值为索长的 l/1 700 时,其锚固端的转角,即设计文件隐含给出的斜拉索振动产生的最大转角。J32 号拉索长 l 为 545m,则其振幅峰峰值为 321mm。对于第 1 阶和第 2 阶固有模态,与该振幅对应的锚固端转角分别为 0.106deg(1deg = 1°,即 0.106°后同)和 0.212,如表 6.3.7 所示。

苏通大桥 J32 号斜拉索(283 丝)转角幅值计算 表 6.3.7

项 目	斜拉索振动阶次	
	1	2
最大振动峰峰值(mm)	321	321
对应转角峰峰值(deg)	0.106	0.212

从安全角度考虑，像苏通大桥这样重要工程其关键构件斜拉索的疲劳应该为无限寿命设计，也就是在最大转角的反复作用下，斜拉索能够承受无限次循环。一般地，如果材料或结构的疲劳次数超过1亿次，则认为其疲劳寿命为无限寿命。参照法国CIP规范，按照1亿次循环荷载对拉索进行疲劳试验参数分析。也就是如果拉索在疲劳荷载作用1亿次没有破坏，则在此疲劳荷载作用下，拉索疲劳寿命为无限寿命。斜拉索的 *S-N* 曲线在200万次以后其斜率为 -1/6。则1亿次疲劳荷载等效到200万次，其疲劳荷载幅值（峰峰值）为：

$$\Delta\theta_1 = \Delta\theta \cdot \left(\frac{N}{N_1}\right)^{\frac{1}{6}}$$

式中：N——等于 10^8 次；

N_1——等于 2×10^6 次；

$\Delta\theta$——拉索在设计最大容许振幅下产生的最大转角；

$\Delta\theta_1$——试验转角。

按照上式计算得第1阶和第2阶固有模态的200万次等效疲劳转角峰峰值分别为0.203deg和0.212deg，如表6.3.8所示。

苏通大桥J32号斜拉索（283丝）转角幅值计算　　表6.3.8

转角峰峰值（deg）	斜拉索振动阶次	
	1	2
1亿次	0.106	0.212
等效200万次	0.203	0.406

从上表可以看出，二阶振动的转角疲劳试验幅值为一阶的两倍。如果拉索在设计最大振幅峰峰值321mm下以第2阶固有模态振动1亿次，则其200万次等效振幅将达到0.406deg。这是一个相当大的转角，如果考虑1.5的安全系数，仅考虑拉索第2阶固有模态振动时，拉索的200万次等效疲劳转角将超过0.6deg，即超过国内外现有规范中最严格的疲劳转角试验值。这个要求过于苛刻，现有工业水平尚难以支撑拉索振动转角的无限寿命设计。因此，下面将对苏通大桥拉索振动转角的50年有限寿命分析。

苏通大桥斜拉索考虑其可更换性，将其设计寿命定为50年。在风载、车激振动等活载作用下，斜拉索在50年内振动次数的严格分析需要大量的实桥测量数据。但拉索振动的随机性是业界的共识，考虑到拉索振动激励的随机特点，同时注意到设计文件要求斜拉索减振措施达到将斜拉索振动幅值控制在拉索长度的1/1 700以下的目标。可认为斜拉索的振动主要由前2阶模态的振动构成，考虑到第2阶振动的转角疲劳试验幅值和自振频率均为第1阶的两倍，因此，在拉索的50年寿命内，对拉索根部产生转角的振动次数可以粗略地估计为：假定拉索以第2阶固有模态发生50年不间断的振动。苏通大桥J32号斜拉索的第2阶固有频率接近但小于1.0Hz。则拉索的振动次数偏于保守的估计为：

$$50\times365\times24\times3\,600 = 1\,576\,800\,000(\text{次}) = 15.768\text{亿次} = 1\,576.8\text{百万次}$$

根据拉索振动的随机性，可假设拉索自振产生的根部转角峰值呈正态分布，其统计参数假设为疲劳次数15.768亿次，最大转角0.212deg的超越概率为0.13%。下文以0.212deg的1/30，即7.067mdeg为区间，拉索最大振动转角0.212deg可划分为30个统计区间，根据统计参数,可确定这 30 个转角区间内的疲劳次数如表 6.3.9 所示。

移动荷载对应的拉索轴向应力谱 表 6.3.9

转角峰峰值(mdeg)	百分比(%)	次数(百万次)	转角峰峰值(mdeg)	百分比(%)	次数(百万次)
7.1	7.96	125.51	113.1	2.40	37.84
14.1	7.90	124.57	120.1	2.04	32.17
21.2	7.72	121.73	127.2	1.74	27.44
28.3	7.50	118.26	134.3	1.44	22.71
35.3	7.22	113.84	141.3	1.18	18.61
42.4	6.84	107.85	148.4	0.98	15.45
49.5	6.46	101.86	155.5	0.80	12.61
56.5	6.02	94.92	162.5	0.64	10.09
63.6	5.56	87.67	169.6	0.50	7.88
70.7	5.08	80.10	176.7	0.40	6.31
77.7	4.60	72.53	183.7	0.30	4.73
84.8	4.12	64.96	190.8	0.24	3.78
91.9	3.66	57.71	197.9	0.18	2.84
98.9	3.20	50.46	204.9	0.14	2.21
106.0	2.80	44.15	212.0	0.12	1.89

由线性疲劳损伤累计原理,按上表推算 200 万次循环对应的等效疲劳转角幅值如下:

$$\Delta\theta_{e1} = \left[\frac{\sum n_i \times (\Delta\theta_i)^6}{2\,000\,000}\right]^{\frac{1}{6}} = 329.47(\text{mdeg}) = 0.329\text{deg}$$

7)弯曲疲劳荷载之二:移动荷载产生的弯曲疲劳

根据前面计算得到苏通大桥 J32 斜拉索(283 丝)由桥面移动荷载产生的轴向疲劳荷载的 200 万次等效轴向应力幅值为 31.24MPa。轴向应力变化必然引起斜拉索锚固端转角变化。J32 斜拉索成桥后的索力为 5 886kN,则其轴向应力为:

$$\sigma = \frac{N}{A} = 5\,886\,000/10\,891 = 540$$

由此可推算该索的应力由 540MPa 增至 571.24MPa 时对应产生的锚固端转角变化为:

$$\begin{aligned}\Delta\theta_{e2} &= 0.5 \times \gamma \times a\left(\frac{1}{\sigma_1} - \frac{1}{\sigma_2}\right)\\ &= 0.5 \times 0.091\,3 \times 500 \times \left(\frac{1}{540} - \frac{1}{571.24}\right)\\ &= 0.002\,3(\text{rad})\\ &= 0.132\text{deg}\end{aligned}$$

这表明,该索由于移动荷载作用产生的 200 万次等效弯曲疲劳转角幅值为 0.132deg。

8)弯曲疲劳荷载之三:桥面振动产生的弯曲疲劳

根据前面计算得到 J32 斜拉索由桥面振动产生的轴向疲劳荷载的 200 万次等效轴向应力幅值为 46.38MPa。轴向应力变化必然引起斜拉索锚固端转角变化。可以推算该索的应力由 540MPa 增至 586.38MPa 时对应产生的锚固端转角变化为:

$$\begin{aligned}\Delta\theta_{e3} &= 0.5 \times \gamma \times a\left(\frac{1}{\sigma_1} - \frac{1}{\sigma_2}\right)\\ &= 0.5 \times 0.0913 \times 500 \times \left(\frac{1}{540} - \frac{1}{586.38}\right)\\ &= 0.00334(\text{rad})\\ &= 0.192\text{deg}\end{aligned}$$

这表明,该索由于桥面振动作用产生的 200 万次等效弯曲疲劳转角幅值为 0.192deg。

9)弯曲疲劳荷载的最终确定

由以上分析可知,拉索弯曲疲劳应力幅主要拉索振动、主梁振动和桥面移动荷载产生:拉索振动产生的 200 万次等效转角疲劳幅值(峰峰值)为 0.329deg;主梁振动产生的 200 万次等效转角疲劳幅值(峰峰值)为 0.192deg;桥面移动荷载产生的 200 万次等效转角疲劳幅值(峰峰值)为 0.132deg。取交叉作用系数为 1.2,将这三部分等效为 200 万次轴向疲劳应力幅值为:

$$\Delta\theta = 1.2 \times [(\Delta\theta_{e1})^4 + (\Delta\theta_{e2})^4 + (\Delta\theta_{e3})^4]^{\frac{1}{4}} = 1.2 \times 0.340 = 0.408(\text{deg})$$

该结果即为 J32 号斜拉索的 200 万次转角疲劳幅值峰峰值,在进行室内斜拉索疲劳试验时还不能直接采用该值,必须再乘以一个安全系数 f_s。法国公路局颁布的 CIP 第 14.6.3 条建议的安全系数为 1.5,则转角疲劳荷载试验的最终取值为:

$$1.5 \times 0.408 = 0.6(\text{deg})$$

10)轴向疲劳与横向疲劳的组合

从前文可以看出,拉索的疲劳包括轴向疲劳和转角(弯曲)疲劳两部分,且这两种疲劳荷载在其组成上有较大差别。因此,应对轴向疲劳和转角(弯曲)疲劳的组合应进行分析。同时,前文的分析表明:

(1)轴向疲劳和转角(弯曲)疲劳都包括同样的主梁振动和桥面移动荷载,因此,轴向疲劳和转角(弯曲)疲劳对应的主梁振动和桥面移动荷载必须是同步发生的,即应该按照同步(同时)达到最大值和最小值进行组合。

(2)转角(弯曲)疲劳包括拉索振动效应,但该效应对于轴向疲劳则可以忽略不计,因此,拉索振动产生的转角(弯曲)疲劳荷载和其他因素产生的轴向疲劳的组合应该是随机的。

根据以上两条分析,可以将轴向疲劳和转角(弯曲)疲劳按照以下方式组合:两者应该至少满足主梁振动和桥面移动荷载效应的同步性,即两者至少应在某幅值处达到一定的组合次数;在其他幅值的组合上,两者可以是随机的。

11)拉弯疲劳组合的两种方式

考虑“相差式”和“频差式”两种方式进行轴向(拉伸)和转角(弯曲)疲劳的组合。

“相差式”就是将(拉伸和弯曲)两个自由度的加载频率取为一致,但拉伸方向的正弦波比弯曲方向滞后一个固定的相位,因此,这种方式可称为相差组合式。该组合方式的疲劳应力效果如图 6.3.8a)所示。

“频差式”就是将(拉伸和弯曲)两个自由度的频率取得很接近,但有一个较小的差值。由于拉伸和弯曲的疲劳次数均为 200 万次,频率不同时,高频的自由度将提前完成疲劳试验,低频的自由度则会迟些时候才能完成疲劳试验。因此,在高频的自由度完成疲劳试验后,拉弯组合疲劳试验就结束了,之后是低频自由度的单独的疲劳试验。法国 FIP 规范建议的组合方式就是“频差式”。该组合方式的疲劳应力效果图如图 6.3.8b)所示。

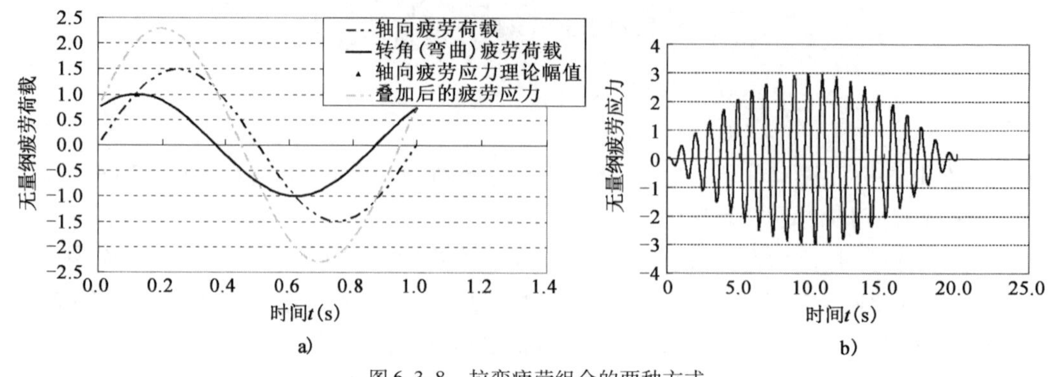

图 6.3.8 拉弯疲劳组合的两种方式

a)相差式;b)频差式

尽管两种组合方式均能实现对拉伸和弯曲疲劳的合理组合,但两者却有不同的特点。“相差式”的特点是拉伸和弯曲不同时达到最值,但同步完成 200 万次疲劳试验;“频差式”的特点是拉伸和弯曲的幅值被分为 n 个区间,两者在各个区间相遇的概率服从均匀分布,其组合结果构成“拍”效应,但两者不能同步完成 200 万次疲劳试验。实际上,如果拉伸疲劳频率高于弯曲疲劳,则拉伸疲劳试验将提前完成,之后是单独的弯曲疲劳。

12)拉弯组合疲劳试验的参数取值

根据苏通大桥的具体荷载设计和结构参数,可分析得:如果采用“相差式”方法,则计算得拉弯组合的合理相位差为 41.8°;如果采用“频差式”方法,则计算得拉弯组合的合理频率差为 5%。应该注意到法国 FIP 规范建议的拉弯疲劳组合方式是“频差式”,同时,正如前文分析过的,弯曲疲劳发生时,不一定会产生轴向疲劳。因此,采用“频差式”方法应更为合理,且弯曲疲劳的试验频率取值应略低于拉伸疲劳的频率。于是,可最终该索拉弯疲劳试验方法和试验参数取为:

(1)拉伸疲劳幅 138.5MPa,次数 200 万次。

(2)弯曲疲劳幅 0.6°(10mrad),次数 200 万次。

(3)采用“频差式”进行拉弯疲劳组合,弯曲疲劳的试验频率取值低于拉伸疲劳的频率 5%。

13)拉弯组合疲劳试验结果

苏通大桥 J32 号斜拉索的三根试验索经过 200 万次拉弯组合疲劳试验后,索结构完整,防护层没有出现裂纹等破坏现象。在整个试验过程中,声发射没有监测到任何断丝现象。试验后,经过索体解剖,三根试验索均未发现钢丝产生裂纹和断裂现象。试验结果表明该索的疲劳强度满足 50 年使用寿命要求。

但在试验索退顶拆卸过程中,发现 1 根拉索有一端锚杯断裂。通过仔细检查索锚杯断裂面,发现其上明显存在显示疲劳裂纹特征的“贝纹状”区域,断裂区呈现脆性破坏的结晶状。分析认为造成该处疲劳破坏的主要原因是安装锚杯时,未能将锚圈固定在锚杯实心段上,在试验索拉弯疲劳试验过程中,锚杯空心段承受巨大轴向拉伸与横向弯曲应力的反复组合,最终造成锚杯形成疲劳裂纹。因此,不论是在试验还是实桥上,均应确保锚圈固定于锚杯的实心段上,以免锚杯在使用过程中疲劳断裂。

6.4　斜拉桥和悬索桥的换索工程

6.4.1　斜拉桥换索工程

拉索出现问题的斜拉桥在国内外均不罕见。如著名的委内瑞拉 MaraCaibo 桥建成 16 年后即因为拉索锈蚀疲劳换过一次索,耗资 5 000 万美元,历时 2 年之久;德国汉堡的 Kohlbrand Estuary 桥建成后三年就全部更换了新索,耗资 6 000 万美元,为全桥原造价的 4 倍;英国的 Wye 桥和美国的 PK 桥以及我国广州的海印桥、济南黄河桥均因拉索出现问题,使用期不到 10 年即更换了拉索。表 6.4.1 列出了国内外已换索的 25 座斜拉桥,所有已换索斜拉桥拉索使用寿命最大不超过 25 年,平均仅为 13.5 年,远远小于现有斜拉桥的设计基准期。从该表来看,26 座已换索斜拉桥中有 20 座位于我国,这应引起从业者们的高度重视。

国内外斜拉桥换索情况(不完全统计)　　　　表 6.4.1

序号	桥　　名	地点	年限	序号	桥　　名	地点	年限
1	Maracaibo bridge	委内瑞拉	16 年	14	白沙大桥	中国南宁	13 年
2	Kohlbrand bridge	德国	3 年	15	章镇斜拉桥	中国上虞	24 年
3	Wre bridge	英国	17 年	16	新龙斜拉桥	中国咸阳市三原县	19 年
4	Hale Boggs bridge	美国	25 年	17	淇澳大桥	中国珠海	7 年
5	P-K bridge	美国	5 年	18	西樵大桥	中国佛山	20 年
6	海印大桥	中国广州	7 年	19	壶西大桥	中国柳州	12 年
7	黄河公路桥	中国济南	13 年	20	永和大桥	中国天津	19 年
8	九江大桥	中国广东	10 年	21	八一大桥	中国南昌	10 年
9	红水河铁路斜拉桥	中国云南	12 年	22	石门大桥	中国重庆	17 年
10	富密渠首斜拉桥	中国黑龙江	11 年	23	淮河大桥	中国蚌埠	16 年
11	恒丰路立交斜拉桥	中国上海	16 年	24	三达地怒江大桥	中国云南	10 年
12	犍为闽江大桥	中国四川	10 年	25	海口世纪大桥	中国海南	9 年
13	新五桥	中国上海	16 年				

1)换索原则

换索的桥中各桥换索的方法和原则略有差别。例如,广州海印桥以先外索(长索),后内索(短索)为原则,并结合原有拉索的损害严重程度和临时的抢修特例酌情调整换索顺序,以取得安全、快速、方便的换索效果。三达地怒江大桥换索顺序采用由长索到短索依次进行更换,两岸上下游同时进行。换索施工中以索力控制为主,高程控制为辅。换索完成后,即对索力进行调整,以达到全桥索力优化的目的。

对于斜拉桥,一般都通过控制拉索索力或控制主梁线形来促使主梁的内力和线形都进入拟定的设计状态,实际操作时视具体情况而会有所偏重。理论上,通过调索可使得主梁控制点的高程接近设计的高程值,以改善主梁线形。控制点的数量和指定的高程值是可以变化的。其次,通过调索使结构实际内力与结构设计内力差值最小,则桥梁的受力状态可接近设计状态。同样,结构实际内力与结构设计内力的逼近程度也是可以调节的。总之,就是要通过换索或调索使主梁的线形、内力和斜拉索张力尽可能合理,并与设计状态接近。

2)换索设计

斜拉桥换索设计就是用防腐性好的拉索代替遭到腐蚀影响结构安全性的拉索,确保斜拉桥长期安全使用。同时,根据需要,可利用换索时机进行调索,对斜拉桥的内力、线形作适当调整,使主梁线形和内力通过调索使其偏离原设计状态的情况得到改善。

早期的斜拉桥多为混凝土结构,在混凝土收缩徐变或钢丝松弛的影响下,桥面高程一般有所变化,索力也进行了重新分配。因此,在换索设计时,要根据桥梁质量检测报告认真分析桥梁高程和索力相对原设计值的变化程度,并根据现行桥面高程及索力与设计值的差异情况来确定换索方案。当前桥面高程及索力与设计值的差异较小,则以控制现行桥面高程为主;现行桥面高程及索力与设计值的差异较大,则应分析具体原因并采取相应对策,确定是否调整桥面高程和实测索力。一般应通过检测和结构计算分析研究主梁线性和内力变化的原因。对于拉索松弛等引起的弹性变形可通过调索恢复;对于混凝土收缩徐变或基础沉降等引起的不可逆变形则应慎重,一般情况下不宜调整,否则将引起较大的主梁附加内力,导致结构的破坏。调索索力优化计算的方法很多,如基于索力优化的增量求解法、影响矩阵法或传递矩阵法等。

3)换索施工

换索施工一般步骤如下:

(1)更换每根拉索前,先测出需更换索的索力和桥面高程,及此索前后三排索力和桥面高程,再进行拆除、安装。

(2)安装索塔悬挂脚手支架及张拉千斤顶,并检查千斤顶与油压表、传感器同步工作的可靠性。

(3)安装主梁索锚固处桥下悬挂移动挂篮。

(4)检查新索,确定新索无缺陷后等待起吊,重点检查锚杯与锚圈螺纹连接是否顺滑,外防护有无损坏。

(5)张拉(启动)原索,准确量测原索(启动)索力。

(6)检查索塔及主梁索孔管道有无损坏或修正的必要。

(7)固定端穿索并调整好锚圈及螺母位置、张拉端安装引出杆,起吊新索并穿索。

(8)进行张拉,张拉到指定的索力与千斤顶、油压表及传感器、索力测力仪数值校核后锚固。

(9)测定该索的索力是否达到预设值,确定桥面高程是否达到预设值;如果有不可接受的差异,则重新调整索力;如果满足则本根索的换索工作结束,移动千斤顶和支架至下一根索,按上述工序重复进行,直至全部索更换完毕。

4)换索工程的检测、监测和试验工作

换索工程涉及的检测与监测工作主要有旧桥检测、索力测量、换索后的竣工测试三个部分,其中索力测量主要在换索这个重要的阶段。索力测试的相关内容详见本书第6章。本节结合重庆石门大桥(图6.4.1)斜拉桥换索实践,对整个换索过程采用的检测、监测和试验工作作简要阐述,供读者参考。该桥主桥为独塔单索面预应力混凝土斜拉桥,索塔高160m,其中桥面以上高度为114m。岸跨跨径200m,河跨跨径230m;主梁宽24.5m,为单箱三室钢筋混凝土结构,三向预应力。主梁断面系外腹板倾斜的倒梯形箱梁,每对拉索分别锚固在两道中腹板上。大桥拉索布置为竖琴式密索体系,河跨、岸跨各25组拉索,全桥共拉索216根。经检测,发现保护层存在翘皮、凹坑、开裂等病害,钢丝存在锈蚀、断丝等各种缺陷,影响到桥梁的安全使用。

图6.4.1　石门大桥

该换索工程的施工控制原则是:保持结构原有的受力状态基本不变,对桥面线形不作刻意的调整。新索索力以千斤顶实测旧索索力为基础,基本保持不变,仅作部分小幅调整,调整遵循的原则是:同号索河跨与岸跨一致,上、下游相近,且向原设计索力靠近,新、旧索力的增量一般控制在5%内,特殊情况不超过8%。

(1)施工控制流程。

每更换一对拉索的施工控制流程为:旧索卸下前,对所换拉索及相邻索的索力(用频率法)、所在位置处的桥面高程、塔顶顺桥向水平位移进行测量,并将结果提交监控;卸旧索时,用千斤顶测旧索索力,并将索力值提交监控;旧索卸下后,对所换拉索的相邻索索力、桥面高程、塔顶位移的变化情况进行测量,并将结果提交监控;监控根据实测旧索索力,所换拉索的相邻索索力、桥面高程、塔顶顺桥向水平位移的变化情况,参考计算值,经综合分析,确定新索的张拉力,并发出相应的指令提交施工;施工单位根据监控提交的张拉力值将新索张拉到位。新索张拉后,对所换新索及相邻索的索力用频率法进行测定;对所换新索及相邻索所在位置处的桥面高程及塔顶顺桥向水平位移进行测量,并将结果提交监控。

(2)施工监测。

根据设计与施工控制的要求,施工监测的内容包括索力、塔顶顺桥向水平位移、桥面竖向位移、主梁下缘混凝土应力等测试项目。不同的测试项目会用到不同的测试方法,索力测试主要采用千斤顶张拉测试方法和环境随机振动测频法;桥面竖向位移监测采用精密电子水准仪按二等水准技术要求进行测量,测量精度高于±0.5mm;塔顶顺桥向水平位移采用精密激光测距仪配合固定的全反射棱镜进行测量;混凝土应力测试采用振弦式应变计和配套的读数仪进行。

在整个换索施工实施之前,须对全桥初始状态下的索力、桥面高程、塔顶纵桥向水平位移进行全面的测试和测量。其中,索力测试是在不封闭交通的状态下进行的;桥面高程初始状态的整个测量过程是在夜间0:00~3:30、全桥封闭交通的状态下进行的。

换索施工开始后,在每换一对索的旧索卸下前、旧索卸下后、新索张拉后这三个施工工序中对所换索及相邻各索进行索力监测、对所换索及相邻各索对应位置处的桥面高程及塔顶纵桥向水平位移进行监测。由于封闭交通对该区域的交通运营影响较大,换索过程中的索力、桥面高程及塔顶纵桥向水平位移测量均在未封闭交通的状况下进行,这些工作均需结合桥上实际车流情况进行调整(偶有重车通过或桥面振动较大时暂停测量)。

统计结果显示:新索指令索力的全桥总索力比实测全桥旧索总索力增大了2.5%。索力调整完毕后,在封闭交通的状态下,对全桥索力、桥面高程进行通测。经索力调整后的桥面高度和换索前相比,河跨与岸跨分别上抬61mm和32mm,这与总索力略有增大是相符的。

6.4.2 悬索桥吊索的换索工程

目前,国内江阴长江大桥已更换过吊索,悬索桥吊索的更换较之斜拉桥拉索更换并不复杂。悬索桥吊索更换主要过程为:

(1)在悬索桥的主缆上安装临时索夹,临时索夹内垫橡胶板;在临时索夹上架设两辅助索,辅助索中间绕过临时索夹索槽,两端连接小拉杆,辅助索用紧固件临时固定。

(2)在悬索桥加劲梁连接耳板的吊装孔上安装一主拉杆,在主拉杆上通过垫板中间的孔位套上垫板,在主拉杆端部拧上螺母,再将四小拉杆穿过垫板两边的四孔位,并在各小拉杆端部安装一螺栓拉拔器或千斤顶。

(3)测量原旧索上下耳板孔距离,并根据此距离调整新索长度。

(4)启动小拉杆端部的螺栓拉拔器或千斤顶进行预拉伸,测量所述垫板四角高度差,卸压后,根据上述高度差调整螺栓拉拔器或千斤顶中的螺母,并用水平尺沿纵横两方向检查,保证螺栓拉拔器或千斤顶拉伸时垫板保持水平。

(5)启动螺栓拉拔器或千斤顶开始张拉,并使垫板保持水平,螺栓拉拔器或千斤顶拉拔后,将主拉杆上的螺母拧紧,重复进行上述过程,并不断敲击原旧吊索下耳板中销轴,直至敲出该销轴,拧紧主拉杆上的螺母,在销轴敲击过程中喷润滑剂,以帮助销轴顺利卸出。

(6)提升原旧吊索,将原旧吊索上耳板中的销轴敲出,取下原旧吊索,若发现上、下耳板孔位有锈蚀情况,进行除锈、防锈处理。更换其上、下耳板连接处销轴衬套,立即换上新索,安装新吊索方法与卸旧吊索方法相反;旧吊索拆下后立即张拉测长,与新吊索进行比对,确保新吊索长度准确。

(7)新吊索换完后,松开所述螺栓拉拔器或千斤顶上的螺母,卸压,并松开主拉杆上的螺母,重复上述操作,直至新吊索完全张紧;螺栓拉拔器或千斤顶对主拉杆进行卸载的过程中,需对比两根新换吊索的松紧程度,以确保最终新吊索受力均匀。

(8)测量新吊索上下耳板孔距离,并和原旧吊索上下耳板孔之间距离进行比较,如两者距离相同,则证明新旧吊索受力相同;若两者距离差异较大,需进行调整,直至满足要求。

(9)新吊索更换完成后,拆除辅助索、垫板、主拉杆、小拉杆和临时索夹。

6.4.3 悬索桥主缆的换索工程

悬索桥主缆如果受到严重的损害而不能正常工作,就需要对缆索进行更换,以保证桥梁的正常运营。如果在对主缆更换时还要保证桥上车辆的正常通行,则换索工作的难度会更大。国外已有悬索桥更换主缆的实例:法国坦卡维尔(Pont de Tancarville)悬索桥在不中断交通的情况下更换了腐蚀的主缆。

该桥位于法国诺曼底,是一座3跨连续钢桁加劲梁悬索桥,跨径布置为176m+608m+

176m,距法国塞纳河河口 30km,于 1959 年建成,是当时欧洲最大跨径的悬索桥。主缆由 60 根索股组成,每根索股由 169 丝直径 4.7mm 的钢丝编成。1995 年,该桥 1 根索股突然破断。大桥管理者在研究主缆更换方法的同时安装 AE 传感器进行监测。通过监测破断频率、破断部位确认安全性,研究在不中断交通的情况下更换主缆的措施。通过 2 年以上的监测,掌握了钢丝破断规律,确认其破断频率低,没有加速破断的现象,判断该桥还不至于突然坍塌。该桥主缆具体更换方法及步骤如下。

(1)主缆:该桥设有主缆有 2 根,各由 60 根索股构成。主缆穿过塔顶壳状索鞍,在锚碇的锚室内通过散索鞍分散锚固。钢桁梁通过吊索由主缆支承。在解体既有主缆之前,先将主梁等荷载移到新安装的主缆上。主梁的荷载移到新主缆上后,受荷载影响,新主缆会下垂数米,既有主缆荷载减少的同时向上移动。新主缆最初位于既有主缆上方,伴随着荷载的转移,新旧主缆的位置关系反过来(图 6.4.2)。通过采用 2 根新主缆置换 1 根既有主缆的施工方法,可进行新旧主缆的荷载转移。此方法受塔顶的空间和锚碇内的锚固方法限制。

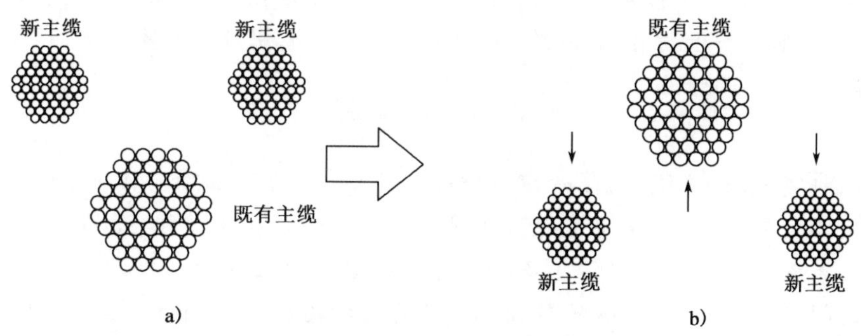

图 6.4.2　新旧主缆荷载转移的概念

a)荷载转移前;b)荷载转移后

(2)索鞍:在设计上,需要解决索鞍在塔顶的布设空间,并要承担架设过程中的水平力。因此,首先用钢筋混凝土和预应力钢筋夹持既有索鞍(并确保既有主缆可自由活动),形成台座,然后可将新索鞍设置于该台座上。同时,由于固定新索鞍时,桥塔和既有主缆上会受到附加的压力或拉力作用。因此,新索鞍采用可活动的构造,并安装千斤顶确保安全,以抑制架设新主缆时产生的水平力。

(3)吊索:加劲梁每个锚固点处原设置有 1 根吊索。为配合新主缆的数量,加劲梁每个锚固点处设置为 2 根新吊索。加劲梁和吊索的连接装置可同时安装既有吊索和新吊索,并与 3 个孔位对应。通过调整吊索的长度,新旧主缆间的荷载转移顺利进行。

(4)锚碇:该桥锚碇内 60 根旧索股锚固于锚板,锚板由 3 根螺栓固定于钢筋混凝土锚体上。3 根新索股(直径 40mm)置换 1 根旧索股(直径 72mm)。新索股通过特殊的装置直接用 3 根新螺栓锚固。由于新旧索股相互交错,安装非常复杂。需避开旧索股,合理地配置新索股。

(5)完成更换:在施工期间,限制了 2 车道交通。施工中,持续监测既有主缆,确认结构的安全性。1997 年依次安装新主缆,1998 年 2 月开始转移旧主缆上的荷载,荷载转移用时 2 个月。此后,拆除旧主缆,1999 年顺利完成主缆更换(图 6.4.3)。

图 6.4.3　更换了新主缆的坦卡维尔悬索桥

6.5　小结

本章对桥梁索结构耐久性涉及的防护、疲劳和换索三个内容作了介绍。其中,关于拉索疲劳的内容较为详细,以便读者较好地理解和应用。在换索方面,则分别对斜拉索、吊索和悬索桥主缆的技术内容进行介绍,并给出了换索工程实例,供读者参考。

本章参考文献

[1] 叶觉民,钟建驰.桥梁缆索系统的腐蚀与防护[J].钢结构,2005,20(2):85-89.

[2] 叶觉民,李荣庆.现代悬索桥主缆防护现状与展望[J].桥梁建设,2009,(6):67-71.

[3] 党志杰.悬索桥主缆的防腐防护及涂装[J].桥梁建设,2011,(4):52-55.

[4] 王永强,胡定成.悬索桥主缆的锈蚀机理及其防护措施[J].国外桥梁,2001,(3):41-45.

[5] 彭关中,缪小平,范良凯.悬索桥主缆腐蚀防护技术的研究进展[J].腐蚀科学与防护技术,2011,23(1):99-102.

[6] 闫云友,黄芳玮,庞维林.OVM250 无黏结型钢绞线拉锁体系疲劳试验研究[J].预应力技术,2007,(5):22-25.

[7] 杨美良,李波,黄立浦.部分斜拉桥拉索疲劳可靠度分析[J].长沙交通学院学报,2007,23(1):7-9.

[8] 高小云,杨岳民.大跨径斜拉桥拉索系统的疲劳评定[J].国外桥梁,1999,(4):42-46.

[9] 兰成明.平行钢丝拉索疲劳性能理论研究[J].沈阳建筑大学学报(自然科学版),2009,25(1):56-60.

[10] 万田保.桥梁缆索用高强度镀锌钢丝[J].世界桥梁,2005,(1):62-66.

[11] 何宪飞,陈艾荣.斜拉桥斜拉索局部弯曲应力分析[C]//上海市公路学会第四届年会学术论文集.

[12] 党志杰.斜拉索的疲劳抗力[J].桥梁建设,1999,(4):18-21.

[13] 卢伟,强士中,蒋永林.斜拉索抖振疲劳可靠度分析[J].中国公路学报,2001,14(4):63-66.

[14] 马洪斌,贾君.斜拉索疲劳损伤主动监测技术研究[J].低温建筑技术,2007,(5):73-75.

[15] 徐俊,陈惟珍,刘学. 斜拉索退化机理及钢丝力学模型[J]. 同济大学学报,2008,36(7):35-36.
[16] 陈开利,郑纲. 大跨度钢箱梁斜拉桥索梁锚固区传力机理[J]. 中国铁道科学,2005,26(4):28-31.
[17] 满洪高,李乔,张育智. 斜拉桥索梁锚固结构疲劳试验模型设计优化[J]. 东南大学学报(自然科学版),2007,37(2):301-305.
[18] 陈开利,王天亮. 南京长江二桥斜拉桥索梁锚固区模型疲劳试验研究[J]. 钢结构,2004,19(6):20-22.
[19] 冯云成,武星,卫星. 珠江黄浦大桥北汊斜拉桥索梁锚固结构模型疲劳试验研究[J]. 公路,2009,(10):312-316.
[20] 孙全胜,于海营. 卡尔曼滤波法在斜拉桥换索中的应用[J]. 中外公路,2009,29(6):153-156.
[21] 李宏江,王江,张永明. 天津永和斜拉桥换索后的索力调整[J]. 公路交通科技,2008,25(10):79-83.
[22] 周鑫. 斜拉桥换索前的索力调整[J]. 北方交通,2009,(2):96-99.
[23] 肖灿云. 角笼坝悬索桥主缆病害分析及其预防[J]. 交通标准化,2009.
[24] 刘海燕,陈开利. 悬索桥主缆的检测与加固技术[J]. 桥梁检测与加固,2009.
[25] 江苏法尔胜新日制铁缆索有限公司,江苏法尔胜泓昇集团有限公司. 悬索桥吊索换索方法[P]. 中国专利,201010587451,2011-05-2.

第 7 章　桥梁新型索结构

现代桥梁在跨度方面的进展还远远没有结束，悬索桥跨越能力在 1998 年达到 1 991m，未来跨越 2 000m 已经不存在任何实质上的技术难题。但是，悬索桥要跨越下一个和再下一个 1 000m，则现有的技术还很难达到，还需要进行许多研究工作，以求突破。悬索桥主缆、斜拉桥拉索本身的技术发展则是这种突破所必需的重要一环。除了对桥梁跨径进一步发展的期望之外，桥梁索结构耐久性的提高也是期待解决的问题，改良钢丝材料或探索其替代品是两种不同的思路，相关研究工作正在进行中，并取得了较大的进展。

7.1　超高强度钢丝索

7.1.1　超高强度钢丝索的工程需求和要求

大跨径缆索承重桥梁的设计主要由其恒载控制，其中，缆索材料的自重占有相当大的比重。采用高强钢丝制作缆索既可以减轻缆索自重，又能降低缆索材料用量，并减小下部结构的规模，对降低综合经济指标和施工技术难度都具有十分重要的意义。例如，斜拉桥拉索的强度对结构刚度和承载能力都有较大的影响。传统钢拉索由于其较低的比强度（强度与质量的比值）将产生较大垂度，在使用过程中容易腐蚀和疲劳，跨径进一步提高将遭遇瓶颈。研究表明，对于缆索承重桥，缆索钢丝进一步高强度化将一举多得，不但可以提高桥梁跨径还可以提高结构安全性、降低施工成本和缩短工期。例如，对于悬索桥而言，中跨跨度越大，主缆直径越大，而从主缆架设和质量保障的观点看，主缆最大直径不宜超过 1.1 ~ 1.2m，必须提高主缆钢丝强度和允许应力。因此，研发高强钢丝乃至超高强钢丝成为缆索承重桥技术进步的必然选择。

高强钢丝除需具有高强度和耐疲劳的特性外，尚需具备抗纵裂性。高强度钢丝在制造工序或使用中承受扭曲变形，如果扭曲变形时发生纵向裂纹，抗载荷和疲劳特性均将降低，因此，要求钢丝具有抗纵裂性。

7.1.2　提高钢丝强度的方法

提高钢丝强度的方法包括：

（1）通过合适的索氏体强化（Patenting）及合金化工艺提高钢丝制备盘条强度，这是制备超高强度桥梁缆索用镀锌钢丝的基础。

（2）增加拉丝断面收缩率，增加加工硬化率（提高盘条总压缩率）。盘条压缩率应控制在合理的水平，以免恶化钢丝韧性指标。根据桥梁缆索钢丝生产实践，ϕ7mm 系列镀锌钢丝用盘条直径在 13 ~ 14mm，ϕ5mm 系列镀锌钢丝用盘条直径在 11 ~ 13mm。

（3）在进行热镀锌处理时，控制强度的降低，例如，通过 Si、Cr 合金化可以降低热镀锌过程中的强度损失。

(4)采用适宜的生产工艺。

采取这些方法均可以提高强度,但由于提高强度方法的不同,对钢丝延性的影响也不同,重要的是选择较少降低延性的组合方法。

7.1.3　高强钢丝的发展趋势

钢丝的抗拉强度在 1882 年时仅为 1 100MPa,1932 年时提高到 1 520MPa。此后不久,相继推广了 1 570MPa、1 670MPa 级的钢丝。1980 年前,国内外使用的桥梁缆索用镀锌钢丝强度级别主要为 1 570MPa;而后随着镀锌钢丝生产技术的发展,1 670MPa 钢丝已成为桥梁缆索用镀锌钢丝的主流产品。最新的《桥梁缆索用镀锌钢丝》(GB/T　17101—2008)中已取消了 1 570MPa 级镀锌钢丝。在明石海峡大桥(Akashi-Kaikyo)建设过程中,日本新日铁开发和使用了 1 770MPa 级高强钢丝。作为斜拉桥用钢丝,1 770MPa 级也已实用化,我国在超高强钢丝方面进行积极探索,苏通长江大桥 272 根拉索正是采用我国宝钢研发生产的 1 770MPa 级钢丝。

钢丝有向超高强度方向加快发展的趋势,随着桥梁跨度增加到 2 000m 以上,有必要研制 1 860MPa 及 2 000MPa 级超高强度镀锌钢丝。日本由于有建设超过明石海峡大桥的特长大桥的需要,长期研发 2 000MPa 级强度的超高强度热镀锌钢丝,目前,其 1 970MPa 级强度的桥梁用超高强钢丝正在向实用化迈进。另外,钢绞线钢丝也在向超高强方向发展。在 1 860MPa级钢绞线产品的基础上,日本已开发出 2 300MPa 级钢绞线。

7.2　不锈钢丝索

7.2.1　不锈钢丝索研究

为提高缆索承重桥梁的使用寿命和结构耐久性,世界各国已经在材料(拉吊索材料和防护材料)耐久性方面做了很多工作,主要是使用低应力、全防腐、抗疲劳、耐腐蚀索体结构。但无论采用哪种防腐蚀、防老化、耐疲劳的新材料、新工艺、新技术,从已经建成的拉吊索桥梁实际运营情况来看,几乎所有的拉吊索桥梁都经受着腐蚀、老化、疲劳的威胁。

能不能找到一种在缆索工作的环境中不会或不易锈蚀的材料,代替目前普遍采用的高强钢丝或钢绞线呢？有两个基本的解决思路:一个是碳纤维索,下节将详细介绍;另一个就是不锈钢丝索。不锈钢丝的耐腐蚀、耐磨、高强等优良性能为桥梁缆索耐久性设计、防护等关键技术提供了新的方向。

用不锈钢做缆索主要的问题是强度不够和韧性指标不足。例如,《不锈钢丝》(GB/T 4240—2009)中共有 6 种冷拉不锈钢丝(12Cr17Mn6Ni5N、12Cr18Mn9Ni5N、12Cr18Ni9、06Cr19Ni9、10Cr18Ni12、06Cr17Ni12Mo2)的抗拉强度达到 1 000MPa,但标准中没有给出其断裂延伸率。若按《桥梁缆索用热镀锌钢丝》(GB/T　17101—2008)标准要求的 250mm 标距进行试验,其断裂延伸率大多在 4% 以下,不满足桥梁用缆索的需要。显然,按照这个标准,现有的高强不锈钢丝均存在延性问题(硬度高、脆性大、宜发生脆断),不宜在桥梁中作为吊索或斜拉索使用。

近几年,经过对不锈钢的研发、改良,工艺上的不断试验,新研制出的不锈钢丝在强度、断裂延伸率等性能指标比市场上传统不锈钢钢丝索提高了很多。但这些不锈钢丝索只是初期的研究成果,目前还处于持续的试验研究中。研究的目标是通过对配方、冶炼、轧制、拔丝、热处理等工艺进行试验,在提高延性的基础上,不断提高不锈钢丝的强度,以节约材料成本。钢丝强度每提高 10%,材料就可以节省至少 10%。目前,直径 5mm 的冷拉不锈钢丝强度最高已达到 1 400MPa。

使用高强度不锈钢丝索的最大优势在于节约防腐蚀维护费用。德国已经有几十年的高强度不锈钢丝索生产经验,并在实践中越来越多地应用于桥梁和塔式建筑结构中。通过大量的实验室研究及对实际工程项目的跟踪观察表明,高强不锈钢丝索表现出了优异的抗腐蚀性能。

7.2.2 不锈钢丝索应用实例及前景

1)国内外实桥应用案例

德国斯图加特市中心步行天桥“Rosenstein Bridge”,建于 1976 年。该桥为一单桅杆悬索桥,其竖向吊索采用了钢号为 1.440 1 的高强度不锈钢绞线索。由于地处交通干道,冬季雪天道路上会泼洒大量氯盐融雪。考虑到大量氯盐弥漫在周围空气中,桥索需要承受的腐蚀环境十分恶劣,相当于海洋环境。但历经 30 年,在吊索表面,尤其是锚具连接等结构薄弱处都没有发现明显的锈蚀问题。

我国交通运输部公路科学研究院研发了标准抗拉强度为 1 250MPa 的不锈钢丝索,该拉索已应用于杭州市余杭运河大桥维修加固工程中。余杭运河大桥主桥为系杆拱桥,桥跨布置为 $8\times16\text{m}+1\times72\text{m}+12\times16\text{m}$,桥梁全长为 397.62m,桥宽为 17m。2001 年建成通车,2012 年在对其进行加固维修时,采用了不锈钢平行钢丝束和不锈钢锚具。

2)发展前景

制约不锈钢材料应用于桥梁索结构的一个重要原因是成本因素,目前不锈钢的价格远高于普通碳素钢。但随着不锈钢冶炼、轧制技术的发展、成熟,更多牌号高强不锈钢的开发应用,两者之间的差距将会逐步缩小。其次,若将不锈钢丝应用于桥梁索结构,将大大提高桥梁缆索的使用年限,在腐蚀不控制索的寿命的前提下,按疲劳荷载周期计算,该类型不锈钢丝索使用年限可达 50 年甚至 100 年以上。在 100 年桥梁寿命周期内,仅需要换索 1 次甚至完全不需换索,这将大幅降低桥梁的维护成本。

与传统桥梁索结构相比,不锈钢丝索具有良好的耐蚀性和耐磨性,可大幅降低后期养护的成本。与目前索体复杂护套防护相比,它仅需简单防护即可,这也可在一定程度上降低成本。另外,不锈钢丝索还可减少换索过程中对环境的污染。从全寿命周期来看,不锈钢丝拉索极具竞争力。

7.3 CFRP 索

FRP(Fiber Reinforced Polymer)主要包括 CFRP(Carbon Fiber Reinforced Polymer)、GFRP(Glass Fiber Reinforced Polymer) 和 AFRP(Aramid Fiber Reinforced Polymer),目前已越来越多地应用于土木工程领域。其中 GFRP、AFRP 的强度和模量较低,且 GFRP 抗腐蚀性能较差,AFRP 对紫外线敏感、易松弛,代替传统钢材用作桥梁索结构的可能性不大。而与钢材相比,CFRP 具有不锈蚀、比强度高、比模量高、无磁性等优点,而且徐变和松弛等重要指标均优于钢材,弹性模量较高,温度变形小。一旦应用,在提高索结构耐久性及跨越能力方面均具有优势。虽然目前还存在造价高和剪切强度低等缺点,但随着CFRP材料产量的增加和新锚固技术的开发应用,不少问题将逐步得到解决,CFRP索将是传统高强钢丝索的有力竞争者。

在桥梁工程中,CFRP筋的应用包括两个大方向:一是作为混凝土结构中的加强筋或预应力筋;二是作为缆索承重桥中的索结构。第二个方向正是本章重点讨论的内容。因CFRP索首先是由CFRP筋组成,故首先介绍CFRP筋及其型材。

7.3.1　CFRP筋型材及特点

世界上第一根CFRP筋由美国联合碳化物公司在1959年研制成功,但其后CFRP筋长期未得到大规模应用。直到20世纪80年代,日本开发出CFRP筋型材,且应用成果为世人所瞩目,引发了各国的兴趣。

在CFRP索中,CFRP筋相当于平行钢丝拉索中的高强钢丝或平行钢绞线拉索中的钢绞线。CFRP筋主要是由多股连续碳纤维通过胶基材料(如聚乙烯树脂、环氧树脂等)进行胶合后,经特制的模具挤压拉拔等工艺成型。拉挤的制品尺寸准确、质量稳定,可充分发挥纤维方向的拉伸强度。CFRP筋型材按生产工艺及外形特点分为两大类:一是碳纤维复合筋(简称碳筋),例如日本开发的Leadline;二是碳纤维复合绞线,例如日本开发出的CFCC(碳绞线)、NACC(高钢碳绞线)。

1)Leadline

Leadline由日本三菱化学有限公司开发生产,其组分为碳纤维、环氧树脂胶基,纤维成分占65%(单向);生产工艺为拉挤成圆形筋,表面光滑或做成肋形;规格有$\phi(1\sim12)$mm。可用作预应力筋,采用黏结式锚具或夹片式锚具,也可用作普通加强筋。Leadline筋及锚具见图7.3.1。

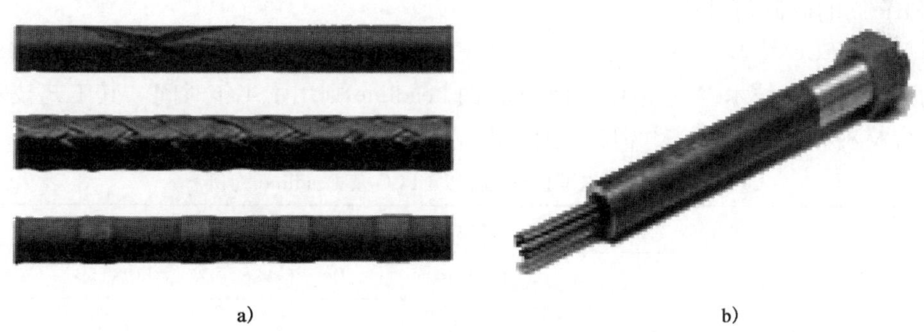

图7.3.1　Leadline及其锚具

2)CFCC

CFCC由日本东京制纲有限公司开发生产,其组分为碳纤维(PAN)、环氧树脂或双马来酰亚胺等胶基;生产工艺是由预浸小股CFRP筋绞缠成绞线形式,再经加热黏结生成一根索。有1、7、19、37股等多种规格,可用作预应力筋、普通加强筋或箍筋;用作预应力筋时,采用黏结式锚具或夹片式锚具。CFCC产品及锚具见图7.3.2。

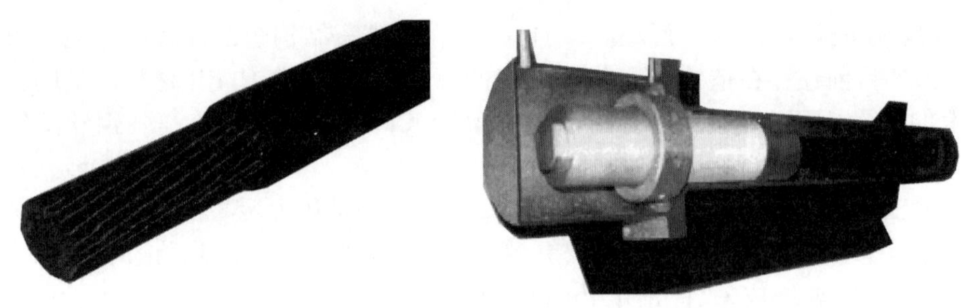

图 7.3.2　CFCC 及其锚具

3)NACC

NACC(Nippon 高钢碳绞线)由日本 Kajima 公司、Nippon 高钢有限公司、Suzuki 金属工业有限公司开发生产,其组分为碳纤维、环氧树脂胶基;生产工艺与 CFCC 相同,为绞线形式,有 7 股、19 股、37 股等多种规格。可用作预应力筋,单根筋束的锚固采用碳纤维或玻璃纤维复合材料套筒,多根筋束的锚固采用金属套筒;也可用作普通加强筋。NACC 筋及锚具见图 7.3.3。

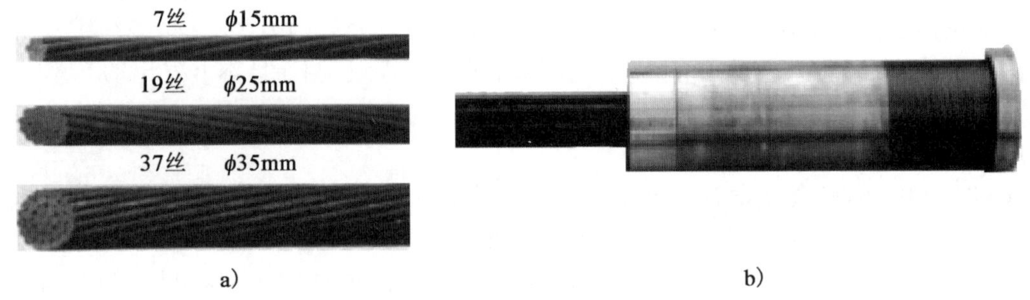

图 7.3.3　NACC 筋及其锚具

4)CFRP 筋的研制与量产

以典型的 CFCC 及 Leadline 工艺方法研发过程为例,由表 7.3.1 可见,CFCC 从 1982 年研究启动到批量生产技术确立用了 5 年时间,而 Leadline 则用了 4 年时间。其工艺技术与玻璃纤维复合材料相似,难度不大,但其应用受限于碳纤维的价格。

CFRP 筋工艺方法研发过程(以 CFCC 及 Leadline 为例)　　表 7.3.1

项　目	CFCC	Leadline
研究开始	1982 年	1983 年
试制品完成	1984 年	1983 年
商品化	1986 年	1983 年
锚具开发	1986 年	1986 年
批量生产技术确立	1987 年	1987 年

目前,我国已有厂家开发出 CFRP 筋型材产品,并于近年颁布了《结构工程用纤维增强复合材料筋》(GB/T 26743—2011)、《纤维增强复合材料筋》(JG/T 365—2012)等规范,为 CFRP 筋的生产和工程应用奠定了基础。

5)CFRP 筋的力学特性

CFRP 筋属于弹性材料，表现为各向异性，顺纤维向抗拉强度高，可达 1 800 ~ 3 286MPa，甚至更高，纵向弹性模量约为高强钢丝的 70%；垂直纤维方向的强度和弹性模量很低，抗剪强度仅为纵向抗拉强度的 1/10 左右，并且弯折处抗拉强度会显著降低；极限延伸率为 1.2% ~ 1.6%；密度小，仅为钢筋的 1/5 左右。

CFRP 筋温度膨胀系数较低，约为混凝土的 1/20；松弛率与低松弛钢绞线差不多或更低，110 年的松弛率仅为 2.3%；耐疲劳性能优良。CFRP 筋不会锈蚀，耐久性优于高强钢丝。可以在酸、碱、盐和潮湿的环境中抵抗化学腐蚀，在 pH 为 13、温度为 60℃ 的环境下，经历 1 个月时间，强度仅减小 7%，这是普通高强钢丝难以比拟的，因此适用于恶劣环境。

由于 CFRP 筋采用环氧树脂等材料作为胶基，其耐高温及耐火性能不足，当温度超过一定范围后，CFRP 筋的强度和弹性模量等性能显著下降，例如，当温度超过 130℃ 持续 1 000h 后，其强度将降低 10%，当温度上升到玻化温度(475℃左右)时，将失去强度，因此不适宜于高温环境。FRP 筋的基本性能及其与高强钢丝性能的比较见表 7.3.2。

FRP 筋与高强钢丝的性能对比　　表 7.3.2

材料种类 \ 材料特性	高强钢丝	CFRP：Leadline	CFRP：CFCC	GFRP	AFRP
纤维体积含量	—	0.65	0.65	0.60 ~ 0.70	0.65
密度(kg/m^3)	7 850	1 530	1 500	1 250 ~ 2 100	1 280
纵向抗拉极限强度(MPa)	1 670 ~ 1 860	2 250 ~ 3 286	1 800 ~ 2 100	480 ~ 1 600	1 250 ~ 1 400
横向抗拉极限强度(MPa)	—	57	—	—	30
屈服强度(MPa)	1 490 ~ 1 680：Ⅱ级松弛要求 1 340 ~ 1 490：Ⅰ级或无松弛要求	—	—	—	—
纵向弹性模量(GPa)	190 ~ 210	142 ~ 150	137	35 ~ 65	65 ~ 70
横向弹性模量(GPa)	190 ~ 210	10.3	—	—	—
泊松比	0.3	0.27	—	—	0.34 ~ 0.6
极限延伸率(%)	>4.0	1.3 ~ 1.5	1.6	1.2 ~ 3.1	2.0 ~ 3.7
纵向抗压强度(MPa)	1 670 ~ 1 860	1440	—	—	335
横向抗压强度(MPa)	1 670 ~ 1 860	228	—	—	158
纵向温度膨胀系数(10^{-6}/℃)	11.7	0.9	0.6	8.0 ~ 10.0	2.0
横向温度膨胀系数(10^{-6}/℃)	11.7	27	21	23	60
室温下松弛率(%)	2.5(Ⅱ级)或 7.5(Ⅰ级)	2 ~ 3	2.3@10^6hr*	1.8	12@10^3hr*

注：*2.3%@10^6hr 意为每 100 万小时 2.3%；12%@10^3hr 意为每千小时 12%。

7.3.2　CFRP 拉索特性分析

CFRP 索由直径 5 ~ 8mm 的碳筋平行排列组成，可称为平行碳筋拉索，或由多根碳绞线平行设置组成，可称为平行碳绞线拉索。CFRP 索基本形式见图 7.3.4。即使在考虑锚固系统锚固效率后，CFRP 索的抗拉强度亦可达到 2 600MPa，但密度仅有钢丝拉索的 1/5，这表明 CFRP 索在提高桥梁的极限跨径和承载效率上比传统拉索更具优势，简要分析如下。

1)CFRP 拉索的垂度

对于自重集度(单位弦长自重)为 q;重度(单位体积自重)为 γ;弦长为 L 的拉索(图 7.3.5),其跨中竖向变形(垂度)f 为:

$$f = \frac{qL^2}{8T} = \frac{\gamma L^2}{8\sigma} \tag{7.3.1}$$

式中:σ——拉索中的应力。

图 7.3.4　CFRP 索

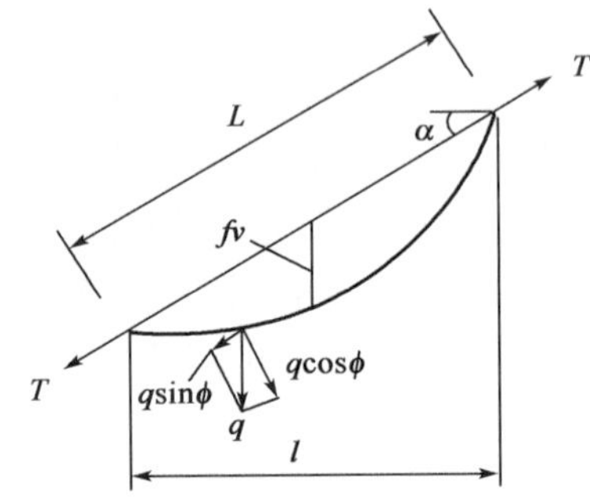

图 7.3.5　CFRP 拉索示意图

拉索垂度不仅降低荷载传递的效率,而且还降低拉索的轴向刚度(见 2.3.2 小节),因此越小越好。由式(7.3.1)可知,垂度与拉索弦长的平方成正比,与拉索材料的重度成正比,与索中的应力成反比。且竖向垂度 f_v 与拉索的倾角无关。当弦长和应力相同时,CFRP 拉索垂度仅为普通高强钢丝拉索的 1/5;拉索越长,这种对垂度的减小效应就越明显。

2)拉索的等效弹性模量

由 2.3.2 小节 Ernst 公式(2.3.26)可知,拉索的等效弹性模量为:

$$E_{eq} = \frac{E}{1 + \frac{E(\gamma L_x)^2}{12\sigma^3}} \tag{7.3.2}$$

式中:E_{eq}——考虑拉索垂度后的等效弹性模量;

E——拉索的弹性模量。

根据 Ernst 公式推导过程可知,该式仅适用于初应力较大,应力变化幅较小的拉索,即车辆荷载与恒载比值较小的情况。如果拉索的应力从 σ_1 变为 σ_2(或从 σ_2 变为 σ_1),应力变化幅 $\Delta\sigma = \sigma_2 - \sigma_1$ 比较大,则至少应考虑等效弹性模量的割线算法。由第 2.3.3 节式(2.3.27)可得,拉索的割线弹性模量为:

$$E_{me} = \frac{E}{1 + (\gamma l)^2 \frac{E(\sigma_1 + \sigma_2)}{24\sigma_1^2\sigma_2^2}} \tag{7.3.3}$$

由上式知,割线模量随着材料密度的减小而增加。由于 CFRP 重度比钢丝低很多,因此,拉索越长,同等条件下 CFRP 拉索的使用效率高于钢丝的优势越明显,如以下算例所示。

平行钢丝拉索重度为 78.5kN/m^3,弹性模量为 1.98×10^5MPa;CFRP 拉索重度为 15kN/m^3,弹性模量为 1.40×10^5MPa。当拉索中的初始应力(恒载应力)分别为 300MPa、450MPa 和 600MPa 时,加载(活载)后的拉应力为 450MPa、600MPa、750MPa,钢丝拉索与 CFRP 拉索等效弹性模量随拉索水平投影长度 l 的变化趋势见图 7.3.6。由图 7.3.6 可知,在拉索长度和应力相同的情况下，当拉索长度超过一定值时，CFRP 拉索的等效弹性模量将高于平行钢丝拉索。拉索越长，其差值越显著；初始应力越小，其差值越显著。显然，对于 1 000m 以上的斜拉索，CFRP 拉索的轴向刚度将整体高于高强平行钢丝拉索。

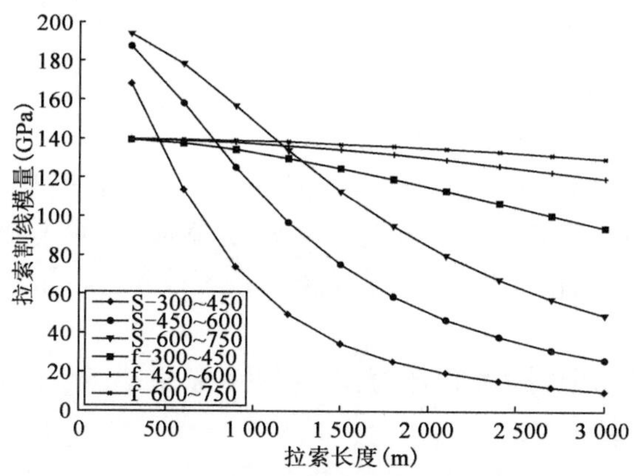

图 7.3.6　钢丝、CFRP 两种拉索的等效弹性模量比较

图 7.3.6 还展示了碳纤维增强塑料（CFRP）拉索的另一个显著的优点：其等效弹性模量随拉索长度增加而减小的幅度非常平缓，而高强钢拉索的等效弹性模量则大幅下降；这表明对于斜拉桥上不同长度的拉索，CFRP 拉索能提供更平稳的等效弹性模量。根据结构力学中“力按照刚度分配”的原理可知，CFRP 拉索能够更均匀地分配桥上的活载，这对于整个结构体系的安全和耐久性均是有利的。

3）CFRP 拉索斜拉桥的（静力学）极限跨径

基于等效弹性模量的分析：如果将拉索弹性模量的降低值限定为 0.7，由图 7.3.6 可知，当拉索拉力为由初始的 450MPa 增加到 600MPa 时，平行钢丝拉索的极限长度约为 770m，CFRP 拉索的极限长度约为 4 650m，是平行钢丝拉索的 6 倍以上。

基于承载能力的分析：斜拉桥的（静力学）极限跨径一般由最长索的受力情况决定。如图 7.3.7，密索体系斜拉桥塔高为 h，跨径为 L，拉索长度为 l_t，则拉索弦长倾角 α 的正切值 $\tan\alpha = 2h/L$。

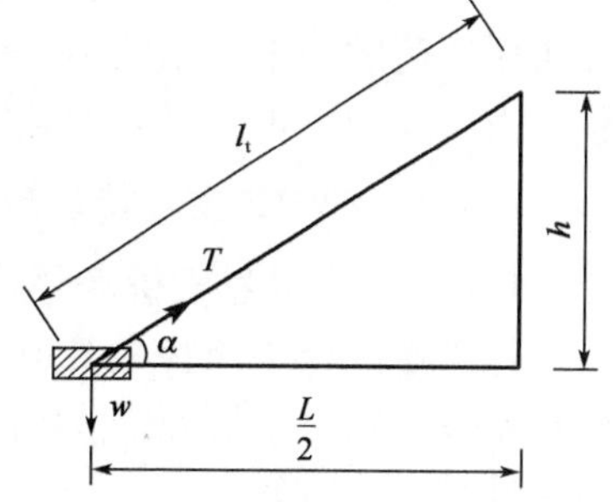

图 7.3.7　拉索的几何参数及受力

每根拉索承担的荷载为：

$$W = W_d + W_l + \frac{W_t}{2} \tag{7.3.4}$$

式中：W_d、W_l、W_t——箱梁节段恒载、箱梁节段承担的活载，拉索的自重。

由此可计算拉索索力为：

$$T = \frac{\eta W}{\sin\alpha} \tag{7.3.5}$$

式中：η——考虑按单根拉索的简化计算结果与总体结构分析结果之间的差异增大系数，一般取 1.1 ~ 1.15。

将式（7.3.4）代入式（7.3.5），并设拉索截面面积为 A_t、重度为 γ_t，可得斜拉桥（静力学

极限)跨径表达式为:

$$L = \frac{\dfrac{\sigma_{fk} A_t \sin\alpha}{k_t \eta} - (W_d + W_l)}{\dfrac{A_t \gamma_t}{4\cos\alpha}} \tag{7.3.6}$$

式中:σ_{fk}——拉索标准强度;

k_t——强度安全系数(一般取 3.0)。

从该式可知,斜拉桥极限跨径与拉索的强度、重度、截面面积及倾角有密切关系。由于 CFRP 拉索比重度(σ_{fk}/γ_t)显著高于平行钢丝拉索,在截面积、倾角和恒载都相同的情况下,其极限跨径是平行钢丝拉索的 5 倍以上,该结果与按等效弹性模量法分析的结果基本相当。

4)抗风雨振动

在风雨激励拉索振动中,振动显著,表现为低频率、高振幅,且通常发生在前 3 阶振型中。拉索的自振频率可表示为:

$$f_n = \sqrt{\frac{n^2 T}{4\rho L^2}} \tag{7.3.7}$$

式中:f_n——第 n 阶自振频率;

T——索力;

ρ——单位长度索的质量;

L——索长。

由上式易知,由于 CFRP 拉索比钢丝拉索轻得多,所以其自振频率比钢索高 2 倍以上,可避免早期共振。并且 CFRP 拉索的内阻尼较大,即使起振,衰减也快。

5)耐疲劳

CFRP 索的抗疲劳性能要优于钢材,德国试验表明,19 根单丝组成的 CFRP 拉索在 200 万次循环荷载下未发生破坏,其疲劳强度为相同条件下钢丝拉索的 3~4 倍,且在随后的承载能力试验中发现其极限承载能力几乎没有下降。

7.3.3 CFRP 主缆特性分析

1)CFRP 主缆悬索桥极限跨径

悬索桥的极限跨径主要由三个方面控制:缆索材料的抗拉强度、正常使用状态时的最大变形量或位移量、风荷载作用下结构的抗稳性。其中后两种控制指标由垂跨比、构件截面几何特性、缆索的形式、行车舒适度等多项因素决定,一般不易明确给出极限跨径的具体数值,计算也比较复杂,此处不做详细研究。仅从缆索材料的抗拉强度入手讨论悬索桥极限跨径。

对于悬索桥,为简化分析,假设主缆线形为抛物线,根据第 2 章相关公式可推导出由几何参数、索股钢丝强度、索股钢丝重度、恒重表达的跨径公式:

$$L = \frac{4(4r_{ss})^2 \sigma_k}{k_t \eta \gamma_t \sqrt{1+(4r_{ss})^2}\left[4r_{ss}\sqrt{1+(4r_{ss})^2} + \ln\left(4r_{ss} + \sqrt{1+(4r_{ss})^2}\right)\right] r_w} \tag{7.3.8}$$

式中:r_{ss}——悬索桥垂跨比 f/L;

σ_k——索股标准强度;

k_t——索股安全系数,对于钢丝索取 2.5,CFRP 索可取 3;

η——考虑主缆防护层、吊索、索夹的自重及其他因素的增大系数,可偏安全取 1.1;

r_w——全部荷载与缆索重量之比，$r_w = 1 + r_d + r_l$，其中 r_d、r_l 分别表示加劲梁、活载与缆索重量之比。

可见，悬索桥的极限跨径与主缆垂跨比、强度、重度、安全系数、加劲梁及桥面系重量、活载和缆索自重之比有关，与缆索截面积无关。根据式(7.3.5)，比较悬索桥采用钢丝索和CFRP索两种情况。各项计算参数取值如下，垂跨比均取1/10，钢丝索标准强度 σ_{sk} = 1 670MPa，重度 $\gamma_s = 76.98\text{kN/m}^3$，全部荷载与缆索重量之比近似取1.1；CFRP索标准强度 σ_{fk} = 2 250MPa；重度 $\gamma_f = 15.5\text{kN/m}^3$，全部荷载与缆索重量之比根据主缆重度差异近似取1.5。由此可得，钢丝主缆悬索桥的极限跨径为4 330m，CFRP主缆悬索桥的极限跨径为20 960m，后者为前者的4.8倍。

2）CFRP主缆与索夹、鞍座间摩擦

CFRP主缆在鞍座位置的抗滑移能力及索夹与CFRP主缆间的抗滑移能力是CFRP主缆悬索桥设计需特别考虑的关键点之一。为了研究悬索桥CFRP主缆在鞍座处的摩擦学性能，侯苏伟等进行了理论分析和静力摩擦试验。

单根CFRP筋的摩擦因数试验及力学简图见图7.3.8，摩擦因数可按下式计算：

$$\mu = \frac{\ln \dfrac{F_{ct}}{F_{cl}}}{\alpha_s} \tag{7.3.9}$$

式中：α_s——主缆在鞍槽上的包角(rad)；

F_{ct}、F_{cl}——主缆紧边和松边拉力。

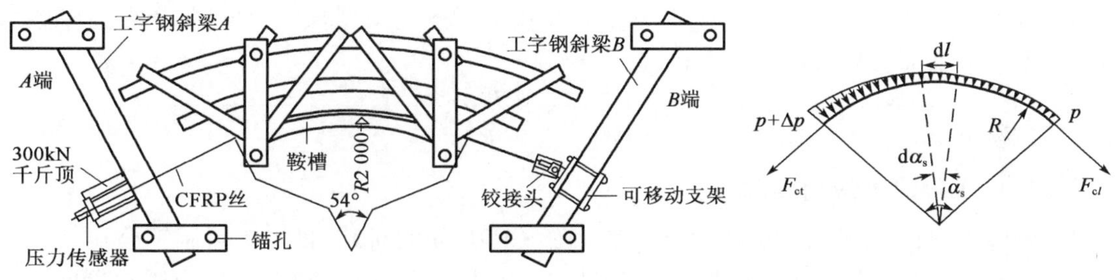

图7.3.8　单根CFRP筋的摩擦因数试验及力学简图

研究发现，CFRP索股与鞍座间的摩擦因数对鞍槽表面粗糙度、CFRP筋表面类型较敏感，受平均径向接触压力的影响较小；热挤成型的微压纹CFRP索股与鞍座间的摩擦因数受磨屑膜的影响较小，摩擦因数较大，光圆CFRP筋与鞍座间的摩擦因数随磨屑膜的出现而降低；微压纹、光圆CFRP筋缆与鞍座间的摩擦因数分别约为0.5和0.3，抗滑移性能满足设计规范要求。

3）鞍座处CFRP主缆弯折对强度的影响

当CFRP索股筋在鞍座处弯折时，其横向性能开始起影响作用，并且由于横向挤压力、表面摩擦作用，在与转向块接触的区域，筋束还会产生附加内应力，这些都导致其抗拉强度降低。在确定主缆控制应力时，应考虑弯折影响，要限制主缆在弯折处的曲率半径和转角。Dolan等人于2000年提出，FRP筋弯折设置时，转向装置位置筋束的总应力可由下式确定：

$$\sigma = \frac{F}{A_t} + \frac{E_f R_f}{R} \tag{7.3.10}$$

式中：F——张力；

E_f、A_t、R_f——弹性模量、截面面积和半径；

R——转向块的曲率半径。

式(7.3.10)大体反映了弯折对筋束局部应力和强度的影响，但式中未考虑张力的大小及弯折角度对弯折附加应力的影响，显然不尽合理。以直径40mm碳绞线为例，取张拉控制力为800kN，转向块曲面半径为4m，弯折角度为4.81°时，可得其在弯折处的应力为1 711MPa，弯折导致的附加应力为685MPa。参考式(7.3.10)，根据相关试验结果提出适用于CFRP主缆的弯折应力计算公式。

$$\sigma = \frac{F}{A_t}\left(1 + \frac{2E_f R_f \alpha_s}{\pi f_{fk} R}\right) \tag{7.3.11}$$

式中：α_s——筋束弯折角度(rad)；

f_{fk}——主缆中CFRP筋标准抗拉强度；

R_f——CFRP主缆中单根CFRP筋的半径。

根据东京制钢公司的试验，Santoh, N.于1993年给出了碳绞线抗拉强度与弯折角度之间的关联，弯起角度增加，弯折应力及摩擦增大，筋束横向性能对其自身抗拉强度的影响也增加，筋束强度因此降低，所以采用碳绞线等CFRP筋时，应设计合理的鞍座，控制弯折角度并减小摩擦。对CFRP主缆而言，一般要求曲率半径R不小于$100R_f$。同时，还应考虑在主缆与鞍座的接触面设计，尽量减小弯折对筋束强度的影响。根据式(7.3.11)，主缆在鞍座处弯折影响下强度的计算公式可取为：

$$f'_{fk} = f_{fk} - \frac{2E_f R_f \alpha_s}{\pi R} \tag{7.3.12}$$

7.3.4 CFRP索应用实例

在国际上，日本早在20世纪70年代就开始CFRP筋的研究，日本东京制钢公司开发的CFCC在日本、美国、欧洲的桥梁建设中积极推广，极大地促进了CFRP索的应用和发展。通过近30年的发展，建造了很多采用CFRP筋的桥梁工程。

据不完全统计，1987~2003年，日本的FRP筋工程应用有180例，使用FRP筋90万延米，其中，CFRP筋的应用数量和工程实例最多，2002年达到近15万延米。图7.3.9显示了各类结构FRP筋用量。早期，FRP筋大多是应用到海岸、水槽等耐久性要求较高的结构，2001年后却基本没有这方面的应用。1998年之前，FRP筋在桥梁中的应用稳步增长，之后用量有所下降。其后，在2002年再次出现增长。FRP筋在地锚中的应用则基本处于持续增长状态。从使用筋材的总量看，桥梁应用最多，达35万延米，其次是地锚26万延米。

根据应用类型可确定相应的应用数量，如图7.3.10所示。1994年之前，在先张和后张预应力混凝土结构应用中稳步增长，其中大多数是人行试验桥，梁或板，还有几座公路桥梁。1997年和1999年采用CFRP筋作为拉索的斜拉桥各有2座和1座；2002年，有1座悬索桥采用CFRP筋作为主缆。以下分类给出CFRP索的典型应用实例。

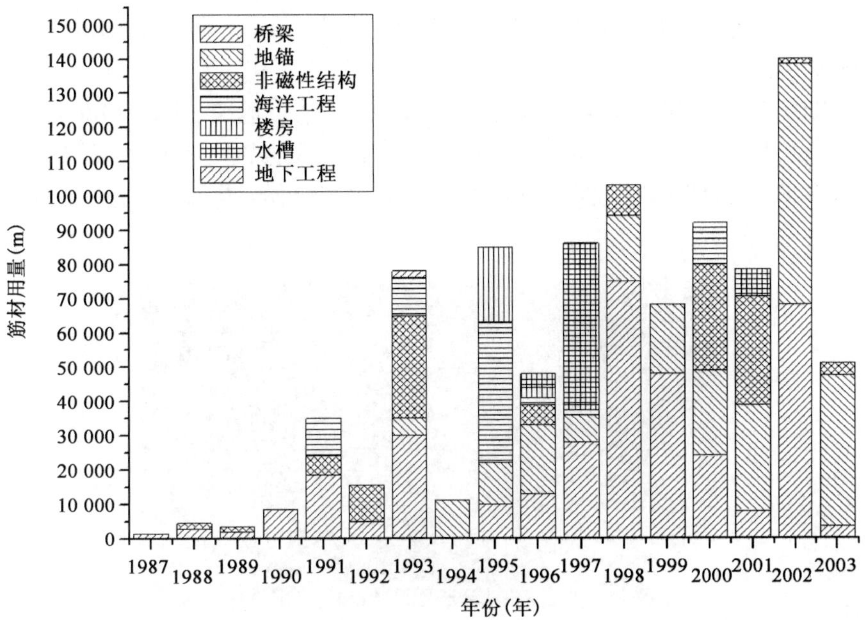

图 7.3.9　各类结构的 FRP 筋用量

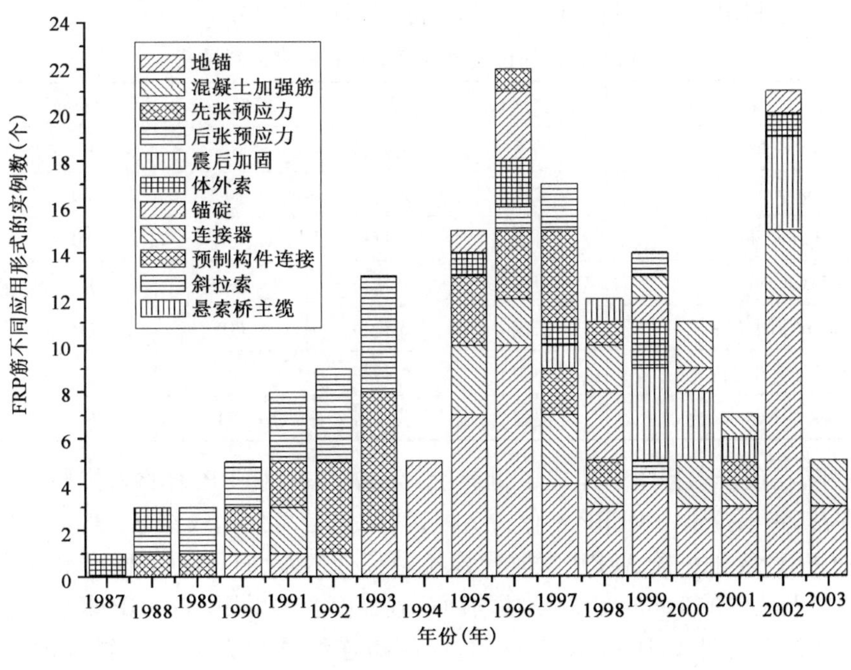

图 7.3.10　FRP 筋不同应用形式的实例数量

1)体外预应力混凝土梁桥

美国 Southfield 市 2002 年建成了 Bridge Street 桥，桥长 63m，单跨 21.4m，宽 8.6m，采用

双 T 梁。Bridge Street 桥采用 CFCC 和 Leadline 混合配筋方式,其中 Leadline 作为梁体内先张预应力筋,CFCC 为体外后张预应力筋,该桥为美国第一座完全采用 CFRP 索配筋的预应力混凝土公路桥梁。

我国于 2007 年设计建设了何圩桥,见图 7.3.11。该桥边跨,主跨 20m 应用 CFCC 体外预应力筋。全桥共设 8 根 CFCC 体外索,为方便施工及后期的检测和换束,对称锚固于第二道横梁上。CFCC 为折线布置,通过设在两道中横梁底面的转向块弯起,最大弯起角度为 4.87°。

图 7.3.11　何圩桥采用 CFRP 体外索

2)斜拉桥索结构

国内外将 CFRP 筋用作斜拉桥拉索的实际工程见表 7.3.3。

目前国内外已建的应用 CFRP 拉索的斜拉桥　　表 7.3.3

桥　名	所在国家	类型	跨度(m)	长度(m)	建成时间(年)
Stork 桥	瑞士	公路桥	61	124	1996
Tskuba 市人行桥	日本	人行桥	11	20	1997
Herning 桥	丹麦	人行桥	40	80	1999
I-5/Gilman 桥	美国	公路桥	95	137	2002
Laroin 市斜拉桥	法国	人行桥	110	110	—
江苏大学人行桥	中国	人行桥	30	48	2005
Penobescot Narrows 桥	美国	公路桥	354	646	2006

1996 年,在瑞士温特图尔建成了世界上第一座采用 CFRP 索的斜拉桥——Stork 桥,主跨 61m,在其 24 根拉索中 CFRP 索仅占 2 根,其余仍是高强钢绞线索;美国的 I-5/Gilman 桥采用 6 根 CFRP 索和 6 根 AFRP 索取代该桥中部分钢索;日本的 Tskuba 市人行桥、丹麦的 Herning 桥以及法国的 Laroin 市斜拉桥均因荷载轻而全部采用了 CFRP 索。

1999 年建成的丹麦 Herning 人行桥,为两跨连续预应力混凝土斜拉桥,桥长 28m,宽 5.2m,主梁采用碳绞线作为预应力筋、加强筋和箍筋,直径有 12.5mm、10.5mm 和 7.5mm 三种,拉索采用直径 40mm 碳绞线,长 18.6 ~ 38.4m。我国首座 CFRP 筋束斜拉人行桥于 2005 年 5 月建成,为单塔双索面斜拉桥,塔梁固结体系。桥孔布置为 30m + 18.4m,桥宽 6.8m。采用 16 根 8mm 碳筋组成单束拉索,见图 7.3.12、图 7.3.13。

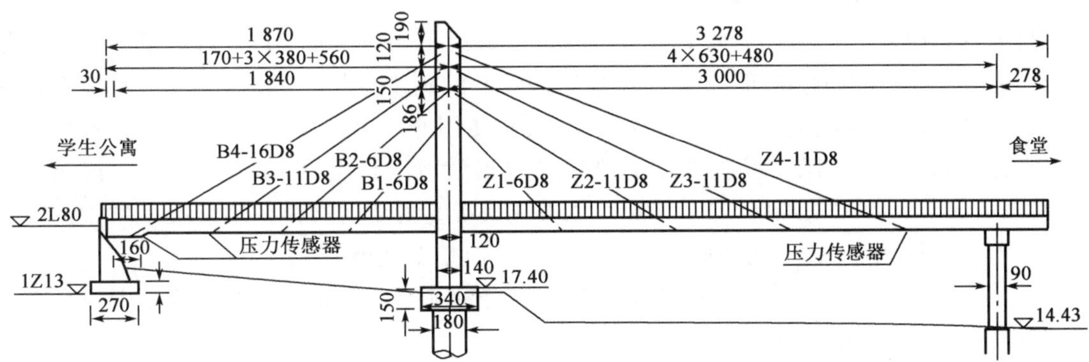

图 7.3.12　CFRP 筋束斜拉人行桥布置图(尺寸单位:cm;高程单位:m)

该桥的 CFRP 拉索为日本三菱公司生产的直径为 8mm 的 Leadline(碳筋),保证强度为 2 300MPa,为安全起见,容许应力取 0.35 倍的保证强度。根据全桥受力要求,共采用三种类型的拉索,标记为 16-D8、11-D8、6-D8。所用锚具为黏结型锚具,并采用了树脂和高性能微膨胀水泥两种灌注材料,自由段各根筋材的间隙与其在锚具内间隙相同,通过设置间距 1.5m 左右的分丝板来保持筋材平行,筋材外设 PE 护套防护。

图 7.3.13　建成后的 CFRP 拉索斜拉人行桥

2006 年美国建成的 Penobescot Narrows 桥(图 7.3.14),全长 646m,主跨 354m,桥下净空 41m。塔高 136m,塔身不设锚座,拉索通过安装的特型支撑穿过塔身,共采用 6 束 CFRP 拉索。该桥 2007 年获国际桥梁协会奖(IBC Awards)。

图 7.3.14　美国 Penobescot Narrows 桥

3)悬索桥索结构

日本明石海峡大桥中的短吊索就采用 CFCC 制作。NACC 则用于来岛大桥(1998 年建成通车)的猫道工程。由于自重轻、施工方便、不需要做防腐处理,在试验性应用中取得了良好的效果。2002 年,日本建成一座采用 CFRP 筋作为主缆的人行悬索桥。我国的矮寨大桥(2012 年建成通车)用岩锚吊索方式解决了无索区过长造成的结构问题,其中采用了 CFRP 索作为锚杆,超高性能混凝土 RPC 作为锚杆两端黏结介质的新型岩锚体系。

7.3.5 CFRP 索的未来前景

目前,CFRP 已广泛应用于既有桥梁的加固和修复等方面。CFRP 索桥似乎在一次性投入(建设)时没有价格优势,但如果从综合经济效益的角度分析,一般认为其极具潜在竞争力。首先,CFRP 索桥的耐久、耐疲劳性能优越,其使用寿命大大高于钢索桥,如果换算为每年每平方万米的造价,其工程造价评估值将更接近后者。其次,由于 CFRP 索的抗腐蚀特性,可以大大节省维护及维修费用。因此,以 CFRP 新型索结构材料替代传统钢丝索的研究既是各国学者的热点课题,也是长大桥梁发展的一种必然趋势。

但是,也应当注意到,由于 CFRP 索发展时间还不够长,在桥梁工程的应用中还存在一些问题有待解决,主要包括:

(1)锚固及鞍座、索夹、散索鞍等需夹持的部位存在构造难点。CFRP 索横向抗拉、抗压、抗剪强度低,给其锚固和夹持带来困难。例如,现有 CFRP 筋锚具均存在尺寸偏大、施工工艺不成熟及缺乏可靠性依据等问题。

(2)长期性能和抗冲击、抗损伤的问题。目前,对 CFRP 材料性能的研究多为短期情况,对 CFRP 索在外界实际环境中的长期性能还缺乏充分了解。已有研究成果表明,冲击荷载和局部损伤对 CFRP 索的抗拉强度有明显影响。因此,如何提高 CFRP 的长期性能和抗冲击能力以及合理评估损伤后的强度也是待解决的问题。

(3)如何抵御火灾的影响。如前文所述,高温下 CFRP 筋强度和弹性模量将下降,甚至失去强度,一旦桥上发生意外火灾就可能造成垮桥事故。

随着研究深入,CFRP 索在斜拉桥和悬索桥替代传统钢索的条件将逐渐成熟。未来桥梁尤其是特大跨径桥梁的建设中,CFRP 索将会得到越来越多的应用。

7.4 小结

本章主要对桥梁索结构材料的最新发展进行了讨论。在高强钢丝材料方面,目前强度为 1 970MPa 的钢丝、2 300MPa 的钢绞线正在向实用化推进,超高强钢丝索的普遍应用已成为可能,这对于提高缆索承重桥梁的极限跨径无疑是好消息。但超高强钢丝的耐久性尚未解决,而耐久性较好的不锈钢丝则强度偏低,显然不是提高桥梁极限跨径的有效选择。比较而言,CFRP 索兼具强度和耐久性这两方面的优势,尽管还受到抗剪、抗压等问题的困扰,但 CFRP 索桥已向 500m 以上跨径迈进。随着 CFRP 的优势得到工程界的逐渐认识和接受,CFRP 索桥将在桥梁领域占据更为重要的位置。

本章参考文献

[1] 吕志涛. 新世纪混凝土结构对新材料的挑战[C]//中国首届纤维增强塑料(FRP)混凝土结构学术交流会论文集. 北京:人民交通出版社,2000.

[2] 叶列平,冯鹏. FRP 在工程结构中的应用与发展[J]. 土木工程学报,2006,39(3):24-35.

[3] Vistasp M Karbhari. Use of Composite Materials in Civil Infrastructurein Japan[M]. Baltimore:International Technology Research Institute,1998.

[4] http://www.tokyorope.co.jp/cfcc[EB/OL].

[5] T Ueda,JG Dai. FRP Composites for Infrastructures in Japan:Review and Outlook[C]//Innovation & Sustainability of Structures:Proceedings of the International Symposium on Innovation &Sustainability of Structures in Civil Engineering. Nanjing:2005.

[6] Japan Society of Civil Engineering. Applications of Innovative Composite Material for Civil Engineering [R]. Research Committee Report,2005.

[7] Akira Kobayashi,YuyaHidekuma,Makoto Saito. Application of the FRP for Constructionas High Durability Materials in Japan[C]//Proceedings of US-Japan Workshop on Life Cycle Assessment of Sustainable Infrastructure Materials. Sapporo,2009.

[8] 徐茂凯.碳纤维复合材料斜拉索的发展[J].纤维复合材料,2010,29(3):29-31.

[9] 张强,朱华民.FRP材料在日本预应力混凝土桥梁及其他结构中的应用[J].国外桥梁.1996,(3):31-35.

[10] Charles E. Bakis,AutonioNanni,Thomas E Boothby. FRP Prestressing for Highway Bridges-Volume Ⅲ. Federal Highway Administration,2002.

[11] ACI Committee 440. Guide for the Design and Construction of Concrete Reinforced with FRP bars (ACI440. IR-03),2003.

[12] Lelli Van Den Einde,Lei Zhao,Frider Seible. Use of FRP Composites in Civil Structural Applications[J]. Construction and Building Materials,2003,(17):389-403.

[13] 王鹏.CFRP筋束在体外预应力桥梁中的应用研究[D].南京:东南大学,2008.

[14] 曾宪桃,车惠民.复合材料FRP在桥梁工程中的应用及其前景[J].桥梁建设,2002,(2):66-70.

[15] 张锡祥,顾安邦.复合材料用于大跨斜拉桥发展展望[J].重庆交通学院学报,1995,(1):14-19.

[16] 李正仁.关于在直布罗陀海峡最窄处建造碳纤维增强复合材料桥的建议[J].国外桥梁,1990,(4):45-5

[17] 方志,郭棋武,刘光栋,等.碳纤维复合材料(CFRP)斜拉索的应用[C]//中国公路学会桥梁与结构工程学会2001年桥梁学术讨论会论文集.北京:人民交通出版社,2001.

[18] Nik Winkler,Pascal Klein. Carbon Fiber Products (CFP)-A Construction Material for the Next Century[C]//Proceedings of the 13th FRP Congress, 1998: 69-72.

[19] Francesco Lanza di Scalea, Vistasp M Karbhari, Frieder Seible. The I-5/Gilman Advanced Technology Bridge Project[J]. Proceedings of SPIE, 2000,(3 988):10-17.

[20] 梅葵花.1000m级CFRP索斜拉桥静力特性分析[J].世界桥梁,2007,(4):47-49.

[21] 张新军,应磊东.应用CFRP索的拉索承重桥梁抗风稳定性研究[J].中国公路学报,2007,(7):38-41.

[22] 刘荣桂,龚向华.斜拉桥CFRP索锚固性能试验[J].工业建筑,2006,36(8):29-32.

[23] Charles W. Dolan,et al. Design Recommendation for Concrete Structures Prestressed with FRP Tendons[J]. Federal Highway Administration,2001.

[24] 王鹏,张长青,陈彦华,等.CFRP筋(碳纤维筋)产品及其工程应用探析[J].公路交通技术,2011,36(2):62-69.

[25] 徐文雷,宁世伟,栾佰峰,等. 桥梁缆索用超高强度镀锌钢丝的研制[J]. 金属制品,2010,36(2):27-31.

[26] 郑宏宇. CFRP 缆索悬索桥基本性能及若干关键技术研究[D]. 南京:东南大学,2007.

[27] 侯苏伟,诸葛萍,强士中,等. 悬索桥 CFRP 主缆与鞍座间摩擦学性能试验研究[J]. 西南交通大学学报,2011,46(3):391-397.

附　　表

附表1　普立悬索桥吊索力(Midas程序计算结果)

吊索编号	吊索轴力(kN)	吊索编号	吊索轴力(kN)	吊索编号	吊索轴力(kN)
1	2 436	27	1 504	53	1 505
2	1 448	28	1 504	54	1 506
3	1 481	29	1 503	55	1 507
4	1 491	30	1 502	56	1 507
5	1 491	31	1 502	57	1 508
6	1 491	32	1 502	58	1 508
7	1 491	33	1 502	59	1 508
8	1 493	34	1 502	60	1 508
9	1 495	35	1 502	61	1 508
10	1 498	36	1 503	62	1 507
11	1 500	37	1 493	63	1 506
12	1 502	38	1 371	64	1 504
13	1 504	39	1 779	65	1 502
14	1 506	40	1 367	66	1 500
15	1 507	41	1 486	67	1 497
16	1 508	42	1 498	68	1 495
17	1 508	43	1 500	69	1 492
18	1 508	44	1 500	70	1 488
19	1 509	45	1 501	71	1 488
20	1 508	46	1 502	72	1 488
21	1 508	47	1 502	73	1 489
22	1 507	48	1 503	74	1 489
23	1 507	49	1 503	75	1 479
24	1 506	50	1 503	76	1 450
25	1 506	51	1 504	77	2 454
26	1 505	52	1 505		

附表2 普立悬索桥吊点竖向坐标和轴力对比结果

序号	索夹位置竖向坐标(m)			上锚点轴力(kN)			下锚点轴力(kN)		
	Matlab	Midas	MA-Mi (mm)	Matlab	Midas	(MA-Mi)/Mi(%)	Matlab	Midas	(MA-Mi)/Mi(%)
1	0	0	0	183 620	183 763	-0.08	183 510	183 763	-0.14
2	3.812	3.811	1	182 660	182 809	-0.08	182 570	182 809	-0.13
3	6.734	6.733	1	182 080	182 230	-0.08	182 000	182 230	-0.13
4	9.577	9.575	2	181 510	181 655	-0.08	181 430	181 655	-0.12
5	12.338	12.336	2	180 950	181 092	-0.08	180 870	181 092	-0.12
6	15.019	15.016	3	180 400	180 545	-0.08	180 320	180 545	-0.12
7	17.617	17.614	3	179 870	180 013	-0.08	179 800	180 013	-0.12
8	20.135	20.131	4	179 360	179 497	-0.08	179 280	179 497	-0.12
9	22.571	22.567	4	178 860	178 997	-0.08	178 790	178 997	-0.12
10	24.926	24.922	4	178 370	178 511	-0.08	178 300	178 511	-0.12
11	27.199	27.195	5	177 900	178 041	-0.08	177 840	178 041	-0.11
12	29.391	29.386	5	177 450	177 587	-0.08	177 380	177 587	-0.12
13	31.502	31.496	5	177 010	177 148	-0.08	176 950	177 148	-0.11
14	33.530	33.525	6	176 590	176 725	-0.08	176 530	176 725	-0.11
15	35.477	35.471	6	176 180	176 319	-0.08	176 120	176 319	-0.11
16	37.342	37.336	6	175 790	175 929	-0.08	175 740	175 929	-0.11
17	39.125	39.120	6	175 420	175 555	-0.08	175360	175 555	-0.11
18	40.827	40.821	6	175 060	175 198	-0.08	175 010	175 198	-0.11
19	42.447	42.441	6	174 720	174 859	-0.08	174 670	174 859	-0.11
20	43.984	43.979	6	174 390	174 536	-0.08	174 350	174 536	-0.11
21	45.440	45.435	6	174 090	174 230	-0.08	174 050	174 230	-0.10
22	46.814	46.809	5	173 800	173 942	-0.08	173 760	173 942	-0.10
23	48.107	48.102	5	173 530	173 671	-0.08	173 490	173 671	-0.10
24	49.318	49.313	5	173 270	173 417	-0.09	173 240	173 417	-0.10
25	50.447	50.442	5	173 030	173 181	-0.09	173 000	173 181	-0.10
26	51.494	51.490	4	172 810	172 963	-0.09	172 780	172 963	-0.11
27	52.460	52.456	4	172 610	172 762	-0.09	172 580	172 762	-0.11
28	53.345	53.341	4	172 430	172 578	-0.09	172 400	172 578	-0.10
29	54.148	54.145	3	172 260	172 413	-0.09	172 240	172 413	-0.10
30	54.869	54.867	3	172 110	172 264	-0.09	172 090	172 264	-0.10
31	55.510	55.507	2	171 980	172 134	-0.09	171 960	172 134	-0.10
32	56.068	56.067	2	171 860	172 021	-0.09	171 850	172 021	-0.10

续上表

序号	索夹位置竖向坐标(m)			上锚点轴力(kN)			下锚点轴力(kN)		
	Matlab	Midas	MA-Mi (mm)	Matlab	Midas	(MA-Mi)/Mi(%)	Matlab	Midas	(MA-Mi)/Mi(%)
33	56.546	56.545	1	171 770	171 926	-0.09	171 760	171 926	-0.10
34	56.942	56.941	1	171 690	171 848	-0.09	171 680	171 848	-0.10
35	57.257	57.257	0	171 630	171 788	-0.09	171 620	171 788	-0.10
36	57.491	57.491	0	171 580	171 746	-0.10	171 580	171 746	-0.10
37	57.643	57.644	-1	171 560	171 721	-0.09	171 560	171 721	-0.09
38	57.714	57.715	-1	171 550	171 715	-0.10	171 550	171 715	-0.10
39	57.704	57.706	-2	171 560	171 724	-0.10	171 560	171 724	-0.10
40	57.619	57.620	-1	171 590	171 757	-0.10	171 600	171 757	-0.09
41	57.440	57.442	-3	171 630	171 801	-0.10	171 640	171 801	-0.09
42	57.185	57.189	-3	171 700	171 865	-0.10	171 710	171 865	-0.09
43	56.851	56.854	-3	171 780	171 946	-0.10	171 790	171 946	-0.09
44	56.435	56.438	-4	171 870	172 046	-0.10	171 890	172 046	-0.09
45	55.937	55.941	-4	171 990	172 163	-0.10	172 010	172 163	-0.09
46	55.359	55.363	-4	172 120	172 297	-0.10	172 140	172 297	-0.09
47	54.699	54.704	-4	172 270	172 449	-0.10	172 300	172 449	-0.09
48	53.958	53.963	-4	172 440	172 619	-0.10	172 470	172 619	-0.09
49	53.136	53.140	-5	172 630	172 807	-0.10	172 660	172 807	-0.08
50	52.232	52.237	-5	172 830	173 012	-0.11	172 860	173 012	-0.09
51	51.247	51.252	-5	173 050	173 234	-0.11	173 090	173 234	-0.08
52	50.180	50.185	-5	173 290	173 474	-0.11	173 330	173 474	-0.08
53	49.032	49.037	-5	173 550	173 732	-0.10	173 590	173 732	-0.08
54	47.802	47.807	-5	173 820	174 006	-0.11	173 860	174 006	-0.08
55	46.491	46.496	-4	174 110	174 299	-0.11	174 160	174 299	-0.08
56	45.098	45.103	-4	174 420	174 608	-0.11	174 470	174 608	-0.08
57	43.624	43.628	-4	174 750	174 935	-0.11	174 790	174 935	-0.08
58	42.067	42.071	-4	175 090	175 278	-0.11	175 140	175 278	-0.08
59	40.429	40.433	-4	175 450	175 639	-0.11	175 500	175 639	-0.08
60	38.709	38.713	-4	175 820	176 017	-0.11	175 880	176 017	-0.08
61	36.907	36.911	-3	176 220	176 411	-0.11	176 270	176 411	-0.08
62	35.024	35.027	-3	176 630	176 823	-0.11	176 690	176 823	-0.07
63	33.058	33.061	-3	177 050	177 250	-0.11	177 110	177 250	-0.08
64	31.011	31.014	-3	177 490	177 694	-0.11	177 560	177 694	-0.08
65	28.881	28.884	-3	177 950	178 154	-0.11	178 020	178 154	-0.07

续上表

序号	索夹位置竖向坐标(m)			上锚点轴力(kN)			下锚点轴力(kN)		
	Matlab	Midas	MA-Mi (mm)	Matlab	Midas	(MA-Mi)/Mi(%)	Matlab	Midas	(MA-Mi)/Mi(%)
66	26.670	26.673	-3	178 420	178 629	-0.12	178 490	178 629	-0.08
67	24.377	24.380	-3	178 910	179 120	-0.12	178 980	179 120	-0.08
68	22.003	22.005	-2	179 420	179 626	-0.11	179 490	179 626	-0.08
69	19.547	19.549	-2	179 930	180 147	-0.12	180 010	180 147	-0.08
70	17.009	17.011	-2	180 470	180 683	-0.12	180 550	180 683	-0.07
71	14.390	14.392	-2	181 010	181 234	-0.12	181 100	181 234	-0.07
72	11.690	11.692	-2	181 580	181 799	-0.12	181 660	181 799	-0.08
73	8.908	8.910	-2	182 150	182 380	-0.13	182 240	182 380	-0.08
74	6.045	6.047	-2	182 750	182 977	-0.12	182 840	182 977	-0.07
75	3.101	3.102	-2	183 350	183 588	-0.13	183 450	183 588	-0.08
76	0.075	0.076	-1	183 970	184 212	-0.13	184 070	184 212	-0.08
77	-3.032	-3.031	-1	184 600	184 839	-0.13	184 690	184 839	-0.08
78	-6.219	-6.218	-1	185 610	185 874	-0.14	185 740	185 874	-0.07
79	-10.362	-10.362	0						

附表3　普立悬索桥空缆索夹位置竖向坐标对比结果

序号	Midas	Matlab	Δ	序号	Midas	Matlab	Δ
1	3.466 862	3.466 1	-0.000 76	16	35.505 03	35.498 5	-0.006 53
2	6.146 713	6.145 6	-0.001 11	17	37.029 53	37.022 7	-0.006 83
3	8.747 825	8.746 4	-0.001 42	18	38.478 99	38.471 8	-0.007 19
4	11.270 31	11.268 5	-0.001 81	19	39.853 63	39.846 1	-0.007 53
5	13.714 41	13.712 2	-0.002 21	20	41.153 64	41.145 8	-0.007 84
6	16.080 42	16.077 9	-0.002 52	21	42.379 24	42.371 1	-0.008 14
7	18.368 61	18.365 7	-0.002 91	22	43.530 61	43.522 1	-0.008 51
8	20.579 28	20.575 9	-0.003 38	23	44.607 94	44.599 2	-0.008 74
9	22.712 7	22.709	-0.003 7	24	45.611 38	45.602 4	-0.008 98
10	24.769 12	24.765	-0.004 12	25	46.541 11	46.531 9	-0.009 21
11	26.748 8	26.744 2	-0.004 6	26	47.397 28	47.387 9	-0.009 38
12	28.652 01	28.647 1	-0.004 91	27	48.180 02	48.170 4	-0.009 62
13	30.478 99	30.473 6	-0.005 39	28	48.889 45	48.879 7	-0.009 75
14	32.229 99	32.224 2	-0.005 79	29	49.525 71	49.515 8	-0.009 91
15	33.905 26	33.899 1	-0.006 16	30	50.088 89	50.078 8	-0.010 09

续上表

序号	Midas	Matlab	Δ	序号	Midas	Matlab	Δ
31	50.579 09	50.568 9	-0.010 19	55	40.488 17	40.480 3	-0.007 87
32	50.996 38	50.986 1	-0.010 28	56	39.150 2	39.142 6	-0.007 6
33	51.340 85	51.330 5	-0.010 35	57	37.737 62	37.730 3	-0.007 32
34	51.612 55	51.602 1	-0.010 45	58	36.250 23	36.243 3	-0.006 93
35	51.811 5	51.801 1	-0.010 4	59	34.687 81	34.681 2	-0.006 61
36	51.937 78	51.927 3	-0.010 47	60	33.050 13	33.043 9	-0.006 23
37	51.991 37	51.980 9	-0.010 47	61	31.336 96	31.331 1	-0.005 86
38	51.972 32	51.961 9	-0.010 42	62	29.548 07	29.542 6	-0.005 47
39	51.880 68	51.870 3	-0.010 38	63	27.683 2	27.678 1	-0.005 1
40	51.716 31	51.705 9	-0.010 41	64	25.742 11	25.737 4	-0.004 71
41	51.479 29	51.469	-0.010 29	65	23.724 54	23.720 3	-0.004 24
42	51.169 55	51.159 3	-0.010 25	66	21.630 23	21.626 4	-0.003 82
43	50.787 04	50.776 9	-0.010 14	67	19.458 92	19.455 5	-0.003 41
44	50.331 7	50.321 6	-0.010 1	68	17.210 34	17.207 4	-0.002 94
45	49.803 47	49.793 5	-0.009 97	69	14.884 24	14.881 7	-0.002 54
46	49.202 26	49.192 4	-0.009 86	70	12.480 34	12.478 2	-0.002 14
47	48.527 98	48.518 3	-0.009 68	71	9.998 363	9.996 6	-0.001 76
48	47.780 51	47.771	-0.009 51	72	7.438 036	7.436 7	-0.001 34
49	46.959 76	46.950 4	-0.009 36	73	4.799 066	4.798 1	-0.000 97
50	46.065 58	46.056 4	-0.009 18	74	2.081 154	2.080 6	-0.000 55
51	45.097 84	45.088 9	-0.008 94	75	-0.716	-0.716 1	-0.000 1
52	44.056 4	44.047 7	-0.008 7	76	-3.592 63	-3.592 4	0.000 23
53	42.941 09	42.932 6	-0.008 49	77	-6.548 86	-6.548 3	0.000 555
54	41.751 74	41.743 5	-0.008 24	78	-10.363 4	-10.362	0.001 44

# 致　谢

对于本书的出版，作者首先要感谢四个机构提供了最主要的经费支持：交通运输部“交通青年科技英才”基金项目和“特大型桥梁综合防灾减灾理论与方法研究”（2011318223170）项目；重庆市科学技术委员会杰出青年科技基金项目“桥梁承重缆索基本力学问题”（CSTC，2008BA6039）；国家自然科学基金委“斜拉索弯曲疲劳的理论分析和试验研究”（50878220）、“基于尾波干涉的混凝土结构应力场非加卸载式测量研究”（51478072）项目和“交变荷载与侵蚀环境耦合作用下斜拉索腐蚀疲劳损伤机理与寿命预测模型研究（51478071）”；重庆交通大学提供的科研启动基金。

作者还要感谢招商局重庆交通科研设计院有限公司及其桥梁工程结构动力学国家重点实验室的支持。这两个机构不仅对作者的研究工作配套了数十万元的资助经费和试验条件，还给予作者充分的信任和宽松的工作环境。同时，作者还感谢重庆万桥交通科技有限公司和美国 Lord 公司分别资助的工程索缆和磁流变阻尼器。

作者特别感谢本书的审稿人李传习、刘毓湘、刘安双、陈勇、刘征宇、苗家武、安永日、陈骑彪和王旭等专家。他们中有桥梁设计大师、教授、研究员和高级工程师，在桥梁理论、设计、施工和检测等方面造诣颇深，他们拨冗审阅本书，使本书内容得以修改和完善，并且更适合阅读和参考。同时，要感谢人民交通出版社股份有限公司的责任编辑周宇等同志，他们为本书出版提供了专业的指导和帮助。

作者诚挚感谢许多为本书相关工作提供无私帮助的同仁，他们是桥梁工程结构动力学国家重点实验室的张力、许晓锋、赵轶才、牛松山、孟利波和郑万山研究员，邹小燕、张又进、袁永明和陈彦华教授级高工，高鹏飞和涂安富技师等。

本书还得到了重庆交通大学数十名研究生的帮助。他们当中以硕士学位论文为本书提供支撑材料的有习燕、赵云武、陈江华、廖渭阳、林坤、谢宜、杨勇、李红、陈粲、燕海蛟、苏文明、姜正伟、黄颖、董桃桃和刘少乾十五位研究生；在其他方面做出贡献的有张春雨、高文军、高波、李伟、李贵乾、王军、杜渊等研究生。成稿过程中大量资料的收集、整理以及公式复核、图表制作、文字编排等方面的工作，主要由邹轩红、石德菊、胡琼、代小龙等研究生完成。作者对他们辛勤和富有成效的工作表示由衷的欣赏和诚挚的感谢！

没有上述单位和个人的无私奉献和大力支持，本书的成稿和出版是不可想象的。

作者
2015 年 1 月

索　引